U0749977

语文课堂：从『言语』走向『文化』

张永飞 著

浙江工商大学出版社 | 杭州
ZHEJIANG GONGSHANG UNIVERSITY PRESS

图书在版编目(CIP)数据

语文课堂：从"言语"走向"文化" / 张永飞著.
— 杭州 ：浙江工商大学出版社，2019.8
ISBN 978-7-5178-3345-1

Ⅰ．①语… Ⅱ．①张… Ⅲ．①中学语文课-课堂教学
-教学研究-高中 Ⅳ．①G633.302

中国版本图书馆CIP数据核字(2019)第145895号

语文课堂：从"言语"走向"文化"
YUWEN KETANG：CONG YANYU ZOUXIANG WENHUA
张永飞 著

责任编辑	唐　红　谭娟娟
封面设计	王　辉
责任印制	包建辉
出版发行	浙江工商大学出版社
	（杭州市教工路198号　邮政编码310012）
	（E-mail：zjgsupress@163.com）
	（网址：http://www.zjgsupress.com）
	电话：0571-88904980，88831806（传真）
排　　版	杭州彩地电脑图文有限公司
印　　刷	杭州宏雅印务有限公司
开　　本	710mm×1000mm　1/16
印　　张	18.25
字　　数	263千
版 印 次	2019年8月第1版　2019年8月第1次印刷
书　　号	ISBN 978-7-5178-3345-1
定　　价	45.00元

版权所有　翻印必究　印装差错　负责调换

浙江工商大学出版社营销部邮购电话　0571-88904970

张永飞老师从事中学语文教学 25 年。这些年来，他走过了自己的青葱岁月；也在褚树荣、朱昌元、包建新等特级教师的悉心指导和培养下，在语文教学的理论与实践上勇于探索，勤于耕耘，有许多感悟与收获，如今水到渠成，结集出版，令人欣慰。

在本书中，张永飞老师自陈语文教学的理念来自师承，即包建新老师对"本真语文"的倡导。我非常赞成对"本真语文"的内涵所做的简洁而到位的概括，"本真语文"，就是回归语文教育的本质与初心；也完全认同"本真语文"具体表现在教师素养、教学内容、教学方式、师生关系等四个维度的说法。这里只是略作引申。

潘新和教授曾对"语文"的界定提出过一个新颖的观点。他认为，语文不仅仅是语言文字，也不完全是文学审美，而是一种"言语生命"，语文是人的存在和表现的最根本的方式。因此，作为一名语文教师，光有宽广的知识面是不够的，仅凭漂亮的教学基本功也只能奏效于一时，甚至是，多年的教学经验也不能代替真实的语文水平。既然是语文教师的素养，显而易见，是以"语言的建构与运用"为其"基座"的。语文教师有理想情怀，真诚地对待自己的母语，培养自己在言语品味上具有特殊的敏感性，具有扎实的基础，在素养上做到语言功底、审美能力、文化底蕴三者的高度统一，有货有料，才能成为一名本真的，也是真正的语文教师。

在教学内容上，就是要"回归文本""回到言语"，回到经典作品的原汁原味上来。一般而言，教师再精彩的分析和讲解，总不如名家名篇的"原文"对学生学习语文的帮助更大。语文学家刘国正在《写作教学管窥》中指出，"阅读，主要是阅读名家名作"，"历代大家留下的名篇是政治史、文学史、思想史、文化史上的瑰宝"，"名家名作中凝结着运用语言的高超艺术……对于写作的影响虽不能立竿见影，却见无形的、深刻的、长远的效果，往往终身受用不尽"。虽然，朱自清、浦江清等人曾提出过，适当选择报纸杂志上的时文，以体现语文教学的时代感，但仍然主张以名篇佳作为主，突出经典性。其实，当代文坛也有公认的名篇佳作、传统经典，也有其永不褪色的价值和魅力，经典性和时代性是完全可以统一的。因此，语文教学回到文本，回到言语的品味和沉潜，才能有效避免"泛语文"乃至"非语文"的倾向。

教学方式上的本真，就是既反对人形鹦鹉般地死抠参考书，语文课堂了无生趣，又反对游离于言语生命之外，华而不实，哗众取宠。鲁迅在《南腔北调集》中就"作文秘诀"所说的"有真意，去粉饰，少做作，勿卖弄"，就是为了破除糊弄人的障眼法。但教学方式的求真，是寻求言语生命的生动灵趣，并不是用一种固定的模式框住语文教学，更不是要定型一种课堂教学的程式"新八股"。就像宋词有豪放有婉约，杂剧有本色有辞采，散文有朴质深情的《背影》，也有清丽典雅的《荷塘月色》，在具体的教学方法上，是完全可以百花齐放的。语文教学，就是要根据不同的文本、学情和教师自身的个性才情，去发现最贴切的"这一种"教学方法。张永飞老师课堂实录所呈现出来的灵动性，就足以说明这一点。

至于师生关系，在纯粹、真诚的互动交往中，师生共同营造活泼滋润的教学环境和氛围，唤醒学生学习语文的兴趣和热情，激起对母语的热爱，才能充分发挥出学生学习语文的主体性，师生就会一起浸润在语文学习的美妙境界中。正像蔡元培1930年答《时代画报》记者问时所说的："读了一首诗、一篇文章以后，常会有一种说不出的感觉，四周的空气变得更温柔，眼前的对象变得更甜蜜，似乎觉得自身在这世界上有一种伟大的使命。"由此可见，"本真语文"的认识和实践，对于语文教学而言，具有洗去铅华、凸显本质的意义和价值。

张永飞老师的这本新作，为我们演绎了"本真语文"的实践过程，描述了他的语文教学的鲜活场景，其实也在讲述他自身的成长经历。我们从中不难发现，他喜欢从篆字和六书等文字学的角度来解读语文的原初面貌，他还在语文教育理论和文本解读方面下过功夫，尤其对王尚文的《语感论》、李海林的《言语教学论》、李维鼎的《语文言意论》揣摩甚多，对王先霈的《文学文本细读讲演录》、孙绍振的《文学文本解读学》也不陌生，并博览了陈丹青、刘亮程等人的大量文学作品；而在参加褚树荣、朱昌元名师工作室的课题研究中，他承担了"语言家园：汉语运用"和"理性思维品质培养：思辨性论述文写作"等科研任务，在经历一番潜心研读、爬摸滚打之后，他的文化视野渐趋宽博，文学素养渐趋丰厚，语文功底渐趋坚实，教学风格渐趋成熟。这不仅为他的《今生今世的证据》等观摩课、公开课奠定了基础，更重要的是，他自身的语文修为和教学能力获得了浴火重生般的蜕变，获得了质的跃升。

张永飞老师的语文教学特点，可以用精准、简约、灵动来涵括。他对言语有着特别的感知力和敏悟力，总是能找准突破口，举重若轻，驾驭整个课堂教学。就像使用一架单反相机，在对焦上具有毋庸置疑的清晰性。《氓》的教学，就是聚焦在"耽"和"脱"这两个字上，呈现诗中女子爱情上的深挚执着和个性上的独立自尊；《预言》的教学，则围绕"心中的神"这一核心展开联想。这样一些语文焦点的发现，独特而巧妙，如果没有平日里在言语上的反复打磨，如果没有博览群书的长期积淀，如果没有教学上的悟性以及审美知觉，是难以想象的。他的教学设计，往往以几个关键问题贯穿始终，拎起教学主线，化繁为简，因此结构单纯，节奏明快。他在教学陈敬容的《窗》时，舍弃了流传较广的"情殇说"，从诗歌的言语特质切入，由"你""窗""我"引出了三个问题："我"没有了"你的窗"，我的世界是怎样的呢？有了"你的窗"，我的世界又将怎样？当这扇"开向太阳，开向四月的蓝天""照澈我阴影的""窗"向我关闭后，最后带给"我"的又将是怎样的生活？项香女老师评价这堂课"最大限度地维护了诗的朦胧与辽阔"，表达了"对一切不可得的东西（比如爱情、希望、理想等）所应持有的豁达乐观的态度"。而且，他的语文教学不拘一格，自出机杼，灵动洒脱，又幽默风趣。他借音乐冥想讲唤醒，借广告语讲修辞，借生活现象讲人生哲理，打通语文与生活的联系。语文是一门综合性课程，也是一门实践性课程，学生偶然抓到的一只麻雀可以举行系列实践活动，包括"鹰捕雀"的游戏（体育科）、麻雀死因探究（自然科）、葬雀（数学、社会、音乐科）、撰写碑文（语文科）等等，这多学科的跨界融合，我认为，其中还蕴含着一种悲天悯人的善性与仁慈。郭吉成老师说，他的教学风格是以"质朴""灵动""和谐"来追求浓郁的"语文味"。张永飞也是一位很会思考的语文教师，他对语文课堂的认识，也是随着教学视野的拓展而逐步加深的，从"言语"走向"文化"，就是他对语文教学的深刻思考与探索。

本书的核心体例，由"文本细读""因体而教""诗意追寻""思想唤醒""文化探究"等内容组成，每块内容涉猎"教学背景""课堂实录""名师点评""观点链接"四大板块，而其中的"观点链接"又分为"言语为本""读写相融""核心素养"三种类型，在大致统一的格局中又蕴藏着丰富的变化，读来轻松自然，又韵味隽永，予人启迪，尤其值得语文教师参考借鉴。在书中，张老师能较好地处理传承与创新的关系，不断吸纳各位名师课堂教学的优质因子，以提升自身的语文教学水平。所以，他在专注于言语品味的同时，也十分欣赏潘庆玉老师教学《大美兰亭》的做法，"诵兰亭之文""读兰亭之帖""赞兰亭之美""歌兰亭之曲"，视角自由切换和多重交叠，把《兰亭集序》的文学之美、书法之美、文化之美与人格之美巧妙地融为一体。所以，张永飞的这本书，试图在"本真语文"和"文化语文"之间嫁接起某种关联，在语文课堂上进行新的尝试，这无疑给我们的语文教学留下了玩味沉吟的空间。

张永飞老师在语文教学中一直追求诗和远方，我们有理由期待，他在各位中学语文教育专家的引领和培养下，加上自身的勤勉与敏悟，一定可以在"本真语文"教育方面再出发，更上一层楼，展望自己的山外青山和秋水长天。

（作者系浙江省台州学院教授，全国优秀教师，浙江省教学名师，浙江省中青年学科带头人，中国写作学会理事）

生活中有两种美的基本姿态，一种是"天然去雕饰"之质朴，一种是"姹紫嫣红开遍"之绚烂。

语文课堂亦可作如是观。

张永飞老师的语文课，质朴、灵动、和谐，带着泥土的芬芳，散发语文的本味，这是一种"本真语文"的教学追求和教学风格。在当下语文教学"流派"层见错出之中，"本真语文"的提法或许有些不合时宜，但它却是一种对语文教学的探寻与坚守。请看张永飞的《美美与共》课堂实录（片段）——

师：这十六个字中，你认为哪一个字最为关键，为什么？

生1：我认为是"美"字，因为这里的"美"字最多。（学生笑）

师："美"字在文中出现次数最多，确实说明这个字十分重要；而且这里的"美"指的是好的文化。还有不同意见吗？

生2：我认为是"同"字，因为"美美与共"的最终目标是实现"天下大同"。

师："同"字确实也非常重要，这是最终的理想。但是怎样才能实现"同"呢？

生3：我认为是"共"字，因为只有做到"美美与共"的"共"字，才能实现"天下大同"的理想。再说，只有先做到"各美其美、美人之美"，才能实现"美美与共"。

师：老师也认为"共"字是十六个字中的关键字。大家知道，古代"共"字是怎么写的吗？（学生摇头）

师：（板书）

共

这是一个会意字，本义表示两只手共同合作，在文中象征着两种文化的交融，共同撑起美好的未来。

师：那么作者是怎样论述"美美与共"这一观点的呢？

"窥一斑而知全豹"，上述课堂教学片段，张永飞紧紧抓住文本的关键句，通过对"共"字的品味，引导学生在积极的语言实践中把握"美美与共"的内涵。像这样的教学片段，本书的教学实录中比比皆是，体现了张永飞对"本真语文"的课堂追求。

教学思想，是课堂的灵魂。在语文教育界，揭橥"本真语文"教学思想的代表性说法有黄厚江的"本色语文"、李华平的"正道语文"、程少堂的"语文味"等等。这些语文流派的共性是主张回归语文教育本体，追求语文教学真谛。

张永飞是浙江省朱昌元名师工作室的学科带头人，也是回浦中学特级教师包建新老师的徒弟；而包建新老师是"本真语文"的倡导者、实践者。因此，张老师的课堂风格传承了"本真语文"的主要特征。"本真语文"大致有四个维度：（一）在教学方式上提倡语文教学要追求本真，它的反面是浮夸不实的、追求热闹的、作秀的语文课堂教学；（二）在教学内容上提倡语文教学要追求本真，它的反面是"空语文""泛语文"甚至是"非语文"的教学倾向；（三）在教师修养上提倡语文教学追求本真，要求教师真诚地对待祖国的语言文字，同时要求学生也如此；（四）在师生关系上提倡语文教学追求本真，要求教师尊重学生，充分发扬学生学习语文的主体性。"本真语文"这四个维度的概括，我以为是精准、适切的。张永飞待人真诚、善良，做事求真、扎实，教学率真、朴实，课堂充满激情，语言诙谐幽默，师生互动和谐，洋溢着浓浓的语文味道，呈现出真实鲜活之美。文如其言，课如其人，他始终紧扣文本的语言特点，注重言语的动态生成，引导学生在积极的言语实践中体验语文的魅力，获得审美的愉悦、思维的快乐和文化的熏染。

张永飞是一位很会思考的教师，也是一位博采众长的语文名师。他先后加入了浙江省褚树荣名师工作室、浙江省朱昌元名师工作室，成为省级学科带头人，积极参与工作室的各项教研活动，从不推脱师父交给的教学任务，在历练中得以快速成长。随着新课标的颁布，他先后参与"新课标·新语文·新学习"丛书之《语言家园：汉语运用》和《高考思辨论述文写作》的编写工作，也重新思考了语文教学的方向，提出了"文化语文"的设想，这既是他对语文教学的新思考，也是他对"本真语文"的新探索。他认为，"本真"是语文教学的起点，但或许不是终点，而渗透着更深层次的内涵。语文课堂，除了抓住言语的魅力，更要体现广阔的文化视野，"文化"或许是语文教育的终极目标。这是他思考的轨迹，也是他走向成熟的标志。新课标18个学习任务群，体现了语文学习的综合性和实践性，它们是以语文核心素养为纲，以学生的语文实践活动为主线，以任务为导向，以学习项目为载体，整合了学习情境、学习内容、学习方法和学习资源，引导学生在运用语言的过程中提升语文素养。语文核心素养是一种关键能力和重要品质，是一种综合素质的体现，它包含了语言建构与运用、思维发展与提升、审美鉴赏与创造、文化传承与理解。这四个方面是不可分割的整体，语言建构与运用应是"基座"，文化传承与理解则是终极目标之一。语文教学要体现"语言的魅力、文学的韵味、文化的视野"，要扩大学生的文化视野，提升学生的文化层次，从整体上提高学生的文化精神修养和思辨能力。

　　教师的专业发展，就像一棵树的成长。向阳而生，方能枝繁叶茂；土壤、阳光、雨露，则是树木成材的外在条件。名师工作室，是他专业成长中最为重要的平台。诗圣杜甫说"转益多师是汝师"，意思是要善于从多方面、多角度去学习，吸收他人的优长，自铸伟辞，自成面貌。张永飞老师课堂实录的背后，渗透了多位名师的心血。褚树荣老师、郭吉成老师、项香女老师、包建新老师等都是语文特级教师，他们对张永飞老师的课堂点评，更是对他成长的圈点。他先后参加了朱昌元名师工作室送教金华市汤溪中学和丽水市云和中学的活动，执教刘亮程的《今生今世的证据》观摩课，做题为《思辨——传统文化经典学习之魂》讲座；参加名师工作室在温州泰顺中学举办的活动，做题为《高考非连续性文本阅读指导》讲座，参与"名师带你学"活动，以及"高考思辨论述文写作"智慧课堂制作工作。

《汉书·枚乘传》载，"夫十围之木，始生如蘖"。张永飞把自己20多年来的九堂有影响的课，以课堂实录的形式整理、呈现出来，分为"文本细读""因体而教""诗意追寻""思想唤醒""文化探究"等五个专辑，体现了他对"语文课堂从'言语'走向'文化'"这一教学思想的深入思考和初步收获。他还把自己参加语文教研活动的听课感悟写成论文，分为"言语为本""读写相融""核心素养"三个方面，体现了他对语文教学理性思考的轨迹。此外，还选编了历届毕业学生回忆语文课堂的文章，名为"课堂刻痕"，全面而立体地反映了张永飞老师的课堂风格及教学成效。

在我看来，语文课堂的个性化，才是语文教学的独特光芒。个性化既是一种理念，又是一种境界。"个性语文"课堂建构途径有三：一是解读有心得；二是设计有特色；三是语言有个性。从张永飞的九堂课堂实录看，他对文本有自己独到的解读，并能根据不同的文体特征，设计出独特的教学方案，课堂上突出学生的主体性，着力于培养学生的核心素养，语言质朴而不乏灵动、简洁而富有智慧，体现了鲜明的语文个性。这是他教学走向成熟的标志，也是课堂教学魅力所在。希望张永飞老师在语文课堂的追求中，绽放出更加鲜明、独特的个性之花。

（作者系浙江省特级教师、正高级教师，浙江省中学语文教学研究会副会长、浙江省特级教师协会副会长，教育部"国培计划"培训专家）

目录 contents

绪论："本真语文"流变——从"言语"走向"文化"

第一辑 文本细读

第二辑 因体而教

第三辑 诗意追寻

绪论："本真语文"流变

——从"言语"走向"文化"

❯ 一、何谓"本真语文"？

"本"，𣎳 小篆字形，从"木"，下面的一横是加上的符号，指明树根之所在，是事物的根源，《礼记》："物有本末，事有始终。""真"，𧾷 会意字，从华(huà)，从目，从乚(yǐn)，从八，《说文》："仙人变形而登天也。"道家称存养本性或修真得道的人为真人。"道"是指宇宙的本原。因此，"本真"者，事物本原也。语文教学的本原是什么？我的语文课堂体现了语文的本原了吗？语文学习任务群的提出，对本真语文课堂带来怎样的变化与挑战？这些问题是我从事语文教学 20 多年来苦苦思索与探究的方向。

在当下的语文教学实践中，各种流派、各种风格的语文教学可谓"乱花渐欲迷人眼"，比如"大语文""新语文""潮语文""青春语文""绿色语文""生活语文""生态语文""生命语文""智慧语文""人格语文""心根语文""享受语文""感悟语文""诗意语文""生成语文""新质语文""深度语文""简约语文""逻辑语文""正道语文""阳刚语文""本色语文"等等，不一而足。语文学科的综合性和实践性特点，注定了语文教学风格的多彩多姿、精彩纷呈。然而，在众声喧哗的时代里，我们容易迷失在语文教学的"丛林"之中，正如一句诗句所说的："我们已经走得太远，以致忘记了当初为何出发。"莎士比亚说："简洁是智慧的灵魂。"老子说："万物之始，大道至简。"在众多的语文教学流派中，寻找语文的本体性，厘清语文教学的边界，追求语文课堂的"语文味"，体现语文教学的"简约之美"，就成为我教学追求

与启蒙师父包建新合影

的方向。浙江省回浦中学副校长、省特级教师包建新老师是我从事语文教学工作的启蒙老师，他是"本真语文"的倡导者与践行者。他认为，"本真语文"大致有四个维度：（一）在教学方式上提倡语文教学要追求本真，它的反面是浮夸不实的、追求热闹的、作秀的语文课堂教学；（二）在教学内容上提倡语文教学要追求本真，它的反面是"非语文""泛语文"的教学倾向；（三）在教师修养上提倡语文教学追求本真，要求教师真诚地对待祖国的语言文字，同时要求学生也如此；（四）在师生关系上提倡语文教学追求本真，要求教师尊重学生，充分发扬学生学习语文的主体性。在这四个维度中，教学内容的本真追求显然是重中之重，也是语文课堂返璞归真的关键所在。

2017 年版《普通高中语文课程标准》指出，"语文课程是一门学习祖国语言文字运用的综合性、实践性课程。工具性与人文性的统一，是语文课程的基本特点。语文课程应引导学生在真实的语言运用情境中，通过自主的语言实践活动，积累言语经验，把握祖国语言文字的特点和运用规律，加深对祖国语言文字的理解与热爱，培养运用祖国语言文字的能力；同时，发展思辨能力，提升思维品质，培育社会主义核心价值观，培养高尚的审美情趣，积累丰厚的文化底蕴，理解文化多样性。"在新课标的这段文字表述中，其中"语言"一词反复出现，意味着"语言"在语文课程中的基础地位。语文课程首要任务是学习祖国语言文字运用，引导学生在真实的语言运用情境中，提升语言运用能力，这就决定了语文"姓语"，它具有实践性；但是在学生自主的语言实践过程中，还要提升思维品质，培养审美情趣，积累文化底蕴，它又具有综合性。因此，语文学科核心素养包含了"语言建构与运用""思维发展与提升""审美鉴赏与创造""文化传承与理解"等四个方面的内容。这四个方面的内容是互为表里、相互渗透、密不可分的关系，但是"语言建构与运用"

是语文的根本，学生的"思维发展与提升""审美鉴赏与创造""文化传承与理解"，都是以"语言建构与运用"为基础，并在学生个体言语经验发展过程中得以实现的。可以说，新课标对语文课程的界定，是"本真语文"坚实的理论基础。

＞ 二、"本真语文"的历史渊源

追溯"本真语文"的源头，是叶圣陶先生最初提出的语文概念。语文被确定为中学教学课程，历时百余年。1905 年，清政府废除科举制度，全国开始开办新学堂。当时的课程及教材都从西方引进，只有语文一科，教授内容仍是文言文，称为"国文"。五四运动后，提倡白话文，国文课受到冲击，小学将国文改称为国语，侧重学习白话文，中学仍称国文，以学习文言文为重点。20 世纪 30 年代后期，叶圣陶、夏丏尊提出"语文"概念，并尝试编写新的语文教材。1949 年 8 月，叶圣陶主持中小学语文科课程标准起草工作，并编撰《中学语文科课程标准》（后改称《教学大纲》）。叶圣陶曾解释说："前此中学称'国文'，小学称'国语'，至是乃统而一之。彼时同仁之意，以为口头为'语'，书面为'文'，文本于语，不可偏指，故合言之。亦见此学科'听''说''读''写'宜并重。"可见，语文以语言为先，包含了口语和书面语，语文学习要突出学生听、说、读、写能力的培养，这也是"本真语文"的滥觞。

李海林先生的《言语教学论》是体现"本真语文"教学思想的教育理论著作之一。他从语言学视野对"语文"进行解释，分析了"语言文字"说、"语言文章"说、"语言文学"说、"语言文化"说，还有"语言文字文章文学文化综合"说的内涵，指出了"语言"处于这门学科的首位，其他教学内容都是语言的产物或附属内容，内在地包含在语言之中。文字是语言的符号体系，文章是语言的组合，文学以语言为工具，文化则内蕴在语言中。然后，他对"语言"和"语言运用"这两个概念进行界定，从表现形式上来看，"语言"是一个音义结合的符号系统，"语言运用"是这个音义结合的符号系统的具体组合。从本质属性和构

绪论

成来看，"语言"由语音、词汇、语法构成，它是一种静态的知识体系；"语言运用"则由语言运用者、语言运用环境和语言运用作品构成，它是一个动态的实践过程。显然，"语言运用"是语文的内涵，是整个理论的核心，是逻辑起点。那么，用什么概念来体现"语言运用"呢？那就是"言语"。因此，"言语"是语文课的本质属性。李维鼎先生指出，"言语"是什么？作为"行为"，是"言"与"意"的转换。作为"作品"，是"言"与"意"的统一体，即转换后的成品。"言"与"意"的关系决定着"言语"的性质。洪镇涛先生指出，学生听说读写能力的形成，主要不是靠掌握语言知识，而是靠语言实践，在听说读写的实践中，感受—领悟—积累—运用。李海林先生认为，从语用学角度看，"言语"的含义包括了"言语行为"和"言语交际"两方面内容。从宏观方面看，"言语"是一个双向交际过程。针对语文学科知识缺失的现状，他提出重建语文学的观点，明确了语文学研究对象是"言语"，包括言语主体、言语环境、言语作品三要素。他说，语文课程的主体是人，语文课程的客体是言语作品，语文课程的价值意义就在于，人通过对言语作品的活动实现人的现实生成。这种对言语作品的活动不是别的，就是符号实践。符号实践的人性追求则是言语智慧。因此，他认为，语文课是以言语为对象的，让学生在实践中获得言语智慧的一种教学活动。语文课程的教学目的就是培养学生的语用能力。语用能力的核心就是语感，语用目的的基本内容也可以表述为语感目的。语文课的教学内容包含了义理与知识、语意教学、语境教学、语体教学等。语文教学以学生的言语活动为主要环节；在这个主要环节中，学生是言语活动的主体。总之，语文教学的目的就在于培养学生的语感能力，而学生的语感能力必须通过学生自身的言语实践才能生成，因为只有通过学生自身的言语实践，才能在学生主体内部构建言语诸要素与主体诸因素的心理联结。李海林先生从语文课的本质属性"言语"出发，阐述了语文教学的核心任务就是让学生在言语实践活动中获得言语智慧，形成语感能力。我以为，这是"本真语文"的坚实的教育理论依据。

在语文教育界，人们对"本真语文"的研究也从未止步，其中影响较大的代表流派有王旭明的"真语文"、黄厚江的"本色语文"、李华平的"正道语文"、程少堂的"语文味"、包建新的"本真教育"、郭吉成的"本真语文"等。这些语文流派的共性就是回归语文教学本体，以语言学习与运用作为教学的核心，以语感培养作为教学的目标，追求语文课堂的本质。提倡"本真语文"教学观，并非否定其他的语文课堂，而是在追寻语文教学的本体性。全国著名语文教育专家、特级教师钱梦龙先生指出，"语文教学要走正道……让学生实实在在地接触文本，实实在在地触摸语言，实实在在地学会读书和作文（包括听和说）……语文教学的'正道'，就是通过范文的教学和读写听说的训练来培养学生正确理解和熟练运用祖国语言文字的能力。"语文出版社原社长、"真语文"的倡导者王旭明先生认为，"真正的语文课堂就该是书声琅琅、讨论纷纷，让学生在不知不觉中提升听说读写的素质能力。""真语文"的基本要求是以语言为核心，以语文活动为主体，以语文综合素养的提高为目的。江苏省特级教师黄厚江老师说："语文就是语文，要求语文教学必须以语言为核心。语文课堂教学最基本的要求是什么？是像语文课。语文课最基本的特征是什么？是以语言为核心，以语文活动为主线，以提高学生的语文素养为目的。"他还认为，"本色，不是守旧；本色，不是倒退；本色，更不是无为。本色，不排斥其他风格；本色，也不反对创新；本色，更不放弃更高的追求。本色，是语文教学的原点。你可以走得很远，但这里必须是出发地。"

浙江省特级教师包建新认为，"本真教育"指的是顺应人的天性、追求教育的本质和本来的样子、寻求事物真相的教育。他认为，语文教学与非语文教学使用相同的课文，不同之处在于，语文教学是透过言语所承载的内容来学习言语，非语文教学是透过言语去发现或获得言语所承载的内容。语文教学不是不可以教言语的内容，但语文教学更重要、也更本质的是透过言语所承载的内容来学习言语。比如《十八岁和其他》的两个教学案例——

<hr>

例 一

<hr>

教学过程：

1. 导入：播放歌曲《一封家书》。

2. 作者介绍及课文基本内容。

3. 体验：两代人的矛盾。

（1）说说你与父母的一些矛盾，当时你是怎样处理的？感受如何？

（2）读课文第二部分"两代人的矛盾"，说说你的收获，哪些内容对你处理和父母的矛盾有启发？

（3）探讨两代人的矛盾产生的原因是什么，解决的方法是什么。

4. 通过这节课的学习，你一定有许多新的感受，如果你的父母在这里你会怎么说呢？

5. 结束：一起背诵《游子吟》结束本课。

这是一堂课的教学过程概要，学生可能会觉得学得挺有意义，但从目标到过程，我们可以把它理解为一堂教学生如何处理家庭矛盾的社会课。

<hr>

例 二

<hr>

1. 学生阅读课文后回答：你喜欢东东的父亲吗？为什么？

（这个问题的目的是让学生把握坦诚、理解、期望、关爱的语言表达方式，要求从具体的语言出发进行把握。）

2. 要求学生标出文中最能引起自身共鸣的语句，并说说感动的原因。

（这个活动的目的是让学生把握谈话式行文方式与内容的关系。）

3. 请家长阅读文章，要求家长画出感受比较深的语句；课堂上让学生研读交流家长画的语句，领会父母的情感。

4. 给父母写信，说出自己想说的话。

这个教学案例，突出了学生阅读课文，把握、玩味课文言语的内容，这是语文本体的回归。可见，语文教学更加注重言语形式的学习与体悟。

浙江省特级教师、正高级教师郭吉成认为，语文课应该有"语文味"。"语文味"体现在语文学科的特性上，因为语文学科不是政治课，更不是思想教育课。但怎样体现语文课的特性呢？很重要的一点，就是要依据文本特性进行教学，要在培养学生感悟语言、运用语言和阅读审美能力上下功夫。比如"在读悟中走进诗情——《雨霖铃》教例剖析"：

教学设想：引导学生从柳词层见错出的具体意象里寻找其中"隐性"的意义，进而学会读解诗词，把握诗情，提高古诗词的鉴赏审美能力。

教学方法：诵读—品读—体悟—拓展。

教学过程：

首先，诵读。通过读，把握该词的内容，感知该词的神韵，逐渐品味词中独特的意境。

其次，品读。让学生找出自己认为该词中写得内涵丰富、意蕴深长、值得"品"的词句去品读，并分析它好在哪里。教师示范：今宵酒醒何处？杨柳岸，晓风残月。通过诗配画的投影，引用了古人写"月""柳"的名句，说明"月""柳"在古代诗词中常被用来作为别离相思的象征物。

再次，体悟。著名的文本解读专家蒋成瑀先生说，读诗在于体悟把握作者的情感，而后才能进入他的内心。这首词中的诗情——作者的情感——是通过对客观景物的描摹和场面的描写来委婉含蓄地表达的。委婉含蓄是《雨霖铃》表达方式的主要特点。因此，体悟诗情的重点是让学生去体悟该词中委婉含蓄地抒发感情的表达方式。由此，我设计的主问题是："本词中的含蓄美，作者是如何来表现的？你认为该词中最能打动你的原因是什么？"分别从"景物的描摹""场面的描写""情感的表达""诗情的发展"等方面引导学生赏析体悟。

最后，拓展。为了使学生进一步领会该词的意境，我对教学内容进行了拓展：（1）从词作者的本身情感引申到失意文人读该词的共鸣心态，让学生明白一首优秀的词作所流露的情感具有很大的包容性和艺术张力，具有永久的魅力。（2）选择古诗词中描写爱情和离愁别绪的诗句作比较，感受该词所具有的特殊意境和特有的诗情，进而体悟我国古诗词所蕴含的深厚的文化内涵。（3）引述历代评论家对柳词的评价，体会柳词"婉约"的特色，以拓宽知识面。

郭吉成老师认为，我们强调文学作品的学习应该引领学生走进作品中人物的精神世界。那么，怎样引领学生走进作品中人物的内心世界和精神世界呢？品悟是关键。文学作品要品悟，即品读和感悟。文学作品主要靠语言来塑造人物、体现主题，所以通过诵读、品读、体悟来走进古诗词的意境，感悟诗人的情感内蕴，就成了"本真语文"的重要途径。

2017 年，我被遴选为浙江省临海市首批中小学领航名师高端培训班学员，这个培训班共有 17 位台州市级名师，说是"领航名师"，实际上就是培养省特级教师的后备人选。借助这个平台，我重新梳理了自己 20 多年来的语文教学，整理出自己曾经参加各类比赛或展示的部分课堂实录，试图从中提炼出自己的语文教学风格或个性。在此过程中，我发觉自己的语文课堂大多体现了"本真语文"的教学思想。或许在我的语文教学之路上，启蒙师父包建新老师对我的影响甚大。包老师的语文课堂充满灵动、率真和创意，他引领学生在作品言语深处品味语文的魅力，在小组合作中张扬学生的个性，在真诚朴实的交流中使学生获得美的熏陶，这是"本真教育"最突出的特征。反观我的语文课堂，也是以言语品味为核心，以师生活动为途径，以培养学生的听说读写能力为指归的本真课堂。我的"领航名师"班实践导师、特级教师郭吉成用三个词语概括了我的课堂特点："质朴""灵动""和谐"。他认为，我的语文课有浓郁的"语文味"，在质朴中追求语文的灵动，在灵动中实现言语的和谐。"质朴"体现在整个课堂教学目标清晰、环节简单、语言朴实，"灵动"体现在教学设计不单调、不呆板，有小组的活动、思维的碰撞、动态的生成，"和谐"体现在师生课堂交流的顺畅、情感的

亲密、精神的契合，
但这一切活动都立足
于言语的品读之上。
文本的解读，思维的
唤醒，审美的熏陶，
与语言的活动相得益
彰。这样的语文课堂
完全符合"本真语文"
的教学追求。

实践导师郭吉成精心点拨

三、"本真语文"的内涵拓展

　　"雏牛昂首志当远，不待扬鞭自奋蹄"，2015 年，我被评为台州市名师，并忝列浙江省褚树荣名师工作室首批学科带头人；2017 年，我加入浙江省朱昌元名师工作室，成为其第二批学科带头人。名师工作室是我语文教学专业成长的平台。而褚树荣老师、朱昌元老师，正是推动我语文专业发展的引领者、启迪者。两位师父身上所折射出的渊博学识、儒雅风范、勤奋姿态和谦逊人格，让我折服。无论是褚树荣老师的"语文树"，还是朱昌元老师的"朱子语文"，都体现了他们深厚的学术底蕴以及对语文教学的孜孜以求。朱昌元老师倡导的语文课堂的人文追求以及思辨性论述文写作教学，体现了语言背后的思维和文化元素；褚树荣老师首推的"新课标·新语文·新学习"系列研究成果，体现了任务群视野中专题学习所追求的学生核心素养的综合提升，尤其是语言背后的思维、审美和文化因子。他们对语文教学的高瞻远瞩及独到见解，引发我对自身语文课堂的深刻反思。"言语"，是"本真语文"教学的起点，但或许不是终点。语文课堂，除了抓住言语的魅力，更要体现广阔的文化视野，"文化"或许是"本真语文"的终极目标。《普通高中语文课程标准》（2017 年版）指出，语言文字是人类社会最重要的交际工具和信息载体，是人类文化的重要组成部分。语言文字是文

绪论

化的载体，又是文化的重要组成部分；学习语言文字的过程也是文化获得的过程。语言，是人类存在的精神家园。学习祖国语言，就是继承、弘扬中华优秀传统文化的过程，也是找寻自我精神家园的过程。所以，语文课堂，从言语到文化，应该成为新课程背景下高中语文教学的自觉追求。

著名语文特级教师、江苏省教育学会会长杨九俊先生在阐述黄厚江老师的"本色语文"教学主张时，指出"本色"应当进一步贴近语文的特质，建议从四个方面思考语文本原的问题：第一，从母语习得的特点看，更多关注综合性、实践性；第二，从汉语自身特点看，更多关注形象性、诗性；第三，从人文学科特点看，更多关注主客观的融合性；第四，从教学基本特点看，更多关注活动性、经验性。这也就意味着，"本真语文"的教学内涵在新时期的教学改革中既要有坚守的底气，更要有创新的勇气。语文学科的综合性、实践性，必然要求语文课堂的情境营造、言语实践、容量拓展；语文学科的人文性、形象性，必然要求语文课堂的言语体验、审美创造、文化探究。还是黄厚江老师说得好，"'坚守原点'和'突破创新'的统一，才是我们应有的正确态度。离开坚守谈创新，会成为虚无主义，就会觉得所有新的都比旧的好；离开创新谈坚守，会成为保守主义，就会觉得一切传统的都好。……囿于'语文'教语文和跳出'语文'教语文一样可怕。语文课，首先必须是'语文'课，没有'语文'的语文课，是我们不能接受的；但囿于'语文'教语文，除了'语文'什么都没有，也是我们坚决反对的。"他还认为，语文教学的最高境界是什么都有且什么都是语文。要达到这样的境界，必须追求语言、思维、审美、文化等各种素养之间的相融共生。由此可见，语文教学思想的提出有其特定的时代特征。只有"坚守原点"与"突破创新"的统一，才是语文教学的本质追寻。

语文"学习任务群"是本次高中语文新课标修订过程中提出的新概念。18个"学习任务群"，体现了语文学习的综合性和实践性。它超越以往单篇课文的教学模式，以学习任务为导向，整合相关的学习资源，强调语文学习的任务性、情境性、综合性和实践性特点，力求改变传统的语文"少慢差费"现象，发挥语文课程促进学生核心素养发展的整体功能。其实关于"核心素养"的课程目标并非当前语文课改提出的。请看下面一个课堂案例。

一个学生捉了一只麻雀。………**偶发事实**

老师问："怎样处置呢？"

讨论的结果："关在笼子里喂养。""鸟笼子找不着，改用什么东西？""小竹篓子也可以的。"

老师指导大家将这麻雀儿连同饮料"装入篓子"。…………**教室工作**

装好了，"搁在什么地方好？"

讨论："挂在壁上好。"挂好了，"人家不知道里边藏了雀儿又怎样？""还要写个纸条儿贴在壁上。"

老师提议："这纸条儿怎样写法？"…………**【国语】**

学生们口头都拟了几句话。…………**【语法】**

共同批评讨论了一回，最后由老师选择了一句最好的："这篓子里有麻雀，请大家不要动手！"………**做法一（先口说）**

"写起来吧！"先叫学生写在黑板上。有不晓得写的生字，就单写注音，由老师纠正；再由老师斟酌提示几个生字。…………**做法二（次手写）**

就此教学这几个生字的发音、注音、字义、笔顺等（生字提示要少：难写的先用注音字母表示，夹在语句中间也无妨）和语词实质上、语句形式上等等应有的教学。…………**【读法】**

大家读一读。读完了，各用纸条正式写下来。…………（习字）**书法**

拣最好的正式"揭示"。

这天的功课：下午，可以讲一讲麻雀的生活。…………**自然科**

还可以做一做"鹰捕雀"的游戏。…………**体育科**

到了第二日，麻雀死了。

老师问："怎么会死的呢？"

大家讨论这个原因，老师总结说"生物要在空气中生存"的道理。…………**自然科**

老师提议："这死麻雀应该怎样处置呢？"

有的主张"扔在院子里"，有的主张"给猫吃"，有的主张"埋在土里"。

老师讨论——自己加入讨论："扔在院子里，腐烂了，有种种害处。"………（卫生）社会科

"它在篓子里闷死了，很可怜的；应该埋了它。"………（仁爱）社会科

先替它做一个棺材：棺材的料子用厚纸，分组工作。………**教室工作**

（甲组）计算要多长？多宽？多高？………**算术科**

（乙组）绘出一个图样。（或省此项）………（图画）**艺术科**

（丙组）切纸，糊接。………（手工）**艺术科**

下午的功课，大家到学校校园里去"埋雀"。………**校园工作**

老师问："大家看，什么地方好？"

"这里要种植。""那边是水道。""大路旁边有碍交通。"结果，找着土山坡里一个幽僻的所在。………（地理常识）**自然科、社会科**

"大家来掘一个坑罢！"这坑多深？多长？多宽？………**算术科**

量好，记上。埋好了，这坟堆子多高？怎样量法？它的周围多长？怎样量法？连高带深几何尺？怎么算法？算完了收拾工具。

大家在这"雀墓"旁，随意演说追悼。………（礼仪）**社会科**

并可同唱一个熟歌，当作安慰死雀的祈祷歌。………（唱歌）**音乐科**

第三日，老师提议，"雀坟没有标志，恐怕不能长久地存在。"

讨论的结果，立碑。先制"碑文"，………**国语**（做法，读法）

次用木板造碑，………**算术科、艺术科**

次书写，………**国语**（习字）

次竖碑及碑的附属品。………**校园工作**

这样的课堂，乍一看像是西方的创举，或者是某个新潮前卫的学校教育改革的招牌标签，但其实是黎锦熙先生的《新著国语教学法》中所举的一个例子。虽然这一案例更像是小学或者初中的课堂，但是它所体

现的教学理念却十分超前。案例由一个学生抓住一只麻雀的偶发事件引发，针对如何处置、安葬麻雀涉及学生听说读写能力的综合训练，围绕麻雀事件开展一系列实践活动，包含诸多学科素养，比如"鹰捕雀"的游戏（体育科），麻雀死因探究（自然科），麻雀棺材制作（算术、艺术科），演说追悼（社会科），唱祈祷歌（音乐科），撰写、书写碑文（国语），等等。从这一案例看出，培养学生的综合能力，是引导学生在生活中解决问题的实际能力，它涉及多门学科的共同培育。语文"核心素养"只是综合能力的组成部分，也是学生在具体的语言实践中逐步形成的。对这个案例，黎锦熙先生如此评价："授课和工作连成了一气，知识与行为打成了一片。……这种经验，可创造他们自己的环境；这种记载，可保存他们自己的经验；而这种文章，又成了他们环境的一部分。取这样的教材，照这样的教学，可使儿童的经验一天一天地深入而扩张；他们的环境，把经验做基础，也就一天一天地新鲜而恢廓。他们的精神、思想、声音（语言）、符号（文字）自由自动地在里边运用着；受了教师的辅导，经过共同的整饰，便成了他们的'文学'。这就是'读本'，这就是'国语科'。——此为上品。"《新著国语教学法》是白话文教学论的第一部专著，堪称现代语文教学"立法"之作。黎锦熙先生在本书第一章中，对于"国语教学之目的"，做了详备的说明。

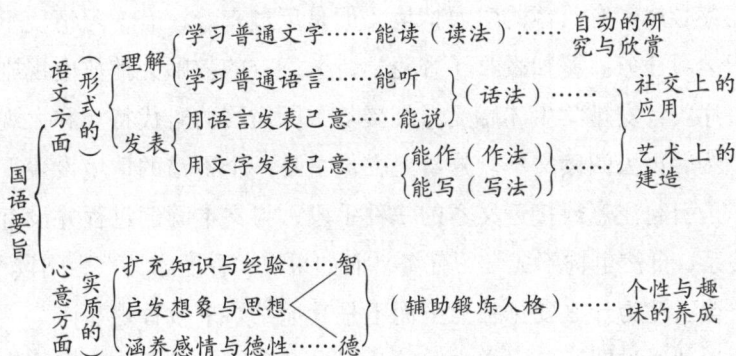

"国语教学之目的"说明

　　潘新和教授如是评价这一说明："这四个目的分别指向：自动的研究与欣赏——实用（也包含一定的审美目的），社交上的应用——应用，艺术上的建造——审美，个性与趣味的养成——精神。这四个目的概括得很全面，而这又与今天新理念中的核心概念'语文素养'有着惊人的相似。"

四、学习任务群：语文教学的转型

以"核心素养"为指归的语文课程该怎样落地，"学习任务群"将怎样实现高中语文教学的转型，成为当前语文课改的热点问题。下面我将新课标研制组专家的观点进行整合，希望能帮助高中语文教师找出其中蕴含的教学规律。

高中新课标研制组专家、上海师范大学中文系教授郑桂华认为，对语文教师而言，要适应学习任务群的要求，可能需要在三个方面做好准备：一要具有"任务"意识，善于将学习内容"任务化"；二要增强"整体"意识，用任务群的整体目标统摄不同的学习内容和学习活动；三要提高"统筹"能力，恰当处理不同任务群之间的关系。将抽象的学习内容转化为有真实意义和目标的学习任务，是实现任务群教学价值的关键。她说，以往的语文教学原则也强调教师要设置情境来激发学习兴趣。这种"情境设置"与现在所说的"学习任务"有什么区别呢？一般来说，学习任务必然带有具体的学习情境，但是反过来看，有学习情境不一定就属于学习任务。譬如教学《香菱学诗》，有的教师会播放电视剧《红楼梦》片段，安排学生先感受《红楼梦》所描写的时代特点和大观园的氛围，然后再去阅读文本。这看上去似乎是一个不错的情境设置，但只能看作是引起注意或接近文本的一种手段，与文本阅读过程并没有多少内在关系，自然也构不成学习任务。而如果以"香菱学诗"为阅读范围，探索"曹雪芹为什么安排林黛玉而不是其他姑娘来教香菱写诗"，或者引导学生"通过阅读从文本中归纳几点自己觉得对学写诗歌有价值的启示"，那么这样的情境设计就具有学习任务的特征。

北京市第八十中学王岱老师认为，"学习任务群所要求的教学，不能像以往一样，一篇篇割裂开来独立地去教学，而是要用任务群的整体目标统摄不同的学习内容和学习活动。这就要求我们要提高整合能力。整合包括内容的整合、情境的整合、方法的整合、目标的整合和素养的整合……指向核心素养的教学设计，它的起点不是将经典文本和知识当成教学的起点和终点。学习经典文本，但不以文本为纲；学习知识，但不求知识的系统与完备。以核心素养为纲的教学设计重点在于创设真实的情境、真实的任务，引发学生真实的学习和思考，引导学生一步步达成专题的目标，以趋近任务群的学习目标，提升学生语文核心素养。"

比如"陶渊明专题学习"分为三个小专题：专题一，读其诗文，想见其为人；专题二，读众人眼中的陶渊明，思考其为人；专题三，读评论家笔下的陶渊明，探究读人读诗的方法。每个小专题又有不同梯度的任务，最终都为整个专题的总任务做准备。再如专题二有这样两项任务：任务一，请同学们读"大家眼中的陶渊明"（其中有朱光潜先生和鲁迅先生的评论），朱光潜与鲁迅对陶渊明的评论不同，你是怎样看的？请结合你对陶渊明诗文的阅读写出你的思考；任务二，读陶渊明的《乞食》和下列文段（略）并思考问题，陶渊明当初不愿意为"五斗米"而向"乡里小人"折一次腰，弃了官，以至于晚年因饥饿，屡次忍惭行乞。同一个行为，在苏轼那里得到了哀怜和理解，在王维那里却遭到了非议和责难。你怎么看这个问题？请谈谈你的看法。

这些任务都是在学生对语言咀嚼鉴赏的基础上，训练学生的思维能力，尤其培养学生的批判性思维，让学生通过独立思考去理解古人的思想感情，传承我们优秀的传统文化。

首都师范大学教师教育学院教授蔡可认为，"修订后的高中语文课程标准提出了基于'学习任务群'的教学，义务教育统编教材倡导'教读—自读—课外阅读'三位一体的教学结构，如何呼应、拓展国家教材，避免'阅读'陷于'可爱不可行'的境地，需要打破传统单篇文章琐碎分析的教学现状，教材课文教学基于问题来讲读、思考、练习的教学模式，应转向引发学生多样化的言语实践活动发生，真正引导学生大量阅读、主动阅读、探究阅读。"比如他举 2012 年湖北省高考语文试卷的题目为例：

2012 年 4 月 9 日，湖北省"书香荆楚·文化湖北"全民读书月活动正式启动。为配合这次读书月活动，请从《楚辞》和《史记》两本书中任选一本，写一则阅读宣传语。

这一问题设计能很好地检测学生真实的语文素养。它首先考查的是学生对《楚辞》和《史记》的基础知识掌握，但又不像以往一样用填空、选择的方式去考记忆，而是要活用这些知识，面对真实的任务情境，调取相应知识，"写一则阅读宣传语"。这道题还考了写作，而且考查了阅读，因为题干要求写宣传语。这不是单篇的阅读，而是整本书的理解；这不仅仅是知识技能的考查，而是体现核心素养的检测。他说："从'问题思考'到'任务解决'的设计转变，正是教育目标从学科本位、知识本位向学生发展、素养本位转变的过程，这一过程从'任务解决'的角度将教育目标、学习内容、方式方法整合起来，实现均等的教育内容覆盖，让学生获得对学习的参与，收获作为'人'的成长。"

语文特级教师、江苏省教育学会会长杨九俊认为，语文学习任务群的落实，要以高中生的精神成长为根本价值取向，让学生在积极的语文实践中，努力体会任务群和教材背后呈现的思想意蕴，做一个精神高贵、人格完整的人；要以新的知识观来审视和重组知识，把浅表的知识变成完整的知识，把零碎的变成结构化的，把冰冷的变成温暖的，把僵硬的变成鲜活的；要以任务为导向进行大单元设计，用核心素养去统领真实情境、任务驱动、语文实践、学业评价。他指出，大单元教学设计有三个关键的要素：

（1）真实情境。这个情境不是以前我们讲的小情境，用一幅画、一首歌激发、撩拨学生的兴趣，它应是一个大情境，是一个从头到尾贯穿整个单元任务群学习的大情境，同时又是一个真实的情境。

（2）项目化。任务群就要完成任务，任务可以分解成几个项目，这种项目化体现在参与性、具身性（身心如一）、挑战性、选择性、连续性等特点。

（3）融通整合。一要从群出发，整体把握我们要完成的任务，从群走向文，经过文的理解，再回到群，实际上是个椭圆，群的意识要加强，但是不放弃对单篇以及某个组块的文本的阅读理解；二要有机整合，阅读与鉴赏、表达与交流、梳理与探究这三种学习方式应该是有机整合的，不能被割裂，任务群之间也是可以整合的，任务群之间可能有边界，但是这种边界应该被模糊；三要课内课外相融通，应该向生活本身打开，回归生活，参与生活，创造生活，引导学生走向高品质的语文生活。

浙江省特级教师、宁波市教研室教研员褚树荣认为："学校课程是为学生将来的人生做铺垫的。学生进入社会要用到什么样的语文，在学校就应该学什么样的语文。人们在社会上、职场里怎样用语文，在学校里就应该怎么学语文。生活中需要的语文素养才是语文课程的目标，这就是用规定学，学为了用……所以，模拟语文情景，设置具体任务，通过活动完成任务，在完成任务过程中构建知识，实践方法，形成情感、态度和价值观，这是'学习任务群'这个概念的关键意义所在。"他还指出，学习任务既然是以"群"的方式出现，就必须把"群"分解成学习专题。"专题学习"或者"项目学习"，应该是任务群学习的基本方式。精读几篇文章，就算完成某一个任务群的学习，这样因袭传统的做法，误解了设立"群"的本义。一个"任务群"以辐射的形态形成"学习专题"，几个"学习专题"辐辏为一个"任务群"，这才是最正常的教学形态。"学习任务群"还提供了另一种重要的可能，就是专题统领下的"群文阅读"。

从上述的观点看，"核心素养"的培育成为语文课程的最终目标。而"学习任务群"是实现学生核心素养的最重要载体。创设活动情境，设置学习任务，引导学生在完成具体任务的语言实践中构建知识，获得方法，形成情感、态度和价值观，从而实现人的全面成长，这是新课程标准带来的课堂改革方向。有人把任务群学习比作"交响乐"，而不是单一的"独奏"。任务群的学习，是真实语文生活情境中的深度学习，是语言文字运用的创造性学习，是一种综合素养的外在体现。新课标背景下，语文课堂的元素必将发生变化。单篇课文的学习与多篇课文的学习，可能是共存的两种语文学习方式；深度课堂与群文阅读，也是两种互为补充的教学形态；文本阅读与综合性实践活动，甚至跨学科学习，将成为课堂教学的新形式。尤其是专题统领下的群文阅读，将成为未来语文课堂教学的常态。我认为，从语言到文化，从知识技能到核心素养，从单文本阅读到群文阅读，将改变语文课堂的学习方式和容量。在这些改变中，"文化"元素显然起着关键作用，语言文字不是简单的信息符号，而是文化的载体，语文有着鲜明的文化特征、丰盈的文化内涵、鲜活的文化精神。语文教师应当是文化传承、传播的主力军，语文教学应该引领学生在人类文化的浸润中登堂入室，领略人类文化大厦的恢宏气势和深刻内涵。有位哲人曾说过："文化就是茶杯上的茶垢，只要经历积累的过程，都有文化流淌。"文化虽然看不见摸不着，但它渗透在你的言语、你的课堂、你的灵魂之中。高中新课标研制组专家、北京师范大学中文系教授王宁指出："语文课标修订稿不是轻视知识和技能，而是主张，每一个知识、每一篇文章都不能当成纯粹的知识点，都不是分解开来的技术训练，而是要通过语言文字的成品和丰富、鲜活的语言文字现象，在学生自主学习的过程中，随时关注汉语的特点，提升他们对汉语特点感受的敏锐性，在他们心里注入爱国的情怀，养成每一个中国人对自己民族文化的自信。"她认为，语文课程要关注汉语本身的特点，语文学习不仅仅是知识和技能的掌握，更是引导学生在语言学习的过程中注入爱国的情怀、养成文化的自信，这是从文化的高度观照语文的课堂。

"文化语文"对教师的专业发展提出了更高要求，需要教师有课程建设的勇气和群文中统整语言的能力。华东师范大学课程教学研究所所长、教育部普通高中课程标准修订组核心成员崔允漷教授认为，教学变革首先要变革教学设计。采用大单元备课，提升教学设计的站位。什么叫单元？一个单元就是一个完整的学习故事，就是一种课程，或者说微课程。从知识点到单元，标志着教师备课的站位提升了，而什么样的站位决定什么样的眼界和格局。以知识点为站位，看到的只是了解、理解、记忆；以单元为站位，看到的目标才是学科育人的关键能力、必备品格与价值观念。因此，指向学科核心素养的教学，必须要提升教师的教学设计站位。他还认为，此次新修订的普通高中课程标准，在学习方式上的变革方面又前进了一大步，很多学科都在原先的基础上进一步厘清了与学科核心素养对应的学科典型的学习方式。譬如，语文学科强调任务驱动的语文活动，设计了18个任务群，语文学习任务即语言文字的运用，语文素养就是在完成语文任务的过程中养成；地理学科强调地理实践，用"着地"的方式学地理；通用技术学科强调做中学、学中做；信息技术学科强调项目学习、设计学习；体育学科实行专项体育；等等。可见，新课程背景下的高中语文教学不仅要求教师树立课程意识，提高教学设计的站位，而且要求学生学习方式的转变，强调学生在完成语文活动任务的过程中形成核心素养。我认为，以"文化"的高度设计语文教学，就是提高教学设计站位的必要手段。学生学习方式的转变，关键在于教师教学设计的改变。在当前的语文教学中，群文阅读无疑是转变学生学习方式的重要途径之一。

五、群文阅读：课堂教学的新探索

最早提出"群文阅读"理念的台湾教授赵镜中认为："学生的阅读量开始增加，虽然教师还是习惯于单篇课文的教学，但随着统整课程的概念推广，教师也开始尝试群文的阅读教学活动，结合教材及课外读物，针对相同的议题进行多文本的阅读教学。"近几年致力于"群文阅读"教学理论建设的西南大学教授于泽园提出："'群文阅读'是师生围绕着一个或多个议题选择一组文本，而后师生围绕议题进行阅读和集体建构，最终达成共识的过程。"山东师范大学文学院教授潘庆玉认为："从根本上讲，无论是单篇阅读，还是'群文阅读'，除了关注学生语言、思维与审美能力的发展，还应致力于对学生进行人格的陶冶与文化的涵养。任何文本都既是文化的载体，也是文化的表象。文化的涵养不是知识的灌输，也不是技能的训练，它更多的是指一种潜移默化的体认和感悟。""'群文阅读'的目标不仅仅要解决语文阅读教学低效的问题，更有自己的诗与远方……概而言之，它指向的是丰富细腻、温柔敦厚的文化涵养与人生教养。"从某种意义上说，"群文阅读"的核心任务是在阅读实践中发展学生的阅读能力、思维能力、审美能力和文化吸收能力，积淀其丰厚的人文素养，满足其精神成长的需要。精神成人，是"群文阅读"的终极目标，也是语文课程的文化追求。

比如，潘庆玉执教的《大美兰亭》群文阅读课，采用了链接式组元方式，通过课堂四个环节，把《兰亭集序》的文学之美、书法之美、传承之美、艺术之美与人格之美巧妙地嵌合在一起，形成了丰富多彩、强烈浓郁的文学、艺术、思想与文化语境，极大地刺激了学生的审美、思辨与文化批评能力的发展，让学生在群文阅读中形成文化积淀。课堂的四个环节依次是：第一环节"诵兰亭之文"，第二环节"读兰亭之帖"，第三环节"赞兰亭之美"，最后一个环节"歌兰亭之曲"。学生从阅读《兰亭集序》开始，先是欣赏兰亭的山水景致之美、文字表达之美和人文情趣之美；然后引出使其获得"天下第一行书"大美之名的书法艺术之美；接下来让学生阅读赵孟頫的《兰亭十三跋》，了解兰亭书法艺术的无穷魅力及对后世的深远影响，感悟兰亭禊帖的传承之美；继而阅读李世民的《王羲之传论》，从理论上把握王羲之书法艺术的特色，理解其崇高的历史地位；再切换到宗白华与林语堂有关书法艺术的论述，从现代学术研究的角度重新认识王羲之及其书法艺术背后的历史、文化、美学价值与人格精神；最后播放方文山作词，周杰伦、林志玲演唱的歌曲《兰亭序》，在悠扬的乐曲声中，指导学生在扇面上临写《兰亭集序》，体验临池实践之美，直至课堂结束。整整两节课，学生徜徉在由审美的感性愉悦与哲理的抽象思辨交织而成的思想旅途之中，多重视野交叠，不同思维触角自由切换，既有优游自在的惬意和快乐，也有博闻深思的豁朗和顿悟。

"群文阅读"，是新课标背景下的高中语文教学的新探索、新尝试。全国著名特级教师钱梦龙先生指出，"群文教学"就是以一篇文章或一个主题为基点，纵向或横向拓展，从而形成一个"文章群"而进行的教学。"群文教学"有利于帮助学生获得单文教学所不可能获得的综合的、立体的认知体验。综观"群文阅读"课堂，我以为有如下几个特点：

（一）文本"整合"，形成聚焦点

"整合"，是群文阅读教学的最根本特点。著名语文特级教师王君认为，"整合"从视野来看，可以是单文本之内的联结，也可以是多文本之间的联结，可以是教材内外文本的联结，也可以是各种跨界文本的联结。为什么要整合？整合之后，我们可以更好地见主题，见人物形象，见写作手法，见语言特质，见作品风格……整合教学对师生的分析比较能力、概括推理能力、综合抽象能力、反思批判能力等思维能力都是最好的训练。"群"的思想，"整合"的思想，骨子里都是"联结"的思想。她还说，"群文教学"最基础的思维特质是"同类信息敏感"，最基础的操作方法是"同类信息整合"。而"同类信息整合"则是在教学设计中，让"同类信息"汇聚成富有价值的课堂信息源，相机指导学生以这些信息源为思维抓手，真正走进文本内核。全国著名特级教师周一贯先生曾说，群文阅读是一种交叉阅读、比较阅读，阅读量大是它的"形"，而在比较阅读中的思维碰撞、激活则是它的"神"，"形神兼备"应当是群文阅读的根本所在。文本整合时有十分明确的教学目标，才能真正实现群文阅读的"形神兼备"。这里的"神"也就是指特别能够激活学生阅读比较思维的那个"点"。可选的"点"当然不止一个，教师可以按教学需要灵活确定，但它与文本的选择搭配有着密切的内在关系。无论是王君老师的"同类信息整合"，还是周一贯老师的比较思维的那个"点"，本质上都是课堂教学的聚焦点、切入点，也是群文阅读教学的灵魂所在。

比如姚尚春老师的《基于活动的古代诗歌群诗阅读教学——以"半瓣花上说人情"课堂教学为例》，整合了李清照不同时期的六首词，以"以花喻人"的表现手法为聚焦点，开展古代诗歌群诗阅读教学。

活动一："火眼金睛来排序"，让学生根据词的内容判断它们分别写于李清照的什么时期，再按时间先后排序。

活动二："以花喻人别样多"，先以《点绛唇》为例，指出这首词中"以花喻人"的具体方法是比拟（用"花瘦"比拟"纤弱的女子"），又以《一剪梅》为示范，指出"以花喻人"的具体方法是象征；接着，学生讨论,试着说说其余四首词"以花喻人"的具体方法并结合诗句分析。

活动三:"牛刀小试花喻人",学生运用"以花喻人"的方法,在不严格要求格律的情况下,选取一种花仿写出李清照晚年的生活情境。

又如,王君老师以"问君能有几多愁"为聚焦点,整合了温庭筠的《望江南》、范仲淹的《渔家傲·秋思》、苏轼的《江城子·密州出猎》、李清照的《武陵春》、辛弃疾的《破阵子·为陈同甫赋壮词以寄之》五首词,核心环节有四:

(1)自由朗读五首词,说一说如果以愁为分类标准,可以怎样为这五首词简单分类。

(2)细读《望江南》和《武陵春》,比较两位古代女子的愁,讨论她们各自为何而愁,哪个女子更愁。

(3)细读《渔家傲》《江城子》《破阵子》,比较三位词人,谁的愁最重,谁的愁稍轻呢?

(4)比较两位古代女子的愁和三位男性词人笔下的愁表现方法有何不同。

这两个群文教学案例,内容上都是以古代诗词群文阅读为重点,一个是同一作者多篇文本的整合,一个是不同作家同质文本的整合。在整合中,形成不同的聚焦点,一个是以"以花喻人"的表现手法为切入点,一个是以诗词的情感"愁"为切入点。群文阅读,有了聚焦点,相当于课堂有了核心,散而不乱。当然,群文阅读教学的聚焦点,还可以是人文主题、作家专题、作品风格、文章体式、句段比较等等。通过求同存异,联类比较,激活学生思维,开阔学生视野,提升学生的核心素养。

(二)"任务"驱动,设计探究点

"任务"驱动,是新课标背景下的语文课堂区别于传统课堂的主要特征之一。《普通高中语文课程标准》(2017年版)指出,"语文学习任务群"以任务为导向,以学习项目为载体,整合学习情境、学习内容、学习方法和学习资源,引导学生在运用语言的过程中提升语文素养。所谓"任务"驱动教学,就是指课堂上教师通过创设具体的情境,以明确的学习任务来引导学生利用各种资源，自主探究或小组合作，以达到完成任务的学习过程。"任务"驱动，目的是激发学生学习的内驱力，让学生在完成任务的过程中获得多角度、立体化、多样化的学习体验，从而形成语言、思维、审美、文化等素养的建构。江苏省特级教师陈兴才认为，基于核心素养的语文学习检测要到情境中去"完成任务"而不是"做思考题"，"任务"是要学生做什么，是行为指示；"情境"则提供了任务解决的背景或意义。情境设置力求贴近学生的生活、学习实际，以"任务"的形式呈现，而不是简单的"问题"。任务群学习测评更多采用简答式开放性设题形式，而"任务"驱动在群文阅读教学中显得尤其重要。

比如《问天下谁是英雄》教学案例的设计，围绕"英雄"这一人文主题，整合了《药》（鲁迅）、《丹柯》（高尔基）、《方孝孺和布鲁诺之死》（资中筠）、《项羽本纪》（司马迁）、《题乌江亭》（杜牧）、《乌江亭》（王安石）、《夏日绝句》（李清照）、《五人墓碑记》（张溥）、《论辩的魂灵》（鲁迅）、《红岩》（罗广斌、杨益言）等十篇文章，安排十个课时，开展阅读与鉴赏、表达与交流、梳理与综合实践等活动。并且设计"任务"——编制"我心中的英雄"排行榜，以此推动具体三个活动的开展。

活动一：走近英雄；

活动二：英雄面面观；

活动三：编制自己的英雄榜。编制"我心中的英雄"排行榜这一任务设计，具有综合性、实践性，它驱动着学生去阅读鉴赏、深度思考和理性思辨。

其中三组活动的设计分别指向不同的学习任务：第一组活动"走近英雄"指向阅读与鉴赏，从自己最直观的感受出发，初选心目中的英雄；从具体的文学性文本中感受英雄形象，读出英雄人物的性格、品格、命运；把握论述类文本中对英雄的理解的主要观点和依据。第二组活动"英雄面面观"指向评价与思辨，对英雄人物和文本观点展开讨论和辩论，学会多元解读和分析质疑，力求有自己的发现，并能有条理、有针对性地表达自己的观点。第三组活动是在思辨的基础上形成自己的英雄观，寻找心目中的英雄，与同学展开交流，表达时做到立论正确、有理有据、讲逻辑、理性表达。在开展具体的活动中，又是以任务的形式，引导学生对"英雄"内涵的思考与探究，活动一中的"凭直觉写出十位英雄的名字，为每个人写一段话，50字左右，要呈现英雄的突出之处"；活动二中的"阅读三首吟咏项羽的诗和司马迁《项羽本纪》中对项羽的评价，请分析各自出发点或感情的不同，探究这些不同与诗人身份的关系，你最认同哪位诗人的观感？说出理由"。活动三中的"编制一份英雄排行榜，为排行榜命名，给每个上榜的人物写一段上榜理由，100字左右，编辑一期以'问天下谁是英雄'为主题的学习小报。"制作英雄榜这一"任务"的探究，是基于大量的阅读和深入的人物形象分析，基于理性的辨析、质疑与讨论，整个过程是读写一体的，在学生获得阅读与写作成果的同时，人文素养也获得了提升。

又如，南京市第一中学包旭东老师的教学案例《和平的祈祷——"触摸永远的伤痛"之主题海报展示交流教学实录与反思》，围绕"和平的祈祷"单元的三篇小说《一个人的遭遇（节选）》（肖洛霍夫）、《流浪人，你若到斯巴……》（海因里希·伯尔）、《琴和箫》（孙犁），以"一个人的遭遇"为主题，设计了编制三篇小说的主要人物（索科洛夫、"我"、大菱和二菱）的生活轨迹图的"任务"，以此引导学生梳理小说情节，感受人物形象，理解人物在战争中的遭遇和命运。

同时，提出完成"任务"的具体要求：

（1）梳理人物的生活轨迹要贴近文本，较客观地反映小说人物的遭遇；

（2）选取个性化的表现形式，设计具有创意的生活轨迹图；

（3）分小组合作完成，制作纸质海报在班内展示；

（4）互相评点，提出自己的问题与思考。

"梳理小说情节，感受人物形象"是阅读小说绕不开的学习内容，也是深度阅读的基础。在传统课堂上，要完成这个学习任务，教师可以引导学生寻找小说的线索，厘清小说的结构，关注人物在特定事件中的表现，从而达成目标。在"任务中心"的课堂中，主题海报制作是学生比较喜欢的学习方式，设计这样的学习任务，一是尊重学生文本解读的思维路径，放手让学生制作"一个人的遭遇"主题海报，让学生从自己的文本解读逻辑上出发；二是发挥"学习共同体"的学习效应，是一次独立学习到合作学习的过程；三是尝试进行"跨界学习"的方式。从"学习任务"的完成情况看，学生的创意和学习热情超过了教师的预期，比如有的学生用苏联国旗的一角，表示同盟国一方在战争中所受到的伤害；有的同学从化学原子得失电子的角度，表示索科洛夫的生活轨迹；有的同学用地球象征所有人都是战争的受害者，希望地球上拥有永久的和平。

（三）立足"言语"，指向实践性

纵然群文阅读可以整合各类文本，也可以跨界设计任务，但仍要立足于言语本身。可以说，言语是语文学习的基本属性，而实践是形成个体言语经验的必然途径。郑桂华老师认为，高中语文教学探索的重点不仅要让学生接触大量的语言现象，还要采用适当的语言实践活动和教学引导，使学生梳理复杂的语言现象之间的内在联系。《普通高中语文课程标准》（2017年版）指出，"语言建构与运用是指学生在丰富的语言实践中，通过主动的积累、梳理和整合，逐步掌握祖国语言文字特点及其运用规律，形成个体言语经验，发展在具体语言情境中正确有效地运用祖国语言文字进行交流沟通的能力。"语言学习，从根本上来说是一种从归纳到演绎的思维路径。也就是说，只有在丰富的语言实践中梳理、归纳其运用规律，才能形成个体的言语经验，演绎出精彩的言语表达。群文阅读教学，也必须遵循语言学习的这一规律。

比如，陈梁飞老师的《畅游于群诗的海洋——一次群文教学实践》，选取了柳永的《雨霖铃》《甘草子》《蝶恋花》三首词，确立了"语言学习"为课堂教学的核心内容，设计了一系列语言实践活动，以引导学生感受古诗词独特的语言艺术。考虑到教学容量较大，提前布置如下预习题：

任务一：熟读三首词，用"/"标出朗读节奏，用"○"圈出韵脚（句末押韵的字），并指出每首词押什么韵。

任务二：在三首词中分别画出描写自然景物与叙写人物活动的词语。

任务三：任选一首词写200字左右的赏评文字。

任务一是引导学生在诵读中注意柳词的节奏与韵脚；任务二是引导学生注意景物、场景的铺写；任务三是引导学生进行个性化赏评。

在群诗阅读教学过程中，始终围绕着"语言学习"的核心，以各种言语实践活动，串联起诗歌鉴赏，引导学生走进诗歌的意境，品味诗歌独特的语言魅力和情感特色。

环节一：因声求气——感受柳词的音律婉约美

教学的第一个语言活动环节便是吟咏诵读，让学生通过对词句语速、语调、节奏、押韵的揣摩与体验，直观地感受柳词的婉约之风。

（1）教师范读《雨霖铃》。提问：这首词的感情基调怎样？

（2）学生试读。提问：我们该如何读出柳词的婉约之风？（让学生把握缓慢、低沉的语速语调，注意韵脚处拖音、顿音的读法。）

环节二：想象入境——领略柳词的市井情韵美

教学的第二个语言活动环节是想象并描述诗境。

（1）引入柳词时空。提问：请结合内容完成下列填空，并具体描述每首词背后的故事。

描绘了一个＿＿＿＿人物（公子或女子），描绘了一个＿＿＿＿时节，描绘了＿＿＿＿事情。

（《雨霖铃》：一个失意的公子要离开京都到南方闯荡，在清秋长亭与爱人难舍难分。《甘草子》：一个闺中女子在秋暮时候思念远方爱人。《蝶恋花》：一个羁旅在外的游子在初春时节对家人的思念。）

（2）感受柳词俗韵。提问：柳永的词倾向于写什么内容？

引导学生明确柳词较多写男女恋情、男女相思离别，倾向于描绘市民生活、世俗生活中的男女情感，具有市井情韵美。当代学者袁行霈说："在宋代，柳永是真正走到市民中去的一位词人。"

环节三：讨论探究——体会柳词的铺叙婉曲美

教学的第三个语言活动环节是讨论探究，体会柳词独特的铺叙婉曲美。

（1）了解铺叙笔法；（2）讨论铺叙艺术。

小组讨论：有人说，柳词平铺直叙、平淡直白；有人说，柳词委婉曲折、精妙隽秀。你赞同哪一看法？请结合诗句从写景、叙事两个方面具体评析。

柳词铺写景物意象层层渲染，情感层层加深递进，将离别之情表现得无比深切浓烈；铺写事件场景，曲笔婉转，跌宕起伏，情感含蓄深沉，将离别之情表现得无比曲折委婉。清代评论家宋翔凤说："柳词曲折委婉，而中具浑沦之气，虽多俚语，而高处足冠群流。"袁行霈说："柳词的俚俗是一种精妙隽秀。"可见，柳词既有通俗、接地气的一面，又有典雅、隽秀的一面。

环节四：个性赏读——体悟柳词浪子心怀

教学的第四个语言活动环节是比较中进行个性化赏读，体悟柳词的情感意蕴。

（1）求异比较鉴赏，引导学生比较三首词在思想情感方面的独特个性。提问：三首词分别抒发了怎样的思想情感？最打动你的是哪一首词、哪一句词？为什么？

（2）求同比较鉴赏，引导学生比较三首词在思想感情方面的共性特征。提问：如何理解"凡井水处，即能歌柳词"这一现象？

柳永词表现了平民百姓平平常常的情感，相思离恨、离愁别绪，表现了四处流浪的人们羁旅天涯的浪子心怀。柳永的一生一直到50岁才释褐为官，50岁以前一直在浪迹天涯、四处漂泊，混迹于世俗生活中。市民生活、世态人情的真切体验，让他铸就了"低回婉转、雅俗共赏"的婉约艺术。

这一次的群诗教学实践，虽然选择了柳永的三首词，但课堂的核心仍在言语，重在培养学生对古诗词言语的理解、感悟、鉴赏和评析能力，由"这一篇"到"这一类"的学习中，提升学生的古诗词鉴赏能力。教学时，树立文体意识，根据体裁特征、作家个性和文本特性等文体倾向确定教学内容，明确教学目标；同时，树立语文实践意识，通过设计具有古诗词鉴赏特色的语言实践活动组织课堂教学，体现古诗词的音律节奏美、精练含蓄美、艺术特色美、情怀意蕴美等艺术特色。当然，群诗教学又不只是古诗词教学，还要树立两种"群"的意识：一是"群"训练的意识，从篇到群，既是诗词数量在增加，也是训练密度在增强；在"群"中进行语言训练，是群教学的基本特征。二是"群"思维的意识，语言学习的过程，就是思维提升的过程；对于群诗教学来说，"群"训练的过程，就是"群"思维发展的过程；群诗往往是共性与个性的统一，每首诗词都有其独特的文本个性，几首诗词又具有某些共性特征；群诗教学要引导学生品味共性、鉴赏个性，在品味共性中发展求同思维，在鉴赏个性中发展求异思维。

（四）"文化"渗透，突出人文性

文化，是群文阅读的"钙质"，体现了语文课堂的深度，突出了语文学科的人文性。群文阅读教学，如果仅停留在语言的表层，不能进入文本的深处，不能读出文本结构深层的文化密码，不能读出贴近文学与人性的复杂性，那就不算是成功的群文阅读课。《普通高中语文课程标准》（2017年版）指出，"语言文字是文化的载体，又是文化的重要组成部分；学习语言文字的过程也是文化获得的过程。"传承中华优秀传统文化和文人精神，理解不同民族、不同区域、不同国家的多样文化，关注并积极参与当代文化传播与交流，在运用祖国语言文字的过程中，坚持文化自信，提高社会责任感，这些都是语文教师的道义所在。潘庆玉先生认为，通过群文阅读，学生的精神世界、存在意识与诗意生存能力将获得提升和发展。群文阅读的核心任务是在阅读实践中发展学生的阅读能力、思维能力、审美能力和文化吸收能力，积淀其丰厚的人文素养，满足其精神成长的需要。精神成人，是群文阅读的终极目标。比如，宁波中学陈恬《美丽总令人哀愁——日本文学、动画中的"物哀"文化探究》，这是"外国作家作品研习"学习任务群中的一个专题活动。"物哀"文化是影响日本民族最深远的传统文化，是东方地域孕育出来的独特审美情趣。如何让学生理解并走进"物哀"文化呢？该课例开展了以下三项实践活动。

活动一："落花一瞬"——回溯"物哀"文化的起源

从"一方水土养一方人""樱花之瞬间与永恒""西学东渐"三个研究方向，探究"物哀"文化的起源。日本岛国的自然灾害，樱花绚烂的短暂，中国禅宗以及印度佛教对日本的影响，都是日本"物哀"文化的源头。

活动二："美总是徒劳的"——品味"物哀"文化的经典作品

提出"物哀"这个文学理念的是日本江户时代国学大师本居宣长，他认为"物哀"是"我"（主体、内在）与"物"（客体、外在）的共振和同情。川端康成是日本文学界"泰斗级"人物，阅读其经典作品，把握"物哀"文化的主要特征，梳理常见的"物哀"观点与审美情趣。比如：开展"川端康成文学作品与'物哀'文化"主题沙龙活动，议题有：（1）谈川端康成作品中的"孤儿气质"；（2）哀而不伤的爱情观——读《伊豆的舞女》《雪国》；（3）薰子和翠翠少女形象的比较研究；（4）无常与虚幻、寂灭与永恒——谈《雪国》中"物哀"文化的发展。

活动三：当文字遇上影像——聚焦"物哀"文化的辐射发展

新海诚的代表作品《星之声》《秒速5厘米》《追逐繁星的孩子》《你的名字》等，将"物哀"文化用影像动画传达，向观众传递日本深厚的传统。通过文学与影像的比较，探究"物哀"文化的辐射发展，比如《伊豆的舞女》是文字的艺术，《秒速5厘米》是视觉的艺术，两者有太多的不同，但又有相同点，都受日本传统文化"物哀"的影响，要求学生以研究小组为单位，紧紧围绕"物哀"文化，选择一个角度作细致深入的比较，最终形成书面研究成果。这三项活动均聚焦"物哀"文化，从文学到动画，从群文阅读到议题研究，让学生在语文活动中接受日本"物哀"文化的熏陶，提升了学生的审美能力，开阔了学生的文化视野。

又如：为了和学生探讨有效沟通的智慧，王君老师设计了三堂课：第一堂是《语言暴力给人的伤害》，整合了《范进中举》《孔乙己》《窃读记》；第二堂是《在孙权的朋友圈学习有效沟通——基于〈孙权劝学〉的群文阅读》，这是一堂基于《孙权劝学》的群文阅读课；第三堂是《善良是一种才华》，整合了《窃读记》和《唯一的听众》。三堂课，先探讨沟通暴力的产生，然后研究沟通的具体技巧，最后直击沟通技巧的本质。层层深入，渐行渐美。课例《在孙权的朋友圈学习有效沟通——基于〈孙权劝学〉的群文阅读》，王君老师围绕着"沟通的智慧"这一主题，整合了《孙权劝学》《鲁肃与吕蒙结友》《吕蒙说孙权》《濡须之战》等文言短篇，立足于《孙权劝学》文本中孙权善"劝"的特质，独辟蹊径，采用小群文阅读、聚焦式阅读、有针对性的阅读方式，分别从"上级和下级之间的沟通""平级和平级之间的沟通""下级和上级之间的交流""英雄与英雄之间的对话"等四个方面引导学生掌握交流沟通的语言智慧，打通了语文生活与文化的壁垒。该课堂聚焦于文化，指向于生活。王荣生教授指出，在文言文中，"文言""文章""文学""文化"一体四面，相辅相成。学习文言文，实质是体认它们的言志与载道；研习谋篇布局的章法、体会炼字炼句的艺术是重点；最终的落点是文化的传承与反思。可见，文化的渗透是文言文教学的终极目标，也是教学的重点和难点。陕西的房卫华老师在《纵横捭阖，让文化渗透这般从容——评王君老师的〈孙权劝学〉》一文中指出："王君老师立足《孙权劝学》，带领学生们走进《三国志》《资治通鉴》等历史故事中，将《孙权劝学》中的两个人物孙权和吕蒙，放在其所生活时代的同类文章中，做纵向和横向挖掘拓展，无形中让学生对文本中的人物感知更丰富。如果说《孙权劝学》，学生知道了孙权的礼贤下士、宽宏大量，懂得了吕蒙能接受别人的正确建议，那么《鲁肃与吕蒙结友》《洗脚上船》《濡须之战》等历史故事中孙权的雄才大略和高度智慧，吕蒙的不计前嫌、襟怀坦荡，曹操的枭雄气度都给学生留下了鲜明的印象，三国时期的战争风云，三国人物的精神内核和文人风范，直接或间接影响和熏陶了学生。而课堂上这一文化渗透，是立足学情，立足文本特质，表面看似远离了文本，但根脉始终在文本之中，不经意间，纵横捭阖，让文化渗透这般从容。"课堂中，王君老师以《孙权劝学》为"这一篇"，联系到《三国志》和《资治通鉴》中"同一类"文言故事，把这一篇的"义理"放在这一类的文化背景中去考察，让学生走进《三国志》中相关文字，读出人物背后更丰富的故事，其着眼点是文化的传承和渗透。文化渗透最终要提高学生的文化品位，让具有我们民族特性的思维方式、精神品质得以延续传承。语文学习归根结底指向生活，指向人的精神成长。

六、语文课堂：从"言语"走向"文化"

　　我认为，"群文阅读"是实现学生语文学科核心素养的必然途径，也是语文课堂从"言语"走向"文化"的有效载体。在语文学科核心素养构成中，"语言建构与运用"是语文的基础层面，而"文化传承与理解"却是语文的最终使命。"语言建构与运用"，指向语文课的本质属性，那就是"言语"；语文教学是透过言语所承载的内容来学习言语，言语又是文化的载体，所以"文化"是语文课的终极目标。语文课堂，从"言语"走向"文化"，这是我对语文教学的探索轨迹。因为语言文字是文化的载体，又是文化的重要组成部分，学习语言文字的过程也是文化获得的过程。而语文又是一门人文学科，培养学生对祖国语言和传统文化的认同感以及对多元文化的包容性，培育社会主义核心价值观，终究是语文学科的神圣使命。关于文化，著名文学家梁晓声用四句话解释：植根于内心的修养，无须提醒的自觉，以约束为前提的自由，为别人着想的善良。文化是无形的存在，语言却是存在的家园。语文课堂，可以培育学生对中国文化的自觉认同。高中18个"学习任务群"，是实现"文化语文"的途径。正如浙江省特级教师、金华市教研室教研员朱昌元老师所说的"语文课堂的个性化，才是语文教学的生命"。"个性语文"课堂建构途径有三：一是解读有心得；二是设计有特色；三是语言有个性。个性化既是一种理念，又是一种文化。所谓教学个性，它是教师个人在多年的教育教学实践中逐渐形成的具有个人特质的东西，是教师个人气质、性格、兴趣、阅历、学养等在教学活动中的综合反映和表现，具有不同于其他语文教师的鲜明的辨识度。总而言之，语文教学的个性化在一定程度上能使语文课堂获得独特的教学魅力和较为厚重的文化品格。

就像打球靠打出来的，唱戏靠唱出来的，游泳靠游出来的一样，上课也是靠上出来的。课前的积累，课堂的磨炼，课后的思考，逐步形成了我"质朴""灵动""和谐"的语文教学风格。一位教师的专业成长，离不开课堂实践的历练，也离不开课后的专业反思，更离不开前辈的倾心指导。课堂求真，那是

与师父朱昌元在温州合影

我语文人生的足迹；名师点评，那是我专业成长的动力。从"本真语文"出发，到"文化语文"追寻，从"言语"走向"文化"，一堂堂教学实录、一篇篇听课论文、一句句精到点评，这些成长的足迹镌刻着我生命的幸福岁月。本书主要辑录本人近年来参加各类教学比赛或者教学展示的部分课堂实录，以及参加各级语文教研活动后的听课感悟，它们共同体现了我对语文教学孜孜以求的心路历程，也蕴含了各位前辈的良苦用心。

全书分为理论篇和实践篇两大部分。"理论篇"主要介绍"本真语文"思想流变，确立语文课堂从"言语"走向"文化"的观点；"实践篇"主要以课堂教学实录以及相关观点链接为核心。其中"实践篇"是本书的核心内容，精选九堂有影响力的教学实录，根据内容体例又分为"文本细读""因体而教""诗意追寻""思想唤醒""文化探究"等部分，既有坚实的教学理论支撑，又有鲜活的课堂实践呈现。"实践篇"共分为六辑：第一辑"文本细读"，选取苏教版必修教材中的《流浪人，你若到斯巴……》和《品质》教学实录，体现语文课堂要立足于文本细读，重视"言说的智慧"的教学思想。第二辑"因体而教"，选取苏教版必修教材中的《氓》（古诗）、《美美与共》（论述文）、《今生今世的证据》（散文）教学实录，体现语文课堂要针对不同文体的言语特点实

施不同的教学策略的理念。第三辑"诗意追寻"，选取选修教材中的现代诗《预言》和《窗》教学实录，体现语文课堂的"诗和远方"。第四辑"思想唤醒"，选取语言实践专题《唤醒你的记忆，触摸你的灵魂——作文思维训练》和《一见钟情——"语言积累、梳理与探究"之"广告与修辞"》教学实录，体现语文课堂的言语实践和思维唤醒。第五辑"文化探究"，选取了宁波市名师时剑波老师的《别赋意义见深蕴——"汉字汉语专题研讨"之"姓名与文化"》、严雨清老师的《对称之美——"汉字汉语专题研讨"之"对联文化"》以及台州市名师徐美珍老师的《我的行程我做主——"当代文化参与"之"研学旅行策划"》教学实录，体现了从"本真语文"到"文化语文"的课堂探索。这些篇章中，我分"教学背景""课堂实录""名师点评"等三块内容，客观呈现真实的教学过程，并且把自己在听课过程中形成的教学论文作为"观点链接"穿插其中，以求全面而充分地体现我对语文课堂教学的思考轨迹。"观点链接"分为"言语为本""读写相融""核心素养"三块内容：《评点法使课堂"活起来"——〈想北平〉的评点式教学》《现代诗歌教学应以言语品味为根本》等论文印证了"言语为本"的教学理念；《让阅读点燃学生的写作欲望——〈项脊轩志〉教学有感》《将作文教学融入阅读教学——仿写〈我的四季〉》《用思维导图法指导学生写作的尝试》等论文体现了"读写相融"的教学思想；《一场盛会，四种意识——第十一届"语文报杯"全国中青年教师课堂教学大赛观摩感悟》《传统文化论著的"跨媒介"教学尝试——〈《论语》与孔子的影像呈现〉评析》《"群文阅读"：提升学生核心素养的重要途径——以王君的〈春天会不会生气〉教学为例》等论文，则是对语文"核心素养"的理性思考。第六辑"课堂刻痕"，选录了毕业学生回忆我的语文课堂的文章，印证语文课堂从"言语"走向"文化"的思考轨迹，这也是语文课堂的延伸，就像在学生心中播种语文的种子，期待它的蓬勃生长。

绪论

第一辑

文本细读

　　语文课堂设计，是从文本细读开始的。文本细读，是语文教师的基本功之一。文本细读源于 20 世纪西方文论中的一个重要流派——语义学，这一流派将语义分析作为文学批评最基本的方法和手段，其中文本细读是语义学对文本进行解读的重要方法和显著特征。文本细读的基本特征是：第一，以文本为中心，认为文本语言的功能和意义可以体现为意思、感情、语气和意向等四个方面，如果能够准确把握语言的这些因素，我们就能够解读作品的意义；第二，重视语境对语意分析的影响，认为语境对于理解文本词汇的深层意义是十分重要的；第三，强调文本的内部组织结构，认为作品就是一个隐含着并需要意义和价值的符号结构，主张解读就应该以具有这样的符号结构的作品为主要对象。

　　在语文教学过程中，教师对文本的细读，首先指向言语性，从字、词、句等言语材料的释读入手，细致分析言语的表达手法、修辞手法，层层解剖言语内在的组织结构，全力开掘言语的多侧面内涵。教师的文本细读，不仅是对言语存在的一个发现过程，也是对言语细读的一个体验过程。叶圣陶先生认为"字字未宜忽，语语悟其神"；吕叔湘先生则说"文本细读就是从语言出发，再回到语言"；南帆先生指出"文本细读就是沉入词语"……总之，文本细读就是指为深层领会作者匠心，从而对词句含义、结构层次、情感意境、写作手法等进行多角度、多层面的细细咀嚼的一种阅读方法。文本细读要解决两个层面的问题：一是疑难，包括字词句疑难，也包括整体理解疑难，是语言性层次的问题；二是精妙，包括语言艺术或文学艺术或审美艺术，是语言的精妙和生活的精彩，是文学性层次的问题。从词语的积累、句子的辨析，到整篇的感悟，这是文本细读的基本路径，也是培养学生语感的重要通道。当然，文本细读也要结合自己的生活经历和阅读经验去感受，不要受教学参考书条条框框的束缚，也不要盲从前人的经验或权威，学会从文本中读出作者的情思，读出个性化的体验，从而设计出独具魅力的课堂。

王先霈先生的《文学文本细读讲演录》是一本文学类文本细读的经典之作。该书首先介绍了文学文本细读的多种范式，诸如汉代经生的细读——微言大义和穿凿附会，六朝文士品诗评文——印象主义的细读，明清评点家的细读，英美新批评派的细读，还举出了一个个案——熊秉明的细读，用形象化的语言描述了文本细读的魅力："文学批评、文本细读是一个过程，批评家带领我们到花丛里追逐蝴蝶，提示我们花的色和香、蝴蝶翻飞的姿态，让我们得到很大的快乐。"然后从"词义的诠释和语感"角度，指出文本细读的第一步是识字断句，一个字、一个标点、一个句子地往前看过去；如果是听别人诵读，也是要一个字、一个词、一个句子地听过去。在咬文嚼字的基础上，结合语境和语义，进而领悟文学语言的韵外之致与形式之美。最后以大量生动丰富的文本细读的实例，从诗歌、小说、散文、戏剧四种文学样式阐述了文学文本细读的主要原则、路径和操作实践。他认为，文学文本细读要善于调动生活经验和艺术经验，并且善于组合这些经验，善于调动情绪记忆，同时与形象记忆融合，重构出文本所创造的意象。解读还要注意整体性，注意对文本结构的感知。这种感知是细腻的又是整体的，是格式塔式的，不是构造主义式的，不是砖头加灰浆式的；是美学式的，不是把作品当机器拆散开来。

孙绍振先生是国内文本解读学的大家。他在《文学文本解读学》一书中指出，经典文本结构的解读不是单层次的，而是至少有意象、意脉、形式规范三个层次。第一层次是显性的，按照时间空间的顺序，外在的、表层的感知（语言）的连贯，包括行为和言谈的过程。一切描绘表面上是物象，是景象，但事实上却是作者的心象在起作用。对于文学意象来说，外在的物象是一望而知的，而内在的心象则是需要理性自觉的。他以欧阳修《醉翁亭记》中连用二十一个"也"字为例，阐述了意象群落背后的情感色彩以及心理变化过程，印证了意象应该成为研究文学形象的逻辑起点。文学作品的第二层次——审美价值取向是一道很重要的关口，不明于此者往往拘于实用价值或者理性认识，把解读引向歧路。朱自清先生的《背影》中父亲爬月台买橘子的场景，如果解读为"违反了交通规则"就不是审美价值取向了。父亲的感情，在于从实用功利来看，儿子去买是更有效率的，但是父亲却非得自己勉为其难地去买。超越了实用功利，父亲的感情就有特点了。如何解读到位，不仅要揭示出其特点，还要分析产生这样特点的过程，把意脉的变化解读出来。父亲把大学生的儿子当孩子看，说了、做了那么多，儿子不领情，可是一到爬月台，什么话也没有说，却让儿子感动得流下眼泪，而且还不让父亲看到；以后想起来，常常禁不住流下眼泪。如果没有这样的变化过程，《背影》中亲子之爱的特点、爱的唯一性是不可能充分揭示的。所以在文学作品中，形象的准确性和感染力表面上取决于外部可感的事物与人物的特征，但实际上决定这些外部特征的是作家的情感特征。单独孤立的意象，不足以表现情感特征，故意象往往以群落的形式出现，而情感的运动则隐于意象群落之中，此谓意脉。他认为，意脉的变化、起伏、显隐，是形象的生命所在。一望而知的只是显性的表层，只有通过专业的对意脉运动的具体分析，才能洞察其隐性的情感节奏。分析长篇小说的片段是这样，分析短小的诗歌也是这样。文本结构的第三层次乃是文学形式。作为文学形象的深层结构，是文学的规范形式。这在文学形象中属于最深的层次，在文本结构上是最隐蔽、最深邃的。在解读过程中，最大的误解就是以为只要读懂了内容，就读懂了艺术，以为形式是一望而知的。其实，第一，那是外部形式（如诗歌、小说、戏剧）。第二，混淆了原生形式和艺术的规范形式之间的根本区别。同样的素材，在诗与散文、小说、历史中会变成不同的形象，比如唐明皇与杨贵妃的恋爱素材，白居易的诗歌《长恨歌》、洪昇的戏剧《长生殿》、陈鸿的小说《长恨歌传》以及历史上的"安史之乱"记载，就显示出不同的语言规范形式。比如，以李白而言，在诗歌中李白是反抗权贵的，不能忍受向权贵摧眉折腰的，而在散文中，尤其是那些"自荐表"中，李白向权贵发出乞哀怜是一点也不害臊的。在《与韩荆州书》中，他以夸耀的口吻说自己从十五岁起就"遍干诸侯"。阅读李白的全部作品，会发现有两个李白：一个在诗里，是颇为纯洁而且清高的；一个在散文里，是非常世俗的。可见，诗和散文是有其不同的规范形式的，也就有了不同的艺术追求。

　　文本细读是中学语文教学活动的起点，教师要使自己的教学具有足够的准确度、广度和精度，就必须在深入解读文本、充分驾驭文本上下功夫。著名教育家张志公先生指出，阅读教学就是教师带着学生在文本中进进出出几个来回。这就要求教师首先要学会读透文本，然后设计问题引导学生进入文本，从而感受发掘文本的魅力。在传统的语文课堂中，作者介绍、生字认读、段落分析、主旨解读、手法赏析等成为固有的课堂结构模式，而《教学参考书》中的专家解读，似乎成了教师教学的唯一"法宝"。长此以往，教师渐渐失去了自我对文本的个性解读。这样的语文课堂，也成了学生摘录课堂笔记，背诵条条框框，应付语文考试的主要途径。所以，我们提倡基于文本细读的"本真语文"课堂。从某种意义上说，语文课堂设计的过程，本质上就是教师对文本细读、感悟、联想、解构的过程。我认为，文本细读有三个层面的内涵：第一层面是文本作者的原意，也就是写作者在文本中所要表达的意思；第二层面是文本本身的意义，也就是读者在理解文本过程中所产生的丰富多样的意义；第三层面是文本产生的教学意义，也就是教师在解读文本时根据学生的需求进行创造性的细读。教师文本细读能力的强弱，决定了课堂教学质量的高低。上海的詹丹教授是中学语文界比较著名的文本解读专家，他对大量入选教材的语文经典文学名篇都做了深入的解读。他认为，"语文教学内容的深化是与文本解读的深入联系在一起的，也涉及对时代特征和学生基本状况的把握等。""如何在厘清并接受作者思路的同时，又获得阅读者对其思维的一种超越，如何把文本内部固有的比较与教学的比较策略结合起来，这是值得语文教学者思考的问题。""本真语文"教学要求在语文课堂中，教师以言语为核心，引导学生在接触文本的过程中，感受语言、揣摩语言、解读语言、赏析语言、探究语言，以及加强语言的运用训练和积累等。但现实的语文课堂上，有些语文教师却不在文本细读上下功夫，而把时间花在讲解分析语言上，不重视学生感受语言和运用语言的训练，也没有给学生充分阅读文本的时间。当然，教师对文本的解读深度，还需要教师自身的阅读视野以及文学积累，熟悉文本作者的相关著作，站在宏观的眼光挖掘文本的深层意蕴，设计课堂的层次梯度。江苏省特级教师张春华说："好的教学设计从文本解读中来，但一定会超越文本解读，好的教学设计能把文本解读转化为促进学生学习的'燃点'，创设利于学生自立学习和师生互动的情境，激发学习动力，增强课堂活力，保持思想活力。"笔者对《流浪人，你若到斯巴……》的教学设计，就是从自己最初对文本的细读过程进行构思设计的，从言语出发到文本结构再到文学魅力，从标题到环境描写再到小说主旨，设计相应的主问题，引导学生逐步走入小说的语言深处，感受小说人物的精神世界，探究小说的文学魅力。《品质》的教学设计，也是从文本细读出发，通过对小说主人公格斯拉兄弟的语言描写、肖像描写、动作描写、神态描写的品味，获得小说"言说的智慧"，感受主人公敬业、执着、坚守、善良的美好品质。这两堂课从言语到精神，从构思到审美，从文本到生活，让学生读出了文本之外"语言的精妙和生活的精彩"，获得了人格的熏陶和精神的提升。

◆ **教学设计，就是解读文本的过程——《流浪人，你若到斯巴……》教学实录**

一、教学背景

《流浪人，你若到斯巴……》是苏教版高中语文必修二教材上的一篇外国小说，也是我参加浙江省临海市第五届中小学教师教学大比武的参赛课题。当时备课时间是 24 小时，也就是提前一天抽签告知课题，第二天参加比赛。《流浪人，你若到斯巴……》是一篇非常难懂的小说，篇幅很长，寓意深刻；但又是一篇极具魅力的小说，描写细腻，引人入胜。当得知参赛课题后，我就静下心来细读文本，试图与作者对话，与自我对话。在与文本的琢磨对话中，我逐渐厘清了这篇小说的教学思路：从标题入手，激发学生阅读的兴趣；以品读小说环境描写的文字为核心，探究小说的主题。这样的教学设计思路，其实就是我解读这篇小说文本的过程。紧紧抓住小说的语言，重点品味以"我"的叙述视角所见学校的环境描写，在深入解读语言背后所蕴含的情思之后，走进人物的内心世界，探究小说的主题，让学生在阅读中豁然开朗。最终，我获得了临海市教学大比武（高中语文组）一等奖。

二、课堂实录

师：今天，我们来学习德国诺贝尔文学奖获得者——海因里希·伯尔的一篇小说，题目叫——

生：（齐答）流浪人，你若到斯巴……

师：这句话似乎还未说完，用了省略号，那它源自哪里呢？

生：（思考）希腊人石碑上的铭文。

师：它铭刻在希腊的石碑上有什么含义呢？

生1：（停顿，读注解）公元前 480 年，波斯人入侵希腊，300 名斯巴达战士扼守温泉关，奋战阵亡。后来，希腊人立碑纪念。

师：也就是说，这句话是纪念古希腊斯巴达人为保卫祖国而英勇战死的事迹，歌颂希腊人为正义牺牲的民族精神。那么，这句话在小说中出现过吗?

生：(齐声)出现过。

师：出现在哪里? 是谁写下的这句铭文?

生2：(翻书)小说的最后部分，"我"在黑板上写下这句铭文。

师：可见，"我"当时的身份是什么?

生：(齐声)学生。

师：后来干什么去了?

生：(齐声)参加战争去了。

师：三个月后的结果呢?

生3：受了重伤，被运回"母校"。

师：那么，这篇小说是不是歌颂"我"是一位民族英雄呢?

生：(议论纷纷，不敢肯定)……

【设计意图：从小说的标题入手，在与学生聊天式的对话中，自然引入课题。以"这篇小说是不是歌颂'我'是一位民族英雄呢"为话题，设置悬念，激起学生深入阅读的兴趣。因为是借班上课，师生关系陌生，所以教师采用聊天式的对话，借此拉近师生间的距离，引导学生整体感知这篇小说的大致内容。】

师：看"我"是不是民族英雄，我们得通过"我"的言行、动作、心理的分析才能得出结论。下面我们就一起来深入文本，探究一下这个问题。

师：刚才我们提到，"我"参加战争受了重伤，那么伤势到底怎样呢?

生4：很严重，失去双臂和右腿。

生5：发高烧，处于昏迷状态。

师：所以他并不知道自己被运回的临时战地医院就是自己曾经就读过的"母校"! 那么，小说通过"我"的眼睛看到了哪些东西呢? 请同学们一起圈画一下。

生6：(停顿)看到了"过道的墙壁刷成绿色，墙上的黑色弯形挂衣钩，费尔巴哈的《美狄亚》画像，《挑刺的少年》照片"。

生7：还有"一根大圆柱，石膏复制品，希腊重甲胄武士，从大选帝侯到希特勒的一幅幅画像，老弗里茨像"。

生8：还有"人种脸谱像，小型阵亡将士纪念碑，恺撒、西塞罗等的胸像，宙斯丑怪的脸像，尼采黄色镜框"，还有"多哥的大幅风景画"。

师：刚才同学们找到的这些东西有没有共同点呢？

生9：（思考）它们大部分是艺术品。

师：对，因为这是一所什么学校？

生9：文科中学美术学校。

师：如果从这些艺术品的内容上看，它们又有什么含义呢？

生10：（沉思）好像都跟战争有关。

师：能否举个例子？

生10：比如"希腊重甲胄武士""希特勒""多哥的大幅风景画"等等。小说中说"色彩斑斓、威风凛凛的希腊重甲胄武士，头上插着羽毛，看上去像只大公鸡"，把武士比喻成大公鸡，写出了好斗的特性；希特勒，法西斯纳粹组织的头目，第二次世界大战的发动者；多哥，位于非洲西部，1884年沦为德国殖民地。这些艺术品都跟战争相关。

生11：跟政治有关，比如恺撒、西塞罗等的胸像，他们都是古罗马的政治家、哲学家。历史书上说，恺撒大帝是古罗马帝国的奠基人，是杰出的军事统帅、政治家。

师：大家知道费尔巴哈的画像《美狄亚》，她是怎样的一个人吗？

生：（齐声）不知道。

师：《美狄亚》，是古往今来最著名的复仇女性，代表了战争与血腥。她因为爱上一个外邦人杰森，抛弃公主地位，窃走国宝金羊毛，杀死弟弟，甘愿随夫远走他乡、漂泊失所。然而她的勇敢爱情和伟大牺牲最终却变成一则笑话；丈夫决定另娶柯林斯公主，换取稳定名位。美狄亚在走投无路之下，展开恐怖报复。

生12：德国法西斯在教室悬挂《美狄亚》，就是宣传为"一战"失败报复，对学生进行军国主义教育。

师：《挑刺的少年》照片又象征着什么呢？

生13：《挑刺的少年》是一个牧羊少年忠诚的象征，德国法西斯教育学生绝对忠诚于法西斯独裁者。

师：再比如"多哥的大幅风景画"。多哥是怎样的一个国家？

生14：（看注解）多哥位于非洲西部，1884年沦为德国殖民地。第一次世界大战爆发后，英、法出兵占领多哥。战后，国际联盟正式承认英、法的"委任"统治权。希特勒企图恢复德国的殖民地，故在当时学校中挂多哥的风景画，对学生进行殖民主义宣传。

师：总之，这些艺术品都跟政治有关，跟战争有关，它能激发学生对战争的狂热信仰，教育学生对领袖人物的绝对服从。

【设计意图：这一环节重点是品读艺术学校的环境描写。通过文本细读，从语言到精神，从具体到抽象，符合学生的阅读心理。首先，教师引导学生在跳读中圈画出"我"所看到的艺术作品，然后深入思考其共性特征，领悟其文化内涵，尤其是对《美狄亚》《挑刺的少年》这两幅艺术品寓意的解读，有利于学生更好地理解艺术品的文化内涵。德国是一个人才辈出的国家，日耳曼是一个有思想有文化渊源的民族。它的灿烂文化传统体现在艺术、哲学、文学等领域。然而，小说中描写的艺术学校，所悬挂张贴的艺术作品大多跟政治、战争有关，这就体现了德国法西斯在学校教育中渗透纳粹思想，借助名人画像激起学生对战争的狂热信仰，教育学生对领袖人物的绝对服从。】

师：那么，这些东西只有"我"所在的学校有吗？

生15：不是。明文规定，都必须有。小说中写道："毕竟每一所文科中学都有一间美术教室，都有刷成黄色和绿色的走廊，墙上也都有老式弯形挂衣钩；就连一年级甲、乙两班之间的《美狄亚》和九年级甲、乙两班之间尼采的小胡子，也不能证明我现在是在自己的母校。""普鲁士文科中学的环境布置规定为：《美狄亚》挂在一年级甲、乙两班之间，恺撒、马可·奥勒留和西塞罗放在过道里，尼采挂在楼上——楼上的学生已经学习哲学了。还有雅典娜神庙庙柱中楣已经成了世代相传的，美好而又古老的学校摆设。"等等。

师：可见，当时的德国法西斯教育，在学校文化教育中全面渗透军国主义的思想，它向年轻一代灌输的是战争和血腥，激起懵懂少年对政治的狂热，对战争的向往，这是对人类文明的摧残。

师：这种影响在"我"的身上有哪些具体体现呢？请同学们在文本中划出。

生16：（阅读）第45页："一时心血来潮在香蕉上写上'多哥万岁！'的不会就是我一个。"因为多哥的风景画代表着德国的殖民主义宣传教育，所以"多哥万岁"也就意味着许多学生受此影响产生了对战争的狂热。

生17：第47页："现在，我听见外面重炮在轰鸣。……炮声均匀而有节奏。我在想：多么出色的炮队啊！……我觉得大炮即使在轰鸣时，也是高雅的。炮声听起来也是那么高雅，确实是图画书里打仗的模样……"一般来说，听见大炮的轰鸣声我们早已吓得魂不附体，产生强烈的恐惧感，然而小说中的"我"用"均匀而有节奏""令人宽慰、令人惬意""高雅"等词语来形容炮声。可见，法西斯教育对"我"产生的影响，让"我"从心底充满对战争的向往。

（先个别朗诵，再自由朗读，读出这段文字中"我"内心的感受。）

师：接着"我"又想到什么？"我"突然想到什么？

生18：想到希望成为英雄，渴望成为烈士，能够青史留名，为国捐躯。比如："假如再有一座阵亡将士纪念碑落成，碑顶竖着更大的金色铁十字，并装饰着更大的月桂花环石雕，那么又该有多少人的名字要刻上去啊！""我突然想到：倘若我果真是在母校，那么我的名字也将刻到石碑上去；在校史上，我的名字后面将写着：'由学校上战场，为……而阵亡。'"

生19：还有"三个月前，在绝望的日子里，我们都必须写下这段铭文。现在这段铭文还依旧赫然在目：'流浪人，你若到斯巴……'哦，我现在想起来了，那时因为黑板太短，美术老师还骂过我，说我没有安排好，字体写得太大了。""这里留着我用六种字体写的笔迹：……清楚而工整地写了六遍：'流浪人，你若到斯巴……'"本来是斯巴达人保卫温泉关而奋战阵亡的铭文，却成了法西斯教育学生的手段，虽然有专制的成分在里面，却也体现了"我"想为国献身成为英雄的愿望。

师：然而，"我"知道这是一场非正义的侵略战争吗？

生：（齐声）不知道。

师：战争使"我"成为一位英雄了吗？

生20：没有。三个月的经历，英雄梦想破灭，留给他的只能是伤痛和悔恨，他失去了双臂和右腿，周围人的冷漠，更造成幼小心灵的永远的伤痛，他成为法西斯炮火的牺牲品。

【设计意图：小说教学只有深入文本语言品读，才能走进人物灵魂深处。这一环节重点品读"我"的心理描写、语言描写和动作描写，引导学生品味文字背后的思想、情感，深刻体悟德国法西斯教育对中学生的毒害。比如"多出色的炮队""令人宽慰、令人惬意的炮声""高雅"等不合常理的心理描写，写出了"我"因为受纳粹教育影响而产生对战争的狂热，甚至为国捐躯成为英雄的思想，最终却成为"炮灰"，这也是本篇小说的主旨所在。】

师：小说以"流浪人，你若到斯巴……"为标题，究竟有什么深刻含义呢？

生21：这是一种欺骗，是对正义的亵渎，是一种强烈的讽刺。

师：对，小说正是讽刺了法西斯对年轻一代的毒害和欺骗。在这场战争中，受难的不仅仅是被侵略的受害国人民，还有德国军队中无辜的士兵、人民。小说揭示了非正义战争的罪恶。

师："我"最终明白了这种欺骗了吗？小说最后，我喃喃说的"牛奶"怎么理解？

（小组讨论，自由发言。）

生22：明白了。当"我"终于认出消防队员就是门房比尔格勒时，自然回忆起自己三个月前在他那间昏暗的小屋里喝牛奶的情景，说明"我"最终明白远离战争的平凡生活才是最幸福的日子。"牛奶"代表的是一种对和平生活的向往。

生23：不明白。法西斯教育"牛奶、面包会有的"，这句口号已深入人的灵魂，毒害着青少年的心灵。所以，对牛奶的渴望并不意味着"我"认清战争的罪恶本质。

师：海因里希·伯尔的《流浪人，你若到斯巴……》告诉我们：只有经历战争痛苦的人，才会感受到战争带来的痛苦。最后，送给同学们一句话——"战争既是谋杀，也是自杀！"谢谢。

【设计意图：小说以"流浪人，你若到斯巴……"为题，具有强烈的讽刺意味。这一环节呼应了课堂的开头，学生的悬念解除了，对小说的主题也理解了。在短短的四十分钟之内，读懂这么长的一篇小说的确不容易。本课堂抓住了环境描写，通过品读"我"的心理变化过程，领悟小说的主题，揭示了非正义战争的罪恶。最后，以"我"喃喃地说"牛奶"的理解为探究题，训练学生的思辨能力，拓展学生的思维空间，给课堂留下想象与回味的余地。】

三、名师点评（特级教师包建新）

文本细读是语文教师最重要的功夫，教学内容的生成，教学设计的形成，都有赖于文本细读。张永飞老师《流浪人，你若到斯巴……》的教学，可见出他文本细读的功夫。因为是外国小说，文化背景的差异可能会使学生理解这个作品有一定的难度，但张老师步步引导，使学生走入文本深处，触摸并感受到了作品的内涵。比如他对"流浪人，你若到斯巴……"这句话的解读，就很能说明这一点。"流浪人，你若到斯巴……"源自哪里？它有什么含义？这两个问题，引导学生认识到这句话不仅仅是一个题目，背后有着丰富的内涵，其中可以闻到战争的气息。这句话在小说哪里出现过？是谁写下的这句铭文？这两个问题把具有战争气息的这句话与"我"的思想、经历联系在了一起，从中也能体悟到"我"这个年轻的学生被某种思潮"裹挟"着。战争使"我"成为一位英雄了吗？答案是显而易见的，但这一问，促使学生对"我"的所谓的理想、抱负的感慨，为"我"被蛊惑而惋惜。张老师在充分解读文本后，又以几个问题，引导学生充分领悟作品的内涵，解读是到位的，设计是灵巧的。

从整体设计看，张老师主要是围绕着四个问题展开的：

（1）"流浪人，你若到斯巴……"这句话的含义以及在课文中的相应文字。

（2）"我"受重伤后被运回到母校，看到了哪些东西？

（3）这些东西只有"我"所在的学校有吗？

（4）小说以"流浪人，你若到斯巴……"为标题，究竟有什么深刻含义？

　　以这四个问题为主问题，其他问题围绕着这四个问题展开；而这四个问题又紧密联系，后一个问题的提出以前一个问题的解决做基础，前一个问题的探讨为后一个问题的深入探究做铺垫，这样环环相扣，引向深入。从教学设计的道理来说，教学设计有两个基本原则要遵守：一个是"让零散的教学内容围绕着核心转"，另一个是"让教学活动形成一个意义流动的过程"。张老师在这两点上都做得可谓娴熟。总体上，四个问题形成了一个意义流，能够把学生探索的兴趣激发起来；局部看，前两个问题又是两个核心，有好多小问题围绕着这两个核心。这样，课堂结构就显得严谨了。

◆重视"言说的智慧"，走进人物的心灵——《品质》教学实录

一、教学背景

《品质》是苏教版高中语文必修三"底层的光芒"板块中的一篇小说。有一次，我参加了台州市新课程教学研讨会，观摩了一位年轻教师执教《品质》公开课，她在厘清了小说的情节，分析了主人公形象之后，让学生讨论：有人说格斯拉太不懂得变通，不会"因时而化"，无法在竞争的社会中生存，你的看法呢？结果，绝大多数学生都认为，格斯拉确实比较古板，不懂得变通，不会经商之道，不做广告，效率又低，成本又高，肯定会被社会淘汰。这时，老师有些束手无策，为了让学生认可格斯拉具有的美好品质，她只好抛出哲人的一段话——"人受到的震动有种种不同：有的在脊椎骨上，有的在神经上，有的在道德感受上，而最强烈的、最持久的是在个人品质、个人尊严上。"格斯拉坚守着靴子的品质难道不让人肃然起敬吗？然后，要求学生联系现实社会，举例说明有没有像格斯拉那样的人物。这一种教学方法，称之为"反文学"，即忽视文学教育的审美性，而将小说还原为生活的真实来开展教学，无法让学生超越与现实之间的功利关系而建立起自己与现实之间的自由关系。

还有一次，我看到《品质》的另一种教学设计：①这篇小说写了一个什么故事？②塑造了一个怎样的人物？③小说的主题是什么？结果花了二十多分钟的时间梳理小说的情节，让学生找出小说的线索，包括明线和暗线。在分析人物形象时，又让学生说说他"怪"在哪里。最后，总结出他的"怪"是由于当时社会造成的，小说揭示了资本主义社会垄断的罪恶。整堂课似乎只是为了让学生明白写了什么内容，在还没有深入文本的时候教学就结束了。这一种教学方法，称之为"泛语文"，即着眼于小说的内容，而忽视了小说的"言说的智慧"，从根本上放弃了提高学生小说鉴赏能力的教学目标。

以上两种教法，在我们小说教学的课堂中较为普遍。但我想，小说教学是否一定要从人物、情节、环境入手？文学是否一定要还原为生活的真实开展教学？《品质》一文，就情节来说，故事性并不是很强，有

没有必要按照开端、发展、高潮、结局来划分？从小说语言来说，也并不十分深奥，学生大多能读懂。那么，关键不是小说的内容（说什么），而是小说的"言说的智慧"（怎么说）。小说的人物鉴赏应该成为教学的重要内容，但如果脱离小说人物语言而让学生讨论对格斯拉的看法，无法让学生真正感悟到他身上人性的光辉，无法达到文学审美教育的目的。于是，我自告奋勇地在学校语文组内开设研讨课《品质》，着重在语言品味的角度设计教学，以引发同行的研讨交流。

二、课堂实录

师：今天，我们一起走近一位生活在社会底层的普通人，领略他人性中闪耀的光辉品质。小说的题目是《品质》，作者是英国诺贝尔文学奖获得者——高尔斯华绥。

师：课前同学们预习了这篇小说，那么请问这篇小说的主人公是谁？

生：（齐声）格斯拉。

师：他是干什么的呢？

生：（齐声）做靴子。

师：根据直觉印象，你觉得格斯拉是一个怎样的人呢？

生1：平凡、善良。

生2：诚实、负责。

生3：执着、敬业。

生4：正直、坚强、有原则、追求完美。

生5：不善变通、保守固执。

……

师：在格斯拉的这些品质中，大家觉得哪几个是主导品质？

生：（齐声）敬业和执着。

师：小说哪些地方表现出他的敬业和执着呢？请找出一处例子，说说它是怎样表现这两种主要品质的。

（学生阅读，画出表现格斯拉敬业和执着的句子。）

生6："他本人有点儿像皮革制成的人：脸庞黄皱皱的，头发和胡子是微红和鬈曲的，双颊和嘴角间斜挂着一些整齐的皱纹，话音很单调，喉音很重……""脸庞黄皱皱的，像皮革制成，有点儿僵硬和迟钝，迷恋着理想。"这是肖像描写，外表邋遢、贫困、迟钝的鞋匠形象，正表现了他对靴子的热爱。

生7："……袖子往上卷起，眼睛眨动着——像刚从靴子梦中惊醒过来。"这是神态描写，表现了他对工作的执着投入的精神状态。"变得又批评又爱抚的眼光注视着靴子"是出自内心的热爱，对待靴子像对待生命一样，体现了他的敬业精神。

生8："把靴子老拿在手里""用他的敏感的手指来回地摸我的脚趾，想摸出我要求的要点"，这是动作描写，"老拿在手里"的一个"老"字折射出他内心的矛盾与痛苦，"来回摸我的脚趾"体现了他的认真细致，这些动作都表现了他爱靴子，对待自己的工作又是多么负责、敬业。

生9："他从早到晚坐在那里做靴子，一直做到最后的时刻。他从不让自己有吃饭的时间；店里从来不存一个便士。所有的钱都用在房租和皮革上。"这是侧面描写，通过同行的评论，侧面烘托出他是一个十分敬业的人，他把做靴子当作一项神圣的职业，当作生命的全部。

生10：还有细节描写，比如鞋店橱窗里陈列的几双靴子的描写，从侧面表现了他生活境况的变化，同时体现了他不变的职业操守。

师：刚才，同学们从正面描写（肖像描写、神态描写、动作描写、语言描写）和侧面描写欣赏格斯拉这一人物形象，体会到他的敬业和执着的美好品质。

【设计意图：开门见山，直接从小说的人物形象入手，尊重学生的阅读体验。在学生直觉印象的基础上，提炼出格斯拉的主要品质——敬业和执着。然后回归文本语言，找出体现这两种品质的具体句子，进行品读欣赏。这是人物形象鉴赏的必要途径。】

师：下面，我们重点围绕小说的人物语言进行深度的体验鉴赏。请同学们把小说中格斯拉语言描写的句子都找出来。

（学生阅读，画出描写格斯拉语言的句子。）

师：格斯拉的这些语言描写可以归为几类？

生11：有些语言是有关靴子的，有些是针对顾客说的，有些是针对自己生活处境的，有些是针对社会现象的……

师：但是小说对格斯拉的语言描写的文字并不多。由此可见，格斯拉是一个怎样的人呢？

生12：格斯拉是一个不善言谈的，实在、诚实的人。

生13：格斯拉是一个非常敬业的人，他的语言大多围绕他的职业特点，没有一句废话。可以看出靴子就是他的生命，顾客就是他的全部。

师：下面，请同学们选择其中一处语言进行品味，说说它是怎样表现格斯拉的敬业和执着。

老师先做个示范。

示例一：①"这是一种手艺。"

②"没什么难的。但是这活又脏又累，收入又低，你看看我！"

点评：当十几岁的"我"问格斯拉做靴子是不是很难的事时，他为什么用第一句，而不是第二句？通过比较，我们发现他并没有把普普通通的做靴子当作一种低贱的职业，当作养家糊口的手段，而是作为一种"手艺"，一种艺术的追求。言语间，我们能够感受到他对自己所从事的职业的喜爱，流露出一种自豪感。小说的一句话就凸显人物的个性，写出人的灵魂。

示例二：①他眼睛盯着皮革对我说："多么美的一张皮啊！"

②他眼睛盯着我说："多么牢的一张皮啊！"边说边演示给我看。

点评："美"字是格斯拉对皮革发出的由衷的赞叹，并非为了证明自己的皮牢固，推销商品。他是把自己对靴子的热爱，把自己的生命倾注到靴子里，用自己高超的手艺创造出他的"杰作"，追求他的理想。

（学生琢磨、品味，读出"言外之意"，读出小说富有表现力的"言语智慧"，更读出格斯拉的灵魂和品质。）

生14：第45页的一段对话，"那双靴子不该咯吱咯吱地响呀。""不该"一词表现了他对自己手艺的自信，因为这是自己用心做成的；也体现了他追求完美的品质，容不得靴子有任何的质量问题，他觉得靴子的质量差就是他的耻辱。

生15：更让我感动的是："有些靴子，做好的时候就是坏的。"靴子穿坏了，这是最平常不过了，大多鞋匠也肯定会说："什么？坏了。坏了就再买一双吧，你还想一双鞋子穿一辈子啊！"可是格斯拉却把靴子坏的责任首先推给了自己，并没有责怪顾客，这是多么高尚的品质啊！

生16："那不是我做的靴子。""这些大公司真不顾体面。可耻！""他们利用广告而不靠工作把一切垄断去了。……"大公司的"可耻"表现了他的正直，他为顾客打抱不平，"利用广告而不靠工作垄断"让格斯拉无法接受，也是他后来之所以至死守护着自己品质的理由。我们可以设想，假如他也随波逐流，凭自己的好手艺完全可以在商界发财。但是他固守做人的原则，保持职业的操守，始终用自己的生命守护商品大潮中唯一净化的圣土。正是他的执着唤醒了社会的良知，让我们明白有些东西是不能失去的。

生17："人们好像不要结实靴子了。""开销太大了。"痛心、无奈，为何还要坚守？这就是灵魂的高贵，让我们受到震撼！"但是我哥哥死掉了。""他失掉了另外一间铺面，心里老是想不开。"坚守的代价是巨大的，但他为了理想仍然坚强地活着。人类奋然前行的道路，因为有了他的守护而光耀千古。

师：高尔斯华绥曾说："人受到的震动有种种不同：有的在脊椎骨上，有的在神经上，有的在道德感受上，而最强烈的、最持久的是在个人品质、个人尊严上。"

生18：第46—47页，写我与格斯拉的对话，很沉重，很震撼。

（学生配乐范读这几段文字，读出心灵的震撼。）

师：读了这几段文字后，你有何感想？

生18：在他去世前一星期的日子里，他仍然非常认真地为我定做靴子，为我做出最好的靴子，言语间流露出的是对自己兄弟的无限留恋，生活的艰辛对他打击如此之大，但他仍然固守自己的职业。在鞋子的价格上，和过去完全一样。这是人性中最美好的品质：坚忍、执着。

师：靴子的灵魂就是格斯拉的生命，他用生命坚守着社会的良知，至死不渝地保持诚信、善良、负责、敬业的美好品质，这是人性的光辉，也是坚守的价值。小说流露出传统失落的无奈，文明倒退的痛心，呼唤人们在物质的社会里，人还是要有点精神的。

【设计意图：这一环节主要围绕小说的人物语言进行深度的体验鉴赏。先由学生找出小说中格斯拉的语言描写，并进行归类梳理；然后教师示范，通过比较的方式，提供语言深度鉴赏的样式；最后让学生自主选择其中一处语言，开展体验式深度鉴赏，体会小说"言说的智慧"，领悟人物的精神品质。】

师：小说《品质》格斯拉这类人物，在我们的现实生活中依然存在。你能举出例子吗？

生19：感动中国年度人物华益慰，"一辈子做一件事：就是对得起病人。不拿一分钱，不出一个错，这种极限境界，非有神圣信仰不能达到。他是医术高超与人格高尚的完美结合。他用尽心血，不负生命的嘱托。"

生20：我的邻居修车大爷，每天早起晚睡，坐在店铺里修修补补，勤勤恳恳。有一次，客人的自行车轮胎漏气了，却没带钱，大爷二话没说把车修好，让客人骑走了。还有当一个乞丐经过修车铺，大爷也会施舍给他一些钱。他一生勤俭节约，生意却日渐清淡，最后难以支撑而关门。但他依然义务帮助左邻右舍修补轮胎。

生21：杨绛先生笔下的"老王"，生活于社会的底层，却对杨绛夫妇进行帮助，在当时的背景下，显得异常伟大。

……

师：在当今浮躁功利的社会里，我们要保持灵魂的高贵，这就是我们今天学习这篇小说的价值所在。

【设计意图：这一环节联系现实生活，让学生谈谈像格斯拉那样的人物，进一步感受小说所塑造的底层人物的光芒。这是课堂的延伸环节，也是语文课人文性的特征之一。】

三、名师点评（特级教师包建新）

文本细读从哪里开始？显而易见，应该从语言（或者说"言语"）开始。让学生感觉到语言的存在，感觉到语言的质地，是文本细读最见功夫的地方。张永飞老师这节课做到了这一点。

开始，让学生概括主人公的主要性格特征，并找出相应的描写说明这种性格特征，这当然是一般做法，张老师也不是在这里重锤敲打，而是为了引出对语言的深入品味，因此这个环节只是简略带过。接着，张老师引导学生把焦点集中到语言描写上，通过对语言描写的分析，再引入对作品中语言的质地、芳香细细咀嚼，这才是最为精彩的地方。

深入到语言质地和芳香的品味难以用分析的方法，似乎抽象的分析对有些语言的味道品读反而是一种破坏。因此，张老师干脆给出示例，让学生依示例而做，操作虽然简单，但这正是由语文的实践性这个特点决定的。语文教学，给出示例往往比传授知识更加重要。需要着重指出的是，张老师的示例是通过两种语言的比较来让学生体会语言的味道，有了比较，语言的质感就更容易被感知到了。有了示例的指引，学生对语言的品味很有成果。你做个样子给我看，我就懂了，这似乎是语文技能性学习的一条规律。

张老师是在分析他人教学的基础上形成这样的教学设计的，教师的专业提升就是这样的一个过程：分析他人和自己的教学得失，从而使自己的教学做得更好；有时他人的教学已经做得很好了，受之启发，产生了新的教学设计，从而提升了自己。"如切如磋，如琢如磨"，教学常新。从这个角度讲，张老师的这节课当然还可以进一步切磋。

最要切磋的是，这节课以品味语言为要务，以"言说的智慧"为指归，但这一点做得还不够充分，把别的内容再压缩一下，把更多的时间用于师生共同品味语言，课堂应该会更饱满一些，其中让学生举出生活中类似格斯拉的人物这样的环节可以略去。也许我是因为喜欢这样的课，并且认为让学生充分感知语言是语文教学首要任务，才对这节课产生了更多的期待。

第二辑

因体而教

因体而教，顾名思义，是指语文教学要依据不同的文体特征实施不同的教学策略。语文教学既有课堂教学的共性，也有因文体不同而实施的教学个性。一般认为，文体即指文章的体裁，是文章在结构形式和语言表达上所呈现的具体样式或类别。文体有别，法则、语言、风格等特征就会有所不同。比如戏剧以人物"对白"为主，诗歌以作者"抒情"见长，小说重在以情节的矛盾冲突刻画人物形象……这些文体法则和个性特征，影响着阅读的目标、思路和方法，制约着阅读教学的价值、内容和策略。因此，根据文体特征解读文本，从文体出发设计教学，应该是"因体而教"的重要原则之一。

苏教版必修教材是根据人文主题编写的，从某种意义上说弱化、淡化了文体。但综观必修一至必修五的选文，大部分的专题依然根据文体特征整合，比如必修一"向青春举杯"专题以现当代诗歌为主，"获得教养的途径"以文言文（议论文）为主，"月是故乡明"以现当代散文为主；必修二"和平的祈祷"以外国小说为主，"慢慢走，欣赏啊"以散文和小说为主；必修三"语言，存在的家园""文明的对话"以论述类文章为主，"寻觅文言津梁"以文言文（记叙文）为主；必修四"笔落惊风雨"以古代诗词为主；必修五"科学之光"以说明文为主，"此情可待成追忆"以文言文（记叙文）和戏剧为主，"心连广宇"以文言文（哲理散文）为主。从上述的专题看，苏教版必修教材几乎包含了高中学生应该了解的所有文体，涵盖了现代文阅读的论述类文本、文学类文本、实用类文本以及古代诗文阅读的文言文、古诗词文本等。除此之外，苏教版必修教材还安排了相应的写作专题，由"写作指导"和"写作实践"组成。因此，在课堂教学中，我们首先要紧扣文体特征开展阅读教学，其次渗透本专题的人文主题，让学生在课堂中既能掌握不同文体的言语特点，又能形成滋养精神的人文底蕴。

浙江省特级教师朱昌元编著的《中学语文执教力——文本解读·设计·实施·评价》一书，把文本解读、教学设计、教学实施、教学评价等四个层次的能力作为中学语文执教力。在"教学设计"中，分为阅读教学设计、写作教学设计、口语交际教学设计、综合性学习教学设计等四块内容，较为全面系统地阐述了中学语文执教力的内涵。下面以阅读教学设计艺术为例，印证我对"因体而教"教学思想的理解。阅读教学设计艺术分为文学类、实用类、文言文三大部分。文学类文本阅读教学可按照常见的诗歌、小说、散文、戏剧分类。

首先，要准确认识这四种文学体裁的体式特征。

（1）诗歌的体式特征：语言凝练性、跳跃性、音乐性。

（2）小说的体式特征：小说"三要素"是人物、情节、环境，这是传统现实主义小说的总体特征，而西方现代派小说则淡化或虚化人物、情节、环境，作者的认识、观念、情感走向文本的前台，为突出这种认识、观念、情感，文本往往采用变形、荒诞、象征等表现手段，突出虚幻性和假定性。

（3）散文的体式特征：题材广泛多样，结构自由灵活，抒写真实感受。

（4）戏剧的体式特征：浓缩地反映现实生活，集中地表现矛盾冲突，以人物台词推进戏剧动作。

其次，要准确把握这四种文学体裁基本的教学内容。

（1）诗歌阅读教学。熟读背诵诗歌；传授诗歌阅读的基本方法，解读诗歌一般需要采用寻找意象、把握情感、知人论世等一些常见的基本方法。

（2）小说阅读教学。披文入情，要用美好的情感感染学生、熏陶学生；从品味语言入手，带领学生去欣赏和品味优美的意境，使得学生的生活经验和阅读经验贯通起来。

（3）戏剧阅读教学。梳理故事情节，寻找矛盾冲突，归纳人物形象，揣摩人物语言；开展戏剧表演活动，让学生在活动中加深对戏剧主旨的了解和角色体验。

此外，实用类文本阅读教学，要结合实用类文本的简洁、易懂、时代特征鲜明、实用性强等特点开展教学。实用类文章的阅读主要靠分析、推理、综合等，讲究逻辑；而文学类作品的阅读主要靠感受、品味、感悟等，讲究体验。实用类文本的阅读目的重在实用，而文学类文本的阅读目的重在审美。文言文阅读教学，大致包含了以下四个层次的教学内容：

（1）文字。现代语境下的中学生学习文言文，首先要通过的便是打通文字关，这是前提，也是基础。

（2）文章。重整体阅读，重思路摄取，重章法布局，重构思技巧的研究，这是文章阅读的必经之路。

（3）文学。重文学形象的解析，重文学语言的揣摩，重文学表现手法的研读，这是文学欣赏的重要依凭。

（4）文化。选入教材的文言文大多可以作为"定篇"来处理，而"定篇"的最大价值在于文化意义。一篇经典的古代散文文本，必然是特定时代的人类文化思想与审美风尚的浓缩，必然是特定的文本作者的道德品质、精神操守、人格志向的结晶，这是文化解读的要素。

上述根据不同文体特征，实施不同教学策略的观点，也就是"因体而教"的语文教学思想。当然，这是文体教学的共性特征，但针对具体的文章则又要灵活运用，以体现教学的个性特征。

浙江省特级教师褚树荣老师对"因体而教"有着自己独到的见解和深刻的阐述。他认为"体"的含义有三层意思：一是文章的体式特点，包括"这一篇"所有的形式要素；二是文体的本体性特点，就是"这一类"文章的本质特征；三是文类的本质属性，它是文体特点的集合，如论述类文章、文学类文章、交叉类文章都有不同的本质属性。此外，"体"应该还包括作者的言语习惯和文章风格，甚至创作追求和审美倾向。总之，文章、文体、文类、文风，构成的同心圆就是所理解的"体"。所以，他认为"因体而教"就是要根据"体"的不同，呈现不同的教学姿态。比如教学文学类文章，教师应该多策划揣摩、品味、咀嚼、想象、联想、体验、感悟、欣赏、涵咏等学习活动；教学实用类文章，应该多开展理解、筛选、排列、分类、分析、归类、组合、整合、概括等活动。褚树荣老师从"这一篇"到"这一类"的体式角度，阐释了"因体而教"的教学理念，具有学术的高度。他认为平常说的文类、文体及文章，不是同一层级的概念。文体的归类为文类，文体的语篇为文章。实用类是一个广义概念，应该包括应用文体和论述文体。应用文体是指日常生活或工作中经常应用的一类文章，如新闻报道、调查报告、工作总结、求职演讲、合同样本、申请书、序言、说明文等；而论述文体是表达思想、见解和观点的一类文章，如哲学、经济学、社会学、法学、历史学、伦理学、文艺学、语言学、教育学等文章。文学类则以虚构为主要特征，以描述为主要叙述方式，以不同的体裁形象化地反映客观现实、表现作家心灵世界的文章，包括诗歌、散文、小说、剧本、寓言、童话等，是文化的重要表现形式。但也有些文章介于文学类文本和实用类文本之间，或者说具有交叉文体的特征，比如《足下的文化与野草之美》，从它的功能来说，显然是应用文，但作者的文学技巧使文章充满诗意之美，又具散文特点，属于文学类文本。

我们的语文课堂，也要根据不同的文本特征，实施不同的教学策略，以达到预期的教学效果。但无论是哪一种文体的教学设计，都要以学生的学情为起点，以学生阅读的认知规律为依据，以学定教，因体而教。结合文本的语言特征，引导学生深入文本深处，体会文本的魅力。当然，不同的文体特征一般来说采取的活动方式应该有所区别，比如诗歌教学以美读为主要活动方式，小说教学以探究为主要活动方式，散文教学以体悟为主要活动方式，剧本教学以扮演角色为主要活动方式……然而，面对具有同样文体特征的文章，假如教学的重点与切入口不一样，产生的教学效果可能也不同。比如古代诗歌《氓》的教学，可以从"淇水"这一意象的变化中，体会人物的情感内涵；也可以从"赋、比、兴"的表现手法切入，领悟诗歌的艺术魅力；还可以从叙事诗的语言特点入手，通过诵读甚至吟唱的方式，了解四字诗语言节奏韵律之美，体会《诗经》一唱三叹的抒情意味……而我根据课前的学情调查，把《氓》课堂设计的重点放在诗歌形象的解读上。从"耽"字的含义入手，联系学生自身的生活经历，品读女子"耽"于爱情的具体诗句，走进女子的心灵深处，再结合古代的婚姻知识和社会背景，启发学生学会理性地看待爱情和婚姻，从古代诗歌中读出现代人生的启迪，从而挖掘经典作品的审美意味和文化内涵。

哲理散文的阅读教学，既要抓住言语的情感性，更要抓住语言的哲理性，体现散文教学的情意和理性。比如刘亮程的《今生今世的证据》是苏教版高中语文必修一"月是故乡明"专题中的一篇哲理散文，我以"找证据—品证据—悟证据"为线索，激活学生的生活体验，引领学生走进文本，感悟人生哲理，体会故土家园在人成长中的精神性作用。在言语品读过程中，我引导学生总结归纳哲理散文的主要特点：一是以情感打动人；二是以哲理启迪人。但论述类文本的阅读教学，就有别于文学作品鉴赏。《美美与共》作为苏教版必修三"文明的对话"专题中的一篇论述类文本，以议论为主要表达方式，感性与知性兼顾，实用和审美交融。我先让每一个学生提出阅读过程的疑难问题，然后针对学生的疑问进行梳理归纳，再结合文本的语言特点，联系学生的生活实际，形成了自己的教学设计：从星巴克"入驻"灵隐寺导入，接着深入理解文章论证思路（"美美与共"是什么、为什么、怎么样）；然后让学生充分讨论"美美与共"在生活中的具体体现以及费孝通先生的观点态度，强化学生对文章内容的理解；最后探究"美美与共，和而不同"的人文内涵——君子般的雅量和勇士般的气度。学术性文章内容比较枯燥，语言比较抽象，如何在厘清论述文思路时激发学生的阅读兴趣？这是教学设计的难点。"语文学习的外延与生活的外延相等。"只有联通生活的语文课堂，才是鲜活的语文学习。于是我通过文化故事串联起文章思想，以小组讨论来引领学生探究，让论述文教学不再晦涩。

◆基于学情的古诗教学——《氓》教学实录

一、教学背景

《氓》是苏教版高中语文必修四"笔落惊风雨"专题中的一首古代诗歌。2017 年举行"一师一优课、一课一名师"活动，语文教研组组长陶永武老师鼓励我参加比赛。前两届比赛，由我校语文组选送的课例均荣获该项赛事的"部级优课"，这次我以台州市名师的身份参加比赛，深感压力巨大。因选题上要尽量避开已经获得"部级优课"的教材篇目，于是我选择了苏教版必修教材中的"新篇目"——《氓》。《氓》作为"卫风"中最长的一首民间歌谣，也是《诗经》中弃妇诗的代表作。它是质朴的，也是动人的。质朴是因为语言上的朴实无华，动人是因为情感的真挚自然。这样的经典文本，如何体现教学的价值？

恰逢浙江省临海市首批中小学领航名师跟岗实践活动，我和台州中学洪方煜老师一起赴浙江安吉县高级中学进行为期一周的跟岗实践，期间跟着导师、省著名特级教师郭吉成老师听课学习。在这次跟岗实践中，我要上一节展示课，还要点评一节语文课，并且要进

在安吉跟岗实践中试教《氓》

行模拟说课训练。于是，我就把《氓》当作展示课来试教。课后，得到了郭吉成老师和安吉名师团队的精心指导，《氓》最终荣获 2017 年度"一师一优课、一课一名师"台州市、浙江省、教育部"优课"。

课前，我对学生的阅读情况进行了调查，发现高二学生对《氓》这首诗的内容理解比较困难，比如学生提出的疑问：诗中的女子为什么会嫁给男子？为什么说"士之耽兮，犹可说也；女之耽兮，不可说也"？为什么诗中女子婚后遭遇家庭暴力，至亲的兄弟反而讥笑她呢？"反是不思，亦已焉哉！"女子看似解脱，实则是否真正放下？《氓》这首诗

第二辑　因体而教

63

对我们当代高中生有何启示？……基于学生的学情，我把课堂设计的重点放在诗歌形象的解读上，然后适当联系古代的婚姻知识和社会背景，真正让学生通过文字本身的品读，走进女子的心灵深处，感受她那独立的人格和自我的觉醒，引导学生学会理性地看待爱情和婚姻。或许这就是《氓》给予当代高中生的人生智慧吧。正如叶嘉莹所说："诗，就是人心的苏醒；是从平庸、浮华与困顿中，醒过来见到自己的真身。"

二、课堂实录

师：中国，是诗歌的国度。《诗经》，是古典诗词的源头。东汉何休对《诗经》的评价："男女有所怨恨，相从而歌。饥者歌其食，劳者歌其事。"可见，《诗经》是反映现实生活的民俗歌谣。今天，让我们一起走进《卫风·氓》，去聆听先民淳朴的天籁之音，去感受古典诗词的无尽魅力吧。

师：这是一首叙事诗，它以女子的口吻叙述了一个怎样的故事呢？

生1：以女子的口吻，叙述了女子回忆自己与男子从相恋、嫁娶到被弃的爱情故事。

师：结合注解来概述，非常聪明。根据内容，我们把整首诗大致分为三部分：婚前（第1—2节）、婚后（第3—5节）、婚变（第6节）。

师：请珍妮同学朗诵这首诗歌，大家思考诗歌的情感基调怎样？

（珍妮同学有感情地配乐朗读。）

生2：悲伤，沉痛。

生3：开始1—2段欢乐，后面悲伤、哀痛，最后悔恨，情感有变化。

【设计意图：本节课从《诗经》作为现实主义创作的源头导入，让学生了解《氓》的民俗歌谣的特征。然后教师从叙事诗的特点出发，引导学生思考该诗以女子的口吻叙述了一个怎样的故事，大致厘清了全诗的脉络层次。再请一名同学配乐朗读，让学生沉静在诗歌所营造的淡淡的悲伤氛围中，初步体会诗歌的情感基调以及变化过程。这是课堂整体感知环节，使学生把握诗歌的主要内容，激发学生学习诗歌的兴趣，为接下来的深入探究奠定基础。】

师：如果用诗句中的一个字来体现女子的悔恨之情，你觉得用哪个字？为什么？

（学生沉思。）

生4："于嗟鸠兮，无食桑葚。于嗟女兮，无与士耽"中的"耽"字，女子以自身的经历劝说后人不要沉迷于男女爱情，体现了女子的悔恨之情。

师：很好。耽：本义是耳朵大而下垂，引申为"沉溺，爱好而沉浸其中"。女子由斑鸠耽于桑葚，沉醉不醒，比兴女子耽于男子，无法解脱。

（齐读这几句，投影"耽"字小篆写法聃，体会其内涵。）

师：大家能说说"耽"在生活中的体现吗？举一例。

生5：我耽于小说。我喜欢看言情小说，有时候沉醉其中忘了做作业。

生6：我耽于学习。我喜欢学习探究，有时候一道数学题让我花费一个多小时，但我乐此不疲。

生7：我耽于漫画。我喜欢看漫画，那里的寓意深刻；我也喜欢画漫画，随手画出自己心目中的图景，自得其乐。

生8：我耽于网络游戏。我觉得游戏也可以锻炼人的智力，开阔人的眼界。

（学生大笑。）

师：还有耽于手机，有同学与手机形影不离。在文学史上，陆游因耽于唐琬的才情而放弃功名，李煜因耽于声乐而终至亡国……当然，也有耽于事业而取得最终成功的，比如屠呦呦耽于青蒿素研究、莫言耽于小说创作……可见，"耽"字体现了人的天性，也是人性的弱点。

师：诗中女子的"耽"体现在哪些诗句呢？请圈画，品读。

（学生自由朗读，圈画。）

生9："乘彼垝垣，以望复关。……"恋爱中的女子对爱人是"一日不见，如三秋兮"，"不见复关，泣涕涟涟。既见复关，载笑载言。"足见其急切、热烈、痴情、义无反顾。

师："乘彼垝垣"什么意思？

生9："乘"，登上；"垝垣"颓坏的墙。

师：可见女子不顾个人安危登上颓坏的城墙盼望爱人的到来，真是"望穿秋水"啊！

生10："送子涉淇，至于顿丘"，可以想象女子与男子依依惜别的深情，说明她喜欢那个男子，否则不会送那么远。

师：怎么送别的呢？

生10："送子涉淇"，"涉"，本义是蹚水过河，徒步走在淇水之边，一直送到了遥远的顿丘，可见女子痴迷于恋爱的甜蜜美好。

生11："将子无怒，秋以为期"，"将"，愿、请的意思，女子放低自己的姿态，迁就男子，足见其情之深、爱之切。在男子没有"父母之命，媒妁之约"的情况下，在男子生气发怒的情形下，善良的女子依然答应了婚期。

生12："以尔车来，以我贿迁"，两个句子紧密相连，一个代词"尔"，一个代词"我"；一个动词"来"，一个动词"迁"，两两相对，互为呼应，可以想见女子迫不及待地要把自己嫁过去，带着对未来幸福的期望，带着所有的嫁妆和财产。她完全把男子当成了生活的全部，未来的依靠。

师：这个女子为什么会不顾一切地把自己嫁给了"氓"？

生13：对爱情的憧憬，被爱情冲昏了头脑。

师：小结一下，"蚩蚩"之氓，让女子痴狂，他那种幽默风趣的言谈、那种信誓旦旦的"忠心"，让女子深陷其中无法自拔，失去了理性的判断，这是"耽"的表现之一。

（学生齐读第1、2节，感受女子的痴情纯真。）

【设计意图：一字立骨，紧紧抓住了一个"耽"字，构架整个课堂。从"耽"字的本源入手，联系学生的人生体验，激活学生的思维空间，指出"耽"是人的天性，也是人性的弱点。然后引导学生找出诗句中"耽"的具体体现，逐字逐句品读，读出女子对爱情的痴情，对幸福的期盼。诗歌教学，自然离不开品读，在文本品读的过程中，学生能想象那个时代的生活场景，走进女子的心灵深处，感受女子婚前的痴情纯真。】

师：结婚之后的女子，是不是还是"耽"于男子的爱情呢？体现在哪些诗句呢？请圈画。

生14："女之耽兮，不可脱也"，说明女子沉溺于爱情。"自我徂尔，三岁食贫……淇水汤汤，渐车帷裳"，自从她嫁过去，女子虽然过着贫苦的生活，但心意不改，如涉深水也一往无前，深深地爱着男子，任劳任怨。

生15："女也不爽，士贰其行"，"爽"，差错，说明女子平时也没有什么差错，但是男子三心二意。尽管男子三心二意，但女子仍然恪守妇道。

生16："三岁为妇，靡室劳矣。夙兴夜寐，靡有朝矣。"说明女子嫁给男子之后，一心持家。

师：你能用你的朗读，把这两句话的情感准确地传达一下吗？

（学生深情朗读。）

师：你觉得"靡"什么意思？

生16：无不，没有一天。

师："矣"字有怎样的效果？

生16：句末语气词"矣"字体现了女子对家庭的倾心付出。

师：如果说女子所爱的氓是一位敢于担当、善于怜惜的男子，那么女子可能会过上神仙眷侣般的美好生活。然而，她遇人不淑，偏偏碰到了"负心汉"，而且对她"至于暴矣"，这让女子陷于痛苦悔恨无法自拔，只有独自伤悼。让我们一起朗读，体会女子的情感。

（学生有感情地朗读"桑之落矣，其黄而陨……静言思之，躬自悼矣"。）

师："静言思之，躬自悼矣"，面对男子的变心，女子冷静地思考她该何去何从？

生17：伤心、悔恨。

师：所以她说"士之耽兮，犹可说也；女之耽兮，不可说也"。

（学生齐读最后一段。）

【设计意图：围绕"耽"字，继续品读女子婚后对爱情的忠诚，对家庭的付出。尽管男子三心二意，但她依然恪守妇道。这是一个独特的女子形象。通过对文本语言的深入品味，反复朗读，体会女子的执着与悔恨。】

师：那么，"耽"于爱情的女子，最后有没有"脱"呢？小组讨论。

生18：我认为，女子在心灵上解脱了，但在现实中无法解脱。因为在古代，女子其实就是男子的附属品。"在家从父，出嫁从夫，夫死从子。"

所以，女子虽然说与丈夫了断，但在生活中还是被鄙视的。

生19：女子回忆起与男子初识时"总角之宴，言笑晏晏"，说明他们并不是一见钟情。

师："总角"是什么意思？

生19：童年时期。

师："总角"，就相当于扎着个羊角辫，男女不分，童年时期。女子15岁叫什么？

生（齐声）：及笄。

师：男子15岁时叫什么？

生（齐声）：束发。

师：可见，女子与氓有感情基础的，说是青梅竹马也不为过。即使这样断了，也不可能一时就解脱了。

生20：我觉得女子没有解脱。因为前面的许多诗句都体现女子对男子爱得很深，即使后来被抛弃，也不可能就解脱了，比如她自己也说"女之耽兮，不可脱也"。

生21："总角之宴，言笑晏晏。信誓旦旦，不思其反。"在古代，女子对家庭的忠贞，是不容易解脱的，最后一句"反是不思，亦已焉哉！"我想只是发泄怨言而已。

师：刚才的发言，说明你真正走进了女子的心灵。那么，我们来看看"氓之蚩蚩"这是怎样的一位男子呢？这位女子看中的是男子的什么呢？

生22：我觉得"氓"可能是用甜言蜜语在女子年少率真的年纪欺骗了她。（学生大笑）到最后，我觉得女子是解脱了的。"淇则有岸，隰则有泮"，这就是说，女子对男子再容忍也是有限度的，最后对男子的情感已经绝望，所以说"反是不思，亦已焉哉！"已，止。既然没想到誓言会被违反，那就此了断了吧！既然走不到一起，那就分开吧！

师：说得很好。你是把"氓"当作嬉皮笑脸的男子，但换另一个角度去看，这是怎样的一个男子呢？

师："氓"字有不同的理解。第一种注解说"嬉笑的样子"，有的理解为嬉皮笑脸，但我却理解为幽默风趣，一下子就把女孩子逗笑了，女孩子哪有不喜欢这样的男子呢？第二种理解，"氓"字左边一个"亡"，右边一个"民"，本义是流亡的百姓，也就是现在的外来打工仔，失去土地的穷小子。所以女子与"氓"是有感情基础的，"氓之蚩蚩，抱布贸丝。匪来贸丝，来即我谋"，醉翁之意不在酒。

师：同学们设想一下，假设这位男子经过了一段婚姻之后，真的对你没有感情了，你怎么办？

生23：我觉得古代的女子不会"一哭二闹三上吊"——

师：但在中国传统文化中，就有这样"一哭二闹三上吊"的女子，如汉乐府民歌《有所思》中的弃妇，就把表示坚贞爱情的双珠玳瑁簪"拉杂摧烧之""当风扬其灰"；《警世通言》中的杜十娘，把自己全部的人生理想和生活信念都压在李甲身上，当"中道见弃"时，宁可把百宝箱和生命一起投入浩渺的长江，而没有报复薄情的李甲、贪婪的孙富。

师：还有怎么做呢？

生23：不去管男子怎样，守护好自己和孩子。

师：这也是当今社会中很多女子的做法，夫妻两个人没感情了，为了孩子却貌合神离，同床异梦，这种生活也是很痛苦的。你愿意过这样的生活吗？

生23：不愿意。

师：还有怎样的做法呢？

生23：我想在古代的话，很多女子做不到过不下去了，就散了，这不切实际；如果在现代，就可以做到。

师：在古代为什么不可以断然地拒绝呢？

生23：因为在那个年代，如果女子被抛弃，夫家不要你，娘家不要你，你就这样孤零零地生活，哪儿都不要你了，就只有出家……

【设计意图】当学生对女子的形象有了总体的把握时，教师用一道探究题，引发学生向文本更深层次的内涵思考："耽"于爱情的女子，最后有没有"脱"呢？这一问题重新把学生引入文本，并联系当时的婚姻状况，探究女子的形象。采用小组讨论的学习方式，充分发挥学生的主体性。在分析过程中，教师适当介绍古代文化常识，如"总角""及笄""束发"

等，帮助学生积累中国传统文化知识。联系文学作品中"弃妇"形象，如汉乐府民歌《有所思》中的弃妇、《警世通言》中的杜十娘等，侧面烘托了《氓》中的女子形象，让课堂洋溢着传统文化的味道。】

师：那我们回到《氓》这首诗歌的女子，刚才有同学说她解脱了，你能找出依据吗？

生24：诗中女子一直在责问男子，过去"信誓旦旦"，后来出尔反尔。在这段经历中，女子有了觉悟，就是有看透了爱情婚姻的感觉。最后说"反是不思，亦已焉哉！"是说既然已经被违反了，那就从此了断吧！那是一种决绝，自我的觉醒。

生25：她告诫其他的女子要擦亮眼睛，她悔恨自己跟男子相恋，被伤透了心，看清了"负心汉"的面目，最后终于觉悟。

生26：之前那么爱他，"爱之深，恨之切"；现在被彻底伤害，再这样下去，也是勉强，不如独立自强。

师：除了人性的觉醒，还有人格的独立。

（教师板书：人性的觉醒，人格的独立）

师：女人难道离开了爱情，离开了男人，就无法生存了吗？很显然，在我们这样的社会中，也会遇到这样的挫折或悲剧。我们举一些例子。

生27：有些女人在经历婚姻的挫折后，她也会转向自己的事业，创造出生命的精彩。

生28：末代皇帝溥仪的妻子文绣主动提出跟他离婚，并诉诸法律，我觉得是中国女性地位上升的一个标志。女性对自己的人格尊严的平等意识，女性不再依附男性，成为男性的附属品。

师：女子的自尊、自爱、自强……

举例1：张幼仪："最彻底的伤害，是最有力的成长。"

民国女子张幼仪是徐志摩"父母之命，媒妁之言"的原配妻子，她出身名门世家，知书达理，但受到徐志摩的嫌弃鄙视。徐志摩留学英国期间，遇到了博学多才的林徽因，完全陷入了情网，不顾一切追求自由恋爱，立志做中国近代离婚第一人。离开了徐志摩的张幼仪，之后又经历了丧子之痛，但她没有沉沦，迸发了一个女子体内蕴藏的所有力量，变成一个独立、坚强且活得漂亮的女子。她一边教德语，一边把生意打理得红红火火，回国后出任濒临破产的上海女子商业银行总裁，并不负众望地挽救了风雨飘摇中的企业，成了中国首位女银行家。辉煌的事业，让她找到了真正的自己，活出了时代的传奇。

举例2：简·爱：独立的个性。

她在生活的磨炼中，抛弃了女性天生的懦弱与娇柔，逐渐养成了坚强独立的个性。在罗切斯特面前，她从不因为自己地位低贱而感到自卑，反而追求男女之间精神的平等，理应受到尊重。而当他们结婚的那一天，简·爱知道了罗切斯特已有未婚妻时，她毅然离开了他，"我的灵魂跟你一样，我的心跟你一样！如果上帝赐予我美貌和财富，我要让你感到难以离开我就像我现在难以离开你。"这是简·爱最具有精神魅力的地方。就算是一株野百合，只要我们自立、自信、自爱，就一定会寻找到属于自己的春天。

师：所以北大教授鲍鹏山说，"在《诗经》中最完美的女性，我以为便是那位卫国女子。"真正从爱情的阴影里脱身，成为《诗经》中的光辉形象。面对爱情婚姻的失败，有多少女子实现了自我的觉醒或救赎？！现实是残酷的，只有自我的独立、坚强，你才能成为风雨中依然绽放的玫瑰，这就是《氓》给予我们高中生的启示。

（教师板书："最完美的女性"）

师：著名诗人叶嘉莹说，"诗，就是人心的苏醒，是从平庸、浮华与困顿中，醒过来见到自己的真身。"包括随笔中，王心怡同学写到农民诗人余秀华，她也经历了爱情的失败。请王心怡同学介绍一下。

生29：余秀华的爱情也是父母之命、媒妁之言。19岁的她被家里安排嫁给比她大十几岁的男人，两人没有任何感情基础，婚后经常吵架。所以她在婚姻中得不到爱情，就把自己寄托在诗歌中，在诗歌创作中实现了自由与价值。

师：在诗歌中找到自由，也是一种自我人格的觉醒。在你的随笔中，我摘录了诗句"我爱我体内的锈迹斑斑胜过爱你"。所以女子让我们可敬可叹。这一节课，我们从《氓》中读出了"完美的女性"形象，更读出了人生的智慧。

【设计意图：这一环节重点探究女子在遭到"氓"抛弃之后的做法，"反是不思，亦已焉哉！"引导学生从文本中读出女子的决绝、觉醒。联系社会现实，引导学生谈谈如何直面爱情婚姻的失败，从经典中汲取人生的智慧，学会理性地看待生活。用张幼仪、简·爱的成长经历，印证《氓》中"最完美的女性"形象，使学生获得精神的启迪。】

布置作业：如果《氓》被发布在微信朋友圈，请你写几句"评论"。

附：板书设计

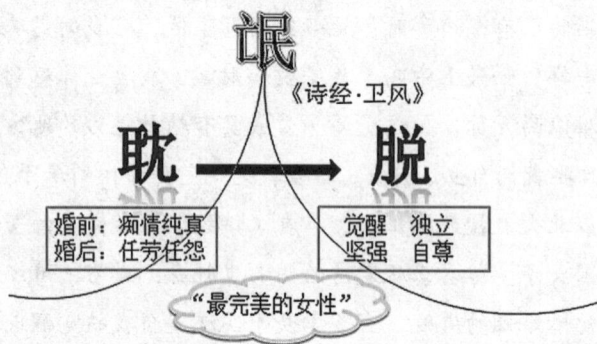

氓

《诗经·卫风》

耽 —→ 脱

婚前：痴情纯真　　　　觉醒　独立
婚后：任劳任怨　　　　坚强　自尊

"最完美的女性"

三、名师点评（省特级教师、首批正高级教师郭吉成）

《氓》是一首上古民间歌谣，以一个女子之口，率真地诉说了其情变经历和深切体验，是一帧情爱画卷的鲜活写照，也为后人留下了当时风俗民情的宝贵资料。诗中女子情深意笃，爱得坦荡，爱得热烈，即便婚后之怨，也是用心专深的折射。一首短短的夹杂抒情的叙事诗，将一个情爱故事表现得真切自然。对这样的作品选择什么样的角度去教，让学生在学习中感受理解作品的内涵，感受文化经典的魅力，这对一位语文教师来说是一个挑战。

回浦中学张永飞老师对此做了深度的思考。他从学生的学情出发，把课堂设计的重点放在诗歌形象的解读上，然后适当联系古代的婚姻知识和社会背景，让学生通过文字本身的品读，走进女子的心灵深处，感受这位女子独立的人格和自我的觉醒，引导学生学会理性地看待爱情和婚姻。应该说，张老师的这个定位是着眼于审美认知这一角度的，而这一角度的设定更多的是立足于作品的本身。审美是一种高级的认知活动，作为教学，尤其是高中的语文课堂教学，如何通过一堂课，让学生去认知一个作品所潜在的审美意义，这需要执教者依据学情、立足教材，师生通过对教材本身的共同解读，走进作品，认知内蕴。这样的教学，从教学认识论的角度来理解，应该是"本真语文"教学理念的一种体现。张老师在实践着这一教学理念。

具体深入到课堂中去看，张老师的这堂课最突出的一点，是作品教学中的一种"文化意识"，即用文化的意识去教学文化经典作品，让学生从更深的层面去理解作品的文化意义。值得注意的是，张老师的这堂课着眼于文化审美，但绝不是游离于作为教材本身的"这一篇"的文化审美，而是立足教材，以问题为导向，让学生在一个个问题的引导下，走进文本，走近诗歌中的人物，再通过人物的遭遇去反观、认识人物形象和文化现象，从而将文化审美落到实处。让我们梳理一下张老师课堂教学中围绕认识"女子的形象"所涉及的几个问题：

（1）这是一首叙事诗，它以女子的口吻叙述了一个怎样的故事呢？

（2）诗中女子的"耽"体现在哪些诗句？请圈画，品读。

（3）这个女子为什么会不顾一切地把自己嫁给了"氓"？

（4）结婚之后的女子，是不是还是"耽"于男子的爱情？体现在哪些诗句上呢？

（5）"耽"于爱情的女子，最后有没有"脱"呢？

（6）我们回到《氓》这首诗歌的女子，刚才有同学说她解脱了，你能找出依据吗？

这几个问题的设计首先是在合理的认知度下形成了阅读思维深入的阶梯，学生可以通过这几个问题的讨论思考，带动自己的阅读思维、审美思维往前走。再者，这几个问题都是立足于教材的，但又可以从教材伸展开去，通过教师所提供的学习补充资料，深化自己的认识。也就是说，张老师的教学是基于教材的文体特征，在问题的引导下，设置教与学的情景，利用学生直接的生活经验或间接的阅读经验，在真实的学习情境中，由课题入主体，由表象认知到深层认知去感受《氓》中女子的形象特征，及其诗中所折射出来的文化内涵。应该说，这是在具体地实践着"本真语文"的教学理念。

"本真语文"追求的是教学的真，"真"必须是基于学生学情、教材文体特征、言语情景等内容。从这个意义上说，张老师的这堂课是在实践着、探索着真语文的"真"，也给我们如何上好一篇文化经典课文提供了一种启示和借鉴。

◆联通生活，因体而教——《美美与共》教学实录

一、教学背景

　　浙江省台州市教研室在仙居县城峰中学举行台州市教学大比武一等奖获得者教学展示暨项香女名师工作室研讨活动，研讨的主题是论述类文本教学，方式是同课异构。论述类文本教学，不同于文学作品鉴赏。《美美与共》是苏教版高中语文必修三教材中的一篇学术性文章，作为一篇论述类文本，以议论为主要表达方式，感性与知性兼顾，实用和审美交融。课前，我布置了预习题，请每位学生提出阅读过程中的疑问，并委托我的大学同学张慧芳老师收集学生的问题；然后我针对学生的问题进行梳理归纳，结合文本特点，联系生活实际，形成了自己的教学设计。我的课堂教学始终围绕学生的阅读疑问处设计问题，由浅入深，步步深入，符合学生的阅读心理和认知规律：先从星巴克"入驻"灵隐寺导入，接着深入理解文章论证思路（"美美与共"是什么、为什么、怎么样）；然后让学生充分讨论，从更深层次提出自己的疑问，强化学生对文章内容的理解；最后探究"美美与共，和而不同"的人文内涵——君子般的雅量和勇士般的气度。

执教台州市展示课《美美与共》

　　此外，学术性文章往往内容比较枯燥，语言比较抽象，如何在理清论述文思路时激发学生的阅读兴趣？这是设计教学的难点。"语文学习的外延与生活的外延相等。"只有联通生活的语文课堂，才是鲜活的语

文学习。于是我通过文化故事来串联文章内容，以小组讨论来引领学生探究，让论述文的学习不再晦涩。在教学实施中，我始终扣住论述文的文本特点，以文化故事带动学生阅读体悟，比如慈禧太后见火车试运行时担心惊动"龙脉"、日本的"遣唐使"、韩国的"端午节申遗"、赵武灵王的"胡服骑射"等，通过学生的合作探究提升对"美美与共"的内涵理解。

二、课堂实录

师：今天，老师带大家去一个地方，请同学们看照片（展示寺庙图片），这是哪儿呢？

生1：杭州灵隐寺。

师：对。这就是承载了中国千年佛教文化的圣地——杭州灵隐寺，这里环境清幽、风光优美、底蕴深厚，这里亦是诸多佛门弟子的精神高地。然而，就在这佛教圣地，却开了一家咖啡连锁店——星巴克。

师：对于星巴克"入驻"灵隐寺，你怎么看？

生2：我觉得很好。因为中国文化包罗万象，而星巴克作为全球最大的咖啡连锁店，很受中国顾客喜爱，在中国开设星巴克，有助于帮我们宣传佛教文化。

生3：我觉得不好。因为灵隐寺是中国佛教圣地，是中国传统文化的象征；而星巴克作为国际性的文化符号，"入驻"灵隐寺，意味着外来文化的入侵。

师：对于星巴克"入驻"灵隐寺，社会各界也存在争议。有的认为，这是西方文化对中国传统文化的"入侵"，灵隐寺也会渐渐沦为不中不西、不伦不类的文化怪胎；有的认为，商业化时代，文化的发展应有充分的包容态度，允许多种文化共存。今天，我们就一起学习一篇跟文化有关的文章——费孝通的《美美与共》。

【设计意图：由星巴克"入驻"灵隐寺这一事件导入，激起学生的兴趣，引发学生思考中外文化的关系。从生活到课堂，从具体到抽象，符合学生认知规律。由于是论述类文章阅读教学，加上异地借班上课，这样的生活

化情境导入，能拉近师生之间的距离，消除学生对论述文阅读的隔阂。】

师：课前同学们预习了课文，老师要求每位同学提一至两个疑问。张老师收集同学们预习中出现的疑问，将它主要归纳为以下三类：

①什么是"美美与共"？如何理解"各美其美、美人之美、美美与共、天下大同"这十六个字？

②作者是怎样论述"美美与共"这一观点的？

③为什么说"树立'美美与共'的文化心态，这是人们思想观念上的一场深刻大变革，它可能与当前世界上很多人习惯的思维模式和行为方式相抵触"？

师：这些问题充分体现了同学们阅读这篇文章的初步感受，也是今天我们要一起解决的问题。首先，我们来看，"美美与共"在文中完整的表述是什么？

生4："各美其美、美人之美、美美与共、天下大同。"

师：我们一起大声朗读一下这十六个字。

（学生大声齐读）

师：哪个同学来具体解释一下这十六个字？

生5：就是说，不仅要欣赏自己的美，还要学会欣赏别人的美。

师：哪位同学有补充的吗？

生6：要把欣赏自己的美与欣赏别人的美结合起来，才能达到天下大同。

师：很好。这样解释就比较完整。那么费孝通先生的这十六字是针对什么现象提出来的呢？

生7：不同文明之间的关系。

师：对。这里的"美"指的是文化或者文明，"各美其美"的"其"指代自己的，"美人之美"的"人"指代别人。

师：这十六个字中，你认为哪一个字最为关键？为什么？

生8：我认为是"美"字，因为这里的"美"字最多。

（学生笑）

师："美"字在文中出现次数最多，确实说明这个字十分重要；而且这里的"美"指的是好的文化。还有不同意见吗？

生9：我认为是"同"字，因为"美美与共"的最终目标是实现"天下大同"。

师："同"字确实也非常重要，这是最终的理想，但是怎样才能实现"同"呢？

生10：我认为是"共"字，因为只有做到"美美与共"的"共"字，才能实现"天下大同"的理想。再说，只有先做到"各美其美、美人之美"，才能实现"美美与共"。

师：老师也认为"共"字是十六字中的关键字。大家知道，古代"共"字怎么写的吗？（学生摇头。）

师：（板书）

这是一个会意字，本义表示两只手共同合作，在文中象征着两种文化的交融，共同撑起美好的未来。

【设计意图：教师从学生阅读课文的疑问入手，确定课堂教学的起点，体现了"以学为先""以生为本"的教学理念。在学生繁杂众多的疑问中，梳理归类有教学价值的问题，又体现了教师的主导作用。针对学生对"美美与共"内涵理解的困难，教师把学生重新引入文本，从文本中找出句子，同时对费孝通的"十六字"箴言展开讨论，明确关键，达成共识。教师呈现"共"字的篆体字写法，进一步引导学生深入理解"美美与共"的内涵。"本真语文"着眼于文本，着力于语言活动的教学思想得以充分体现。】

师：那么作者是怎样论述"美美与共"这一观点的呢？

师：我们先来思考一下，为什么要"美美与共"？请大家默读第3段，说说作者是从哪个角度论证"美美与共"的原因。

（学生默读第3段。）

生11：从历史的角度，说明无论是发展中国家还是发达国家，都由于历史方面的原因产生过两种倾向——盲目崇拜和闭关排外，导致成了井底之蛙，所以要"美美与共"。

师：很好。（板书：历史）这是历史因素造成的"傲慢与偏见"，结果无法做到"美美与共"。你能结合历史事件，举个例子吗？

生11：清政府闭关排外，导致鸦片战争。

师：鸦片战争固然是政治事件，但如果从文化角度看，那是清政府闭关锁国造成的"文化入侵"，就像当年慈禧太后见火车在中国试运行，认为这会惊动中国的"龙脉"，破坏了风水，这样的闭关排外，又怎能做到"美美与共"？

师：如果说第3段是从历史角度论证"美美与共"的原因，那么第4—5段又是从哪个角度进行论证的呢？请同学们齐读这两段。

（学生齐读第4—5段，思考。）

生12：我觉得作者以唐朝时期的日本为例，论证了我们要对"异文化"采取"美美与共"的态度。

师：不错。这里举唐朝历史为例，是论证了第4段的观点。那么，第4段是从哪个角度进行论证的呢？

生12：今天。也就是说，当下。

师：很好。（板书：今天）文章说"中华文明经历了几千年，积聚了先人的聪明智慧和宝贵经验，我们今天需要下大力气学习、研究和总结。面对今天这个'信息爆炸'、形形色色'异文化'纷至沓来的时代，我们需认真思考怎么办"。对于中华文明，我们是否真正做到了"下大力气学习、研究和总结"呢？请举例。

生13：对于中国传统的优秀文化，我们可能还没发扬光大。比如，对于儒家文化，或许还未真正理解其内涵，有些甚至还不如外国人理解得深透。

师：这位同学的发言让我心有戚戚。大家有没有听说，孔子是韩国人？

（学生感到很惊讶。）

师：韩国每年举行隆重的祭孔大典，甚至计划着把祭孔大典作为非物质文化遗产向联合国申请。这让我想起了前几年韩国端午节申遗的成功，成为我们国人心中永远的痛！

（学生感到气愤、痛苦。）

师：当然，韩国这样做并非没有任何理由，他们认为孔子作为微子的后人，微子又是箕子的亲戚，而箕子便是商代时期韩国疆土的君主，这样一来，韩国就把孔子作为自己的祖先了。他们认为，"疆域可以是你的，但文化必须是我的。"所以时代在呼唤，今天的国人需要对中华文明"下大力气学习、研究和总结"，只有"各美其美"，才能更好地"美人之美"。

师：但是，今天的外来文化有美的（精华），也有丑的（糟粕），这就是为什么要"美美与共"的原因。请举例。

生14：比如日本的动漫，既有精华部分，又有糟粕部分，我们应该学会取其精华、摒除糟粕的。

生15：比如西方的情人节、圣诞节、复活节等节日，我们不要盲目崇拜，学会吸取精华、去除糟粕。

师：台湾诗人余光中先生曾说过："当你的情人改名为玛丽 Mary 时，你怎能送她一首菩萨蛮？"

师：今天的中华文明要有文化自信，就像唐朝时期善于"美人之美"，才能达到文化双赢的结果。哪个同学来说说唐朝文化昌盛的例子？

生16：唐朝派玄奘法师到印度学习佛教文化。

生17：唐朝时期的"遣唐使"，丰富了文化交流。

师：唐朝的文化自信：高适的"莫愁前路无知己，天下谁人不识君"，李白的"天生我材必有用，千金散尽还复来"；当时日本派遣多批"遣唐使"来唐朝学习华夏文明，日本的和服、茶道、寺庙建筑等都源自中国；大唐还接纳日本留学生在长安国子监学习做官，接纳小国家新罗国崔致远担任县尉、侍御史、内供奉等官职。唐朝的兼容并蓄、多元开放，成就了唐文化的繁荣。

师：怎么样做到"美美与共"呢？请同学们阅读第6—7段，画出关键句。

生18：应该比古代人具有更广阔的胸怀、更远大的目光，对于不同文化有更高的鉴赏力，拥有一个与不同文明和睦相处的良好心态。

师：概括起来就是更广阔的胸怀、更远大的目光、更高的鉴赏力。

（板书：胸怀、目光、鉴赏力）

师：资中筠女士《爱国的坐标》（投影）："什么时候中国人能真正不卑不亢地以平常心对待世界上一切强于我或弱于我的国家，既充满民族自信又虚心学习他人长处，既懂得保持民族精华，又能以开阔的胸怀对外来思想和文化吞吐自如，那就是我们民族真正在精神上健康成熟的时候。"

【设计意图：这一环节主要从为什么要"美美与共"、怎么样做到"美美与共"两个角度，剖析了文章的结构层次。教师引导学生在默读的基础上，学会概括文段的主要内容，厘清文章的论述层次，加深对作者观点的理解。当学生从"历史"和"今天"两个角度阐述了"美美与共"的原因后，教师引导学生用具体事例印证，从抽象到具象，从理论到生活，丰富了课堂内容，激活了课堂思维。特别是"韩国祭孔大典"事件，更是激发了学生的高昂情绪，从而引发学生对文化交融与文化自信的深刻反思。一系列历史事件、生活现象、古典诗文以及资中筠女士《爱国的坐标》等的引用，打通了文史哲之间的联系，让整个课堂更显文化内涵。】

师：通过以上的分析，同学们对于这篇文章还有什么疑惑的地方吗？

（学生分小组讨论交流。）

生19：文章第6段说："比如孔子说'己所不欲，勿施于人'……又如'修己而不责人''退一步海阔天空'等这样的格言，都包含了克己、忍耐、收敛的意思。"这里的"克己、忍耐、收敛"语序为什么要这样排列呢？

师：对于这个同学的疑惑，其他同学怎么看？他提出的疑惑属于论述文语言的准确性问题。

生20：我觉得这里的"克己、忍耐、收敛"分别对应上面的诗句，而且意思由浅入深。

师：我也赞同这名同学的看法，有程度深浅之别，但都体现了一种君子般的雅量。

（板书：君子般的雅量）

生21：刚才老师说的"韩国把孔子作为韩国人，还准备把祭孔大典申遗"这是否属于文化的"窃取"？

师：那你怎么看呢？

生21：我觉得韩国人把中国的传统文化"窃取"过去，也是一种"美美与共"。

师：对啊。你能这样理解，表明你也具备"美美与共"的文化心态。

这个问题属于文章内容的延伸。

师：还有哪些地方有疑惑吗？

生22：文章第7段"树立'美美与共'的文化心态，这是人们思想观念上的一场深刻大变革，它可能与当前世界上很多人习惯的思维模式和行为方式相抵触"。为什么要这样说？

师：对。文章第2段也提到"要想实现这几句话，还要走很长的路，甚至要付出沉重的代价"，这里为什么说实现"美美与共"要付出"沉重的代价"？请举个例子证明一下。

生23：美国攻打伊拉克，这是军事战争，更是两种不同的文明冲突。

师：文化看似柔弱，一旦发生冲突，就变得无比坚硬。文化冲突也不见得都是坏事，只有冲突才有发展，它是人类文化发展的主旋律。

生24：在全球化的时代，中国古代的文化观念与现代的文明思想也会有抵触。

师：就像赵武灵王的"胡服骑射"，在推行之初遭到了大臣和百姓的强烈抵制，这是观念的冲突。因此，要做到"美美与共"，还需勇士般的气度。（板书：勇士般的气度）

师：日本民族虽然我们在政治上恨之入骨，然而在文化上，它具有极其宽广的包容性，不得不让人佩服。

推荐阅读《菊与刀》，美国学者鲁思·本尼迪克特写的关于日本民族两种极端文化的交融，菊是日本皇室家徽，代表一种恬淡静美；刀是日本的武士道文化，代表一种凶狠暴力。日本能够包容两种截然不同的文化，从而形成一股强大的民族力量。（板书：《菊与刀》）

师：最后，老师也想和同学们分享一下我阅读这篇文章的感受：全球化时代，当今人类要以君子的雅量和勇士的气度，在冲突中寻求文化的和谐交融，真正实现"美美与共，和而不同"的社会理想。（投影：太极八卦图）谢谢。

【设计意图：课堂的最后环节，教师大胆地把时间交给学生，请学生提出还有哪些地方存在疑惑，师生共同探讨，课堂在浓郁的文化氛围中结束。这堂课充分体现了"以生为本"的教学理念和"因体而教"的设计思想。教师只是学生阅读的帮助者、引导者，学生才是学习的真正主人。通过联系生活现象，营造文化语境，引导学生真正走进文本深处，让抽象的论述文教学不再枯燥、生涩。】

附：板书设计

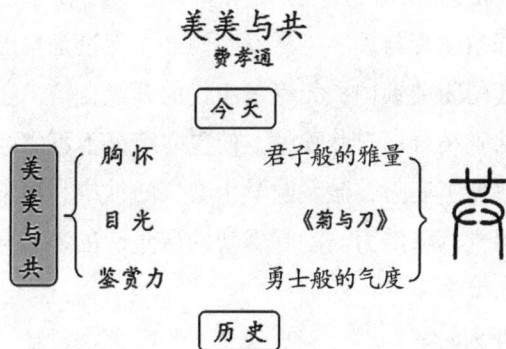

三、名师点评（特级教师、正高级教师项香女）

张永飞老师的这堂课，是台州市教研室和项香女名师工作室共同组织开展的台州市高中语文教研活动中的一堂展示课。综观这一堂课，我认为有以下三方面的特点。

（一）以学生为起点

整个课堂分成两个部分，第一部分由学生的问题出发归纳出三个主问题：什么是"美美与共"—怎样论述"美美与共"这一观点的—怎么样做到"美美与共"；第二部分再问学生还有什么地方不懂。整个设计于学生而言是切己的，一切都从他们的未知与空白处出发。学生的课堂表现让教师的体贴得到了回报——他们的热情被唤起，与教师建立起默契又频繁的精神感应，课堂流畅无碍，丝毫没有被教师牵着鼻子走的生硬。一堂课优质与否，并不取决于课堂外在形式的是否完美，而在于课堂主体的精神状态——他们的意志是否高度参与，有无享受到精神的满足与乐趣。尤其值得称道的是，教师在解决了三个主问题后没有结束课堂，而是"画蛇添足"地问了一句："同学们对于这篇文章还有什么疑惑的地方吗？"初看觉得累赘，细思方知是智慧，这一问不仅是对第一部分的跟进——疑惑很多，第一部分设计或许不能尽其意，还有疑惑可以继续提；同时这一问也引导学生反刍文本，加深其与文本发生深层次的有价值的对话。

（二）以生活为辅助

教师向学生传递知识的过程中，很好地使用了生活经验这一辅助工具，让学生的探索发现与现实生活发生勾连，无论是星巴克"入驻"灵隐寺，还是清代的闭关锁国；无论是唐代的开放自信，还是孔子成了韩国人；生活与课堂结合，自然妥帖，使得一篇高不可攀的文化类题材的论述文一下子放低了姿态，激发起学生尝试的欲望、探索的勇气。加之教师以高超的课堂驾驭能力与幽默睿智的课堂话语姿态穿针引线，整堂课款款生风，摇曳多姿。

（三）以文化为归宿

"共"字的繁体含义、余光中的经典诗句、资中筠的《爱国的坐标》、鲁思·本尼迪克特的《菊与刀》……文化气息氤氲课堂始终。古今互证，中外共赏，大量文化知识的嵌入，有助于给严肃、干枯的论述文课堂松绑，让课堂松软、丰厚。如果以生活为辅助是在"浅出"上做努力，那文化性材料的介入则在"深入"上花心思。

◆从言语到生命体验的散文教学——《今生今世的证据》教学实录

一、教学背景

《今生今世的证据》是苏教版高中语文教材必修一"月是故乡明"专题中的一篇哲理散文。2017年11月，我在教师发展论坛暨浙江省特级教师协会学术年会上开设《今生今世的证据》观摩课，上课对象是高一年级学生，来自全省各地的语文特级教师和骨干教师近300人参加了观摩活

在浙江省特级教师协会学术
年会上观摩课

动。我以"找证据—品证据—悟证据"为线索，引领学生走进文本深处，走入刘亮程的精神世界，感悟其中的人生哲理。在言语品读的过程中，学生归纳出哲理散文的两大主要特点：一是以情感打动人；二是以哲理启迪人。整个课堂从言语品味到生命体验，设计简洁而深刻，质朴而灵动，得到浙江省教研室主任、特级教师任学宝先生和与会教师的高度肯定与赞扬。

这一堂观摩课的设计，源自浙江省朱昌元名师工作室的送教活动。2017年9月，我作为浙江省朱昌元名师工作室的学科带头人参加了在汤溪中学举行的送教活动，活动的主题是"散文的语言与情思"，课题就是刘亮程的哲理散文《今生今世的证据》。几年前，我曾上过校级公开课，组内朱雪梅老师对我当时的配乐朗读印象深刻。但这次示范课面对的是金华市教研组组长和高一年级全体语文教师，我的师父、浙江省特级教师朱昌元当时告诉我要站在刘亮程散文的整体风格来观照、设计课堂教学。于是，我趁机全面阅读了刘亮程的《一个人的村庄》《风中的院门》《在新疆》等散文集，试图走进他的精神世界。刘亮程出生于新疆沙湾县一个叫黄沙梁的村庄，他的生命里离不开黄沙梁的一草一木、

风土人情，所以他所回忆的证据是"草""土墙""房子""大风""大鸟""大榆树""大红公鸡""黑狗""夕阳"……这些故乡村庄中的草木风物以及曾经的生活，就是生命存在的证据，也是他内心生存的皈依，更是人类共同的精神家园。

二、课堂实录

师：同学们，老师想问你们一个问题——《西游记》原著有没有读过？

生：（齐答）读过。

师：那么，唐僧反复说的一句话是什么？

生1：阿弥陀佛。

（学生大笑）

师：当他遇到国王或者妖怪，他是怎么介绍自己的呢？

生2：贫僧唐三藏，从东土大唐而来，去往西天拜佛取经。

师：这句话包含了哪三个问题？

生2：我是谁？我从哪里来？我到哪里去？

师：这三个问题是我们人类哲学史上的三个终极问题，体现了对自我价值的追寻。今天，我们一起走进"乡村哲学家"刘亮程的哲理散文《今生今世的证据》，去感受作者对自我的价值追寻。

【设计意图：这堂课的导入，似乎很突兀，但能极大地激发学生的兴趣。《西游记》是学生耳熟能详的名著，唐僧介绍自己的三句话很经典，却是人类哲学史上的三个终极问题。这样的导入设计，既能拉近师生之间的距离，又能自然引入哲理散文的本质特征。】

师：刘亮程在《今生今世的证据》中用以证明自己曾经的生活的证据有哪些呢？请速读圈画。

（学生快速浏览，用笔圈画。）

师：请大家看投影，对照自己找到的"证据"，看看这些句子分布在哪些段落。

教师投影：

证据1——草、土墙、房子（破墙圈、门洞和窗口、烟道和锅头、破瓦片、泥皮、烟垢和灰、划痕、木头和铁钉)……

证据2——大地深处的大风？一只大鸟在夜晚的叫声？沿着那条黑寂的村巷仓皇奔逃？一棵自己的大榆树？恒久明亮的月光？……那些旧房子和路、尘土、村里的人、牲畜、风……

证据3——一只唤醒人们的大红公鸡、一条老死窝中的黑狗、那一缕夕阳……

生3：分别在第2段、第4段、第6段、第8段。

【设计意图：这一环节是整体感知环节，教师巧妙地引导学生速读查找"证据"，然后锁定大致段落，为下一环节的"品证据"铺垫，也节省了课堂教学时间。】

师：作者提到这些证据，哪些语言与你产生共鸣，引发你的生活联想或思考？选取1—2处，写在对话栏里。

（学生阅读，思考，写感想。）

师：小组交流，每个学生谈自己共鸣的句子，然后推荐一位代表发言。

（小组交流、讨论。）

生4："我走的时候，我还不懂得怜惜曾经拥有的事物，我们随便把一堵院墙推倒，砍掉那些树，拆毁圈棚和炉灶，我们想它们没用处了。我们搬去的地方会有许多新东西。"这让我想起外婆家拆房子时，有许多东西觉得没有什么用处了，比如书之类的，就随意丢弃，不要它了。

师：现在你觉得这些东西有用吗？为什么？

生4：有用。因为这些东西有我曾经的生活、回忆。

师：因为这些都是你今生今世的证据。你能感受到吗？

生4：能感受到。

师：那说明你太苍老了。（学生大笑。）因为刘亮程也有这样的人生感悟，他生活在遥远的新疆，一个叫黄沙梁的乡村，那里土地贫瘠，草木自然生长。刘亮程在那里度过了童年和青年时期，长大后种过地，养过牛，放过羊，砍过树，当过十几年的乡农机管理员，劳动之余写点文字，几乎所有文字都在写自己生活多年的一个村庄（散文集《一个人的村庄》《风中的院门》)，写自己对生命的独特感悟。

生5："但我却不知道这一切面目全非、行将消失时，一只早年间日日以清脆嘹亮的鸣叫唤醒人们的大红公鸡、一条老死窝中的黑狗、每个午后都照在（已经消失的）门框上的那一缕夕阳……是否也与一粒土一样归于沉寂。还有，在它们中间悄无声息度过童年、少年、青年时光的我，他的快乐、孤独、无人感知的惊恐与激动……对于今天的生活，它们是否变得毫无意义。"这段话让我想起了以前无聊的时候，坐在门框上看夕阳，感受时光慢慢地流逝……

师：我发现你有哲学家的潜质，能够看夕阳思考人生的同学是充满智慧的。还有什么发现吗？

生5：一条老死窝中的黑狗，很有感觉。

师：你养过狗吗？黑狗？刘亮程在他的散文集《一个人的村庄》中写了"一条老死窝中的黑狗"的故事：父亲扔掉过一条杂毛黑狗，后来又跑回来了。父亲不喜欢它，嫌它胆小，不凶猛，咬不过别人家的狗，经常背上少一块毛，滴着血，或瘸着一条腿哭丧着脸从外面跑回来……后来父亲物色了一条小黄狗。我们都很喜欢这条狗，胖乎乎的，却非常机灵活泼……黄狗稍长大些就开始欺负黑狗，它俩共用一个食盆，吃食时，黑狗一向让着黄狗，到后来黄狗变得霸道，经常咬开黑狗，自己独吞。家里一个狗窝，也被黄狗独占了，黑狗夜夜躺在草垛上……后来我们在院墙边的榆树下面给黑狗另搭了一个窝。喂食时也用一个破铁锨头盛着给它吃。从那时起黑狗很少出窝。有时我们都把它忘记了，一连数天想不起它。夜里听见黄狗的吠叫声，黑狗已经不再出声。这样过了两年，也许是三年，黑狗死掉了。死在了窝里。父亲说它老死了。孤独地死去……这就是刘亮程对黑狗的生命体验，跟这个同学的体验不大一样。

生6："有一天会再没有人能够相信过去。我也会对以往的一切产生怀疑。"我想起以前曾偷零花钱买吃的东西，这是真的吗？我会产生怀疑。

师：你是对自己曾经经历的事情产生怀疑，刘亮程却是通过找寻具体的证据来证明曾经的生活。

生7："我走的时候还不知道向那些熟悉的东西告别。不知道回过头说一句：草，你要一年年地长下去啊；土墙，你站稳了，千万不能倒啊；

房子，你能撑到哪年就强撑到哪年，万一你塌了，可千万把破墙圈留下，把朝南的门洞和窗口留下，把墙角的烟道和锅头留下，把破瓦片留下，最好留下一小块泥皮，即使墙皮全脱落光，也在不经意的、风雨冲刷不到的那个墙角上，留下巴掌大的一小块吧，留下泥皮上的烟垢和灰，留下划痕、朽在墙中的木头和铁钉，这些都是我今生今世的证据啊。"我以前也是从农村出来的，对古老的房子有感情，后来政府把旧房子拆除了，突然发现以前的回忆就像消失了一样，感觉当时没有珍惜。

师：我们来自农村的同学可能对这篇散文更有感触，因为刘亮程也有这样的生活经历。那么如何更好地把这段语言有感情地朗读出来呢？比如这位同学可能会对汤溪中学校园里的草说："草，你要一年年地长下去啊。"但对金华大街上路边的草你不会这样说。因为这株草寄托了刘亮程的生命印记。他曾说："任何一株草的死亡都是人的死亡。任何一棵树的夭折都是人的夭折。任何一只虫的鸣叫也是人的鸣叫。"一草一木都是生命，都是有灵性的，时间久了就成了你生活的证据。老师也想读一读，配点音乐。思考：老师为什么要这样读？

（教师配乐朗读，学生沉浸在淡淡的伤感氛围之中。）

生8：表达出作者对这些证据的留恋，当时没想到告别，不懂得珍惜。现在想起来很是懊悔、自责、伤感。

师：齐读第2段，仔细体会作者的情感。

（小结：这些都是"物证"，散文以情感打动人。）（板书）

【设计意图：这一环节充分尊重学生的阅读体会，引导学生在品读文本中，联系自我的生活经历，深入领悟作者蕴含其中的哲理。"作者提到这些证据，哪些语言与你产生共鸣，引发你的生活联想或思考？"这一问题的设计，最大限度地激活学生与文本的对话。然后通过小组讨论的方式，学生之间交流对"证据"的不同感悟，最后推荐代表发言，整个课堂充分体现"以生为本"的教学理念。在学生展示环节，教师适时点拨，补充刘亮程的人生经历以及其他相关资料，加深学生对文本语言的理解与感悟。教师的配乐朗读，营造一种淡淡的悲伤氛围，更能带领学生进入文本之中，体验"物证"的内涵，体会哲理散文的特点——"以情感打动人"。】

生9："我回到曾经是我的现在已成别人的村庄。只几十年工夫，它变成另一个样子。尽管我早知道它会变成这样……那些坑便一直在墙边等着，一年又一年，那时我就知道一个土坑漫长等待的是什么"。我觉得这里有着深刻的哲理。

师：什么哲理呢？

生9：不管我们经历了什么，生活有多么精彩，伤痛还是快乐，最终都会归于沉寂。

师：这里讲到了一个村庄的变迁，证明了"证据"的消失是必然的。王开玲在《古典之殇》中指出，"从乡村到城市，每个人的故乡都在沦陷，每个归来的游子都成了陌生人。"

生10："我走的时候，我还不知道曾经的生活，有一天会需要证明"。回想曾经的生活，留下美好的回忆，比如过去朋友之间的争执，现在回忆起来都是美好的甜蜜的。

师：你和朋友之间的争执有留下什么证据吗？或许留在了你的内心里。

生11："还有，我真的沐浴过那样恒久明亮的月光？它一夜一夜地已经照透墙、树木和道路，把银白的月辉渗浸到事物的背面。在那时候，那些东西不转身便正面背面都领受到月光，我不回头就看见了以往。"这里描写的村里月光作者有独特的情感，月光是他自己的回忆，是生存的意义。在自己的回忆里有一种独特的意味，在外面大城市的月光与故乡的月光是不一样的。

师：杜甫曾说："露从今夜白，月是故乡明。"月亮是永恒的，张若虚在《春江花月夜》中也指出："江天一色无纤尘，皎皎空中孤月轮。江畔何人初见月？江月何年初照人？人生代代无穷已，江月年年望相似。"同样，一个故乡的月亮与他乡的月亮虽然看似不变，但人的情感内涵不同，这也是一种人生的哲理。

生12："这一切，难道不是一场一场的梦？如果没有那些旧房子和路，没有扬起又落下的尘土，没有与我一同长大仍旧活在村里的人、牲畜，没有还在吹刮着的那一场一场的风，谁会证实以往的生活——即使有它们，一个人内心的生存谁又能见证？"这让我想起童年曾经住过的土房子，充满院子的牲畜，还有一阵一阵风刮过屋瓦的响声，但是出来以后，它们就像梦一样，醒来以后慢慢地遗忘，除非见到某些事物才会想起。

师：假设这些事物不存在了呢？

生12：那记忆可能就永远消失了。

师："以往的生活"，可以用旧房子和路等来证明；但是"内心的生存"又是指什么呢？虽然这些物证已经消失，但是在你的心灵中有没有消失呢？

（教师板书：心证）

生12：没有消失。因为它们在我心灵中留下深刻的印象，精神上的家园。

生13："我真的有过一棵自己的大榆树？真的有一根拴牛的榆木桩？它的横杈直端端指着我们家院门，找到它我便找到了回家的路"。我想起了我老家门前一棵桂花树，它在的时候我们在树下乘凉，后来村里把它移植到其他地方，我心里感觉空空的。

师：为什么会有一种"内心被掏空"的感觉呢？

生13：好像故乡在心月中少了些什么。

师：这就是你心灵的证据。关于"内心的生存"，我们再来欣赏一下刚才同学所找的第8段话。

（学生齐读）

"但我却不知道这一切面目全非、行将消失时，一只早年间日日以清脆嘹亮的鸣叫唤醒人们的大红公鸡、一条老死窝中的黑狗、每个午后都照在（已经消失的）门框上的那一缕夕阳……是否也与一粒土一样归于沉寂。还有，在它们中间悄无声息度过童年、少年、青年时光的我，他的快乐、孤独、无人感知的惊恐与激动……对于今天的生活，它们是否变得毫无意义。"

师：这里提到的"物证"有哪些？跟前面提到的"物证"有何不同？

生14："大红公鸡""黑狗""夕阳"这些"物证"跟刘亮程生活息息相关，是家园里的动态生命，称为肉体的生存。

师：此外，还有一类"快乐、孤独、无人感知的惊恐与激动"又是一种什么样的证据呢？

生 14：是心灵的活动，精神的生存。

师：刘亮程在这里描写的肉体的生存与精神的生存，共同构成了一个完整的生命。刘亮程把自己这个完整的生命寄托在一个人的村庄里。

（教师小结：散文以哲理启迪人。）（板书）

补充资料：刘亮程《对一个村庄的认识》

我在这个村庄生活了二十多年。我用这样漫长的时间让一个许多人和牲畜居住的村庄慢慢地进入我的内心，成为我一个人的村庄。

每个人都有自己的村庄。

我们用一生的时间在心中构筑自己的村庄，用我们一生中最早看见的天空、星辰，最先领受的阳光、雨露和风，最初认识的那些人、花朵和事物。当这个村庄完成时，一个人的内心世界便形成了。这个村庄不存在偏僻与远近。对我而言，它是精神与心灵的。

【设计意图：这一环节"悟证据"是整个课堂中最为关键的环节，从"物证"到"心证"，从感性到理性，这是哲理散文的内在逻辑。当学生朗读"即使有它们，一个人内心的生存谁又能见证？"时，教师适时提问"内在的生存"指什么，这样就引导学生深入理解"证据"的双重含义，然后再引用刘亮程《对一个村庄的认识》中的一段话印证，从而让学生明白故乡对一个人精神与心灵上的意义。同时在解读文本过程中，自然而然地归纳出哲理散文的第二大特征——以哲理启迪人。】

师：如何理解"当家园废失，我知道所有回家的脚步都已踏踏实实地迈上了虚无之途"？

生 15：这里的家园，既指生活中的物质家园，又是指精神家园。这句话就是说，当故乡（物质和精神的家园）都消失的时候，一个人就会变得空虚，无所依托，精神流浪。故乡消失了，我们不去珍惜它，那么它就会在我们的心目中消失。

生 16："踏踏实实"就是真实性，"虚无之途"就是虚无缥缈。"大红公鸡""黑狗""夕阳"等都是真实存在的，"快乐、孤独、无人感知的惊恐与激动"是需要证明存在的。

师：或许刘亮程告诉我们的是，一个人如果失去了物质的家园，他可能会真正失去这个故乡，但是如果他连精神家园都失去的话，那他真正成为一个精神流浪儿。但是我们反过来思考，一个人物质的家园毕竟要消失，但是如果他能坚守精神的家园，那么他依然有一种对故乡的栖居之地。

补充资料：故乡只跟人的精神相关，它是一个人的根，是心灵的寄寓之所，是精神的栖居之地。

师：在中国传统文化中，"羁鸟恋旧林，池鱼思故渊""胡马依北风，越鸟巢南枝""鸟飞反故乡兮，狐死必首丘"等等，乡土情结是生命的永远皈依。苏轼曾说："此心安处是吾乡。"沙湾，是沙的世界；汤溪，是水的天堂。但都需要"家园"。

推荐书目：刘亮程散文集《一个人的村庄》《在新疆》。

补充资料：刘亮程《谁喊住我》：

当我走了，那滩芦草会记得我。那棵被我无意踩倒又长起来、身子歪斜的碱蒿会记得我。那棵树会记得我。当树被砍掉，树根会记得我。根被挖了，留在地上的那个坑会不会记得我。树根下的土会不会记得我。

多少年后我如烟似风的魂儿飘过时，谁会喊住我。谁会依旧如故地让我认得我的前世。

师：哲理散文，不但以情感打动人，而且以哲理启发人。刘亮程的《今生今世的证据》以深邃的思考回答了人类三大终极哲学问题：刘亮程，我是大地的儿子。我从遥远的黄沙梁走来，终归回到我的故土家园。谢谢。

【设计意图：这是课堂的结束环节，一是呼应了导入环节中人类哲学史上的三个问题；二是体现了故土家园的文化内涵。在中国传统文化中，羁鸟恋旧林，胡马依北风，狐死必首丘，苏轼的"此心安处是吾乡"，等等，乡土情结是生命的永远皈依。这些材料的引用丰富了课堂的容量，体现了语文课堂的文化因素。】

三、名师点评（特级教师、正高级教师朱昌元）

张永飞老师于2017年加入我的工作室后不久，就参加了金华市教育局教研室和朱昌元名师工作室联合举办的"散文的语言与情思"专题送教活动，面向来自金华市各所高中的近百名教师代表执教观摩课，课题就是刘亮程《今生今世的证据》。后来，他又在 2017 教师发展论坛暨浙江省特级教师协会学术年会上开设观摩课，来自全省各地的语文特级教师和骨干教师参加了观摩活动，评价很好。我以为，这堂课有以下几个特点。

（一）以生为本的理念

他的课堂始终以学生为主体，教师只是起到穿针引线的作用。他从"找证据"到"品证据"再到"悟证据"，通过一系列的巧妙问题引导学生逐步深入文本，从文本中读出自己的生命感悟。他从学生阅读课文时的难点出发，搭建平台，不断追问，在追问中解读"证据"的内涵，从"物证"到"心证"，从生活现象到生命本质。比如下面的教学片段：

生："这一切，难道不是一场一场的梦？……即使有它们，一个人内心的生存谁又能见证？"这让我想起童年曾经住过的土房子，充满院子的牲畜，还有一阵一阵风刮过屋瓦的响声，但是出来以后，它们就像梦一样，醒来以后慢慢地遗忘，除非见到某些事物才会想起。

师：假设这些事物不存在了呢？

生：那记忆可能就永远消失了。

师："以往的生活"，可以用旧房子和路等来证明；但是"内心的生存"又是指什么呢？虽然这些物证已经消失，但是在你的心灵中有没有消失呢？

生：没有消失。因为它们在我心灵中留下深刻的印象，精神上的家园。

在这个教学片段中，当学生朗读了课文中印象最深的文字，说出自己的最初体验后，教师适时抓住"内心的生存"引导学生往文字深处思考，从形象直观到抽象理性，从文字到生命体验，在对话碰撞中，让学生对"内心的生存"有了更为深刻的理解与感悟。

（二）因体而教的思想

刘亮程《今生今世的证据》是苏教版"月是故乡明"专题中最后一个板块"乡关何处"中的一篇文章。从编者的意图看，属于"故乡"文化内涵相关的人文主题；但从文体看，属于哲理散文。因此，抓住文体特征，开展一系列的教学活动，在散文语言的品味中感悟故乡对一个人生命成长的精神性作用的哲理内涵，就成为课堂教学的重要内容。张永飞引导学生在品读文章的过程中，概括出这篇哲理散文的两大主要特征：一是以情感打动人；二是以哲理启发人。在教学方法上，紧扣哲理散文的文体特征，教师范读、学生品读，配乐朗读、小组探讨，品语言、谈体悟，形式多样，效果显著。既有文字的品味，又有情感的熏陶，还有思想的碰撞，更有生命的体悟。这样的语文课堂，体现了执教者对"本真语文"的教学追求。

（三）简约灵动的风格

一堂好的语文课堂，就像一篇散文的精美结构，简约而灵动。张永飞老师的这堂课，课堂线条简洁，设计精巧，而且不乏丰富与深刻。他始终紧扣哲理散文的语言特点，巧妙设计了"找证据—品证据—悟证据"等三个教学环节，环环相扣，层层推进，激活学生的生活体验，融入生命的哲学思考。教学过程中，他对刘亮程其他篇章的文句信手拈来，旁征博引，教学语言在妙趣横生、轻松自在与哲理思辨间来回穿梭，游刃有余，极好地传达教学文本也是该专题的独特"情思"。值得一提的是，他在课堂的导入环节，以《西游记》中唐僧的三句话引出人类哲学史上三个终极问题："我是谁？我从哪里来？到哪里去？"而在课堂的总结环节，刘亮程《今生今世的证据》以深邃的思考回答了人类三大终极哲学问题：我是大地的儿子，我从遥远的黄沙梁走来，终归回到我的故土家园。这样的课堂前后呼应，浑然一体，相得益彰。

言语为本

▲评点法使课堂"活起来"——《想北平》的评点式教学

评点是读书时常用的方法。古人云："读文无批注，即偶能窥其微妙，日后终至茫然，故评注不可已也。"如脂砚斋批注《红梦楼》，金圣叹批注《水浒传》，毛宗岗批注《三国演义》等，其中很多批注切中肯綮，见解独到，具有很高的学术价值。评点也是高中语文新课程改革所提倡的文本研习的一种方式。《想北平》是苏教版高中语文教材"月是故乡明"专题中的首篇散文，是老舍旅居青岛时抒写对家乡北平的真挚思念之情的一篇小品文。编者的意图，是希望学生借助对话栏运用评点的方式深刻领悟"家园之思"这一独特的人文内涵。

记得我第一次上《想北平》时，还是按照传统的教学方法进行的，先由学生的生活体验导入，接着介绍老舍及其作品，然后听课文录音，让学生整体感知全文，要求找出直接体现"想"字的句子。最后逐段朗读，讨论，总结归纳。整个课堂环环相扣，既有学生的朗读，又有问题的探讨。但由于学生对这样一篇看似明白如话的语言，直接明了的感情，难以真正喜欢，加上我的整体设计死死捆住学生的思维，课堂的气氛异常沉闷，学生兴趣索然，对此我很无奈！

后来，学校一位名师上的《想北平》示范课使我茅塞顿开。他的教学设计其实十分简单：先抛出一个问题，你认为老舍是怎样的一个人？然后要求用文章的几句话印证自己的看法。学生默读后发言很积极，他们纷纷从文章中找到能印证自己初读感受的句子。但由于学生对课文把握不深，朗读的体验不够，所以他把学生引导到第二个教学环节——评点法。他先就教材的编者对课文的评点发表自己的看法，引导学生与编者对话，比如说第49页"对话栏"评点："北京是老舍的故乡，是他文学创作中主要的描写对象。……我们所最熟悉的社会与地方，不管是多么平凡，总是最亲切的。亲切，所以能产生好的作品。"熟悉的地方总是亲切的吗？亲切就能产生好的作品吗？我对临海多么熟悉呀，但我并不能写出好作品。又如第50页："作者反复说自己对北京的爱'说不出来'，你能感受到作者想要表达的感情吗？"这不是废话吗？……他觉得这些评点没有把握住文章的本质，希望通过同学们的深入阅读评点来把握这篇文章的本质。那么如何评点呢？他先举出三个范例，让学生写在文章相应的地方。范例一：第一节前半部分主要写"我的北平"，后半部分主要写我眼中的北平，构架简单而不失灵巧，"我"的强调便于表达对北平的深情。范例二：圈出这几个词"捡着""躲开""廿七""牛的一毛"，用"捡着"而不用"选择"，用"躲开"而不用"回避"，用"廿七"而不用"二十七"，用"牛的一毛"而不用"九牛一毛"，可见作者对口语化追求的苦心孤诣，老舍散文语言的北京味也体现在这里。范例三："况且在街上还可以看见北山与西山呢！""况且"引出，以"呢"收尾，本是平常事情显出自豪，可见老舍感情细腻。然后请同学仿照范例，再次深入课文自行选择一个角度进行评点。学生边读课文边思考边做记号约5分钟。最后，学生互相交流评点，教师总结。整个课堂活泼生动，学生思维不断运转，时而沉思，时而颔首，时而微笑，时而有所领悟……在活动中他们感受到心灵的愉悦，感受到文字背后所蕴含的情感内涵，也找到学习语文的乐趣。

　　仔细思量，他的课堂之所以活泼，我的教学之所以沉闷，恰恰是他运用了评点的方式，通过活动体验、对话交流，真正让学生在对文本的研读中自然而然地获得对家园的体认。评点法正是使课堂"活起来"的一种重要方法，也是体现新课程教学理念的一条重要途径。于是当我第二次上《想北平》的时候，我充分给学生自由与时间，以评点法贯穿整个课堂，让学生学会圈点勾画，字斟句酌，揣摩玩味，调动自身生活积累和语言感悟，创设多层次、多角度解读文本的情景，充分开展多方面的对话交流，整个课堂教学取得了意想不到的效果。

　　我运用评点法进行教学的具体做法：先自己反复研读文本，对其中的关键点试着进行评点，力求深刻独到；然后举一个从关键词句品味写作手法的范例，启发学生怎样进行评点，从感性到理性，传授评点法知识；再让学生细读文本，在阅读的过程中圈画出自己感受最深的词句，试着从写作手法角度进行评点，写下自己的体验、想法；接着以小组为单位互相交流、讨论个人的评点，从准确与否、深刻与否、精彩与否等方面评选出最佳评点；最后修改自己的评点并推荐小组最佳评点与全班交流，选出《想北平》的评点"金项奖"。当然，在小组评点的过程中，我又把自己的评点抛出让大家一起探讨交流。此外，我们还可以从文章内容、主旨结构、情感意蕴、技巧风格等方面进行评点。总之，这一节课尽管学生的评点有些稚嫩，甚至偏失，但他们的学习主动性得到彰显，兴趣得到激发，他们也学会了对一些看似淡而无味的语言深入其肌肤、感知其韵味、揣摩其情意。在评点过程中，学生的生活体验得到激发，文本的意义产生应有的魅力，他们写出了许多独具魅力的评点。

"语文教学应为学生创设良好的自主学习情境，帮助他们树立主体意识，根据各自的特点和需要，自觉调整学习心态和策略，探寻适合自己的学习方法和途径。"用评点法阅读鉴赏文学作品，与文本、与编者对话，把自己对文本言语形式之美的品评、揣摩之所得用简明扼要的语句记录下来，不仅有利于加深对文本的理解，而且提升了学生独立阅读的能力，让他们养成独立思考、主动探究的习惯。当然，评点法的运用不在于形式上的模仿，更重要的是要以一定的文学底蕴为基础，以对语言文字的感悟为根本，逐步养成评点的习惯，也就学会了阅读的方法。

（该文发表于《语文教学与研究》2007 年第 1 期）

附：《想北平》学生评点

1."虽说巴黎的布置比伦敦、罗马匀调得多，可是比起北平来还差点儿。"

评点：运用对比手法，突出"我的北平"，自豪之情溢于言表，这也正说明他非常热爱北平，心里已经容不下其他城市。就像我，非常热爱我的家乡路桥，就觉得只要是路桥的都是最好的。（梁洁）

2. "我所爱的北平不是枝枝节节的一些什么，而是整个儿与我的心灵相黏合的一段历史，一大块地方，多少风景名胜，从雨后什刹海的蜻蜓，一直到我梦里的玉泉山的塔影，都积凑到一块，每一细小的事件中有个我，我的每一思念中有个北平，只是说不出而已。"

评点：作者将北平细微的景致都深深地印在自己脑海中，在每一次思念家乡北平时将这些记忆重新翻阅，甚至在梦中见到它，使自己的思念之情浸于心里，表现出作者与北平血肉相连、不可分离的真挚情感。"只是说不出而已"更深刻地体现出作者刻骨铭心的恋乡之情，思乡之苦。这让我想起"家乡的土地赛过他乡的黄金"。（陈林英）

3. "但我不是诗人，我将永远道不出我的爱，一种像由音乐与图画所引起的爱。"

评点：作者把他对北平的爱比作"音乐与图画所引起的爱"。此时，文字在他的面前是无力的，简单的文字永远道不出说不透他内心的爱。音乐，也许这是一首强烈的、震撼人心的音乐，把作者对北平深沉的爱像火山一样可以瞬间喷发；也许这是一首婉转的、悠扬的轻音乐，让作者对北平的爱像小河一样细水长流，此爱不灭。图画，也许这是一幅素描画，线与线之间错夹着；也许这是一幅水彩画，寓于浓浓的抹不去的感情。也许这将是作者与北平复杂、剪不断理还乱的爱恨交织。听着跳动的音符组成的乐章，感受作者的动中之爱，赏析着那似懂非懂的话，感受作者的静中之爱。正是这动之爱与静之爱，才真正构成作者这永远都道不出说不透的爱。（沈怡）

4. "可是我真爱北平。这个爱几乎是想说而说不出的。我爱我的母亲，怎样爱？我说不出。"

评点：这句话用了类比的手法，把自己对家乡的爱比作对母亲的爱。"我说不出"这几个字虽然没有描写，但是一种爱到深处的体现。正如我爱自己的外婆，但我说不出来的这种感觉。（蔡吴海）

5. "这不但是辜负了北平，也对不住我自己，因为我最初的知识与印象都来自北平，它在我的血里，我的性格与脾气里有许多地方是这个古城所赐给的。"

评点：读着这句话，我不知为啥就触动很深。是的，就像我自己，我很爱我的家乡，从呱呱坠地起，我就在家乡的怀抱开始牙牙学语，家乡的一草一木，亲人的一言一行，都直接或者间接地影响着我，培养我的性格。我最初对这个世界的印象就来自我的家乡。我的脾气与家乡对我的影响有关，血中流淌着家乡的气息。我一直很想写自己的家乡，可都不满意，我就感觉很惭愧，还略微有种负罪感，很对不起家乡，也感觉对不住我自己。（金荷灵）

6. "北平的好处不在处处设备得完全，而在它处处有空儿，可以使人自由地喘气；不在有许多美丽的建筑，而在建筑的四围都有空闲的地方，使它们成为美景。"

评点：通过两组"不在……而在……"描绘了作者心目中的北平的好，可看出作者所认为的北平的好并不是设备完全、建筑美丽，而作者为何唯独钟爱于它呢？——是情感的不同吧。这使我们联想到生活中的一些事，其实也是如此，比如说我吧，至今我都保留着当年为了学业而不得已剪下的一缕头发，其实又有什么呢？只不过头发还可以再长，可我怎么也舍不得扔，我难以忘记我被剪下头发时那万分的舍不得，保留这缕头发就保留了当时我对这缕头发的情感，意义不同。（钱晓芬）

7. "真愿成为诗人，把一切好听好看的字都浸在自己的心血里，像杜鹃似的啼出北平的俊伟。"

评点：对于自己心爱的东西，我们都会格外珍惜。把世界上最好的形容词都用来描述它。恨不能将你要倾诉的人拉去亲眼见一下。而对于杜鹃啼血的典故也有所耳闻，也许老舍把自己当成了那位蜀地的国王，虽然远离北平，也时时挂念着北平。所以后一句更能体现老舍对北平深深的眷念和深深的爱。（陈芬）

8. "北平在人为之中显出自然，既不挤得慌，又不太僻静，连最小的胡同里的房子也有院子与树，最空旷的地方也离买卖街与住宅区不远。"

评点：这句话写出了北平的建筑风格：人为之中显出自然，体现了中国的人性及人情。而今，每一寸土地都高楼林立，种满花草树木的院子早已无容身之地，住宅区与买卖街也是相去甚远，我们不免会看到好多人为了做一顿饭乘车去买菜，在拥挤中又把菜给拎回来。社会是不断在发展，但存在于我们心中一隅的那种清新的自然，富有人情人性的生活方式却被摧残。我们也不由得像老舍一样深深怀念心中的北平。（陈俏超）

▲现代诗歌教学应以言语品味为根本

朱光潜在《谈读诗与趣味的培养》一文中指出："要养成纯正的文学趣味，我们最好从读诗入手。能欣赏诗，自然能欣赏小说、戏剧及其他种类文学。"现代诗是真、善、美的艺术，它比其他文学样式更具有精美隽永的语言。闻一多曾说："诗这东西的长处就在于它有无限度的弹性，变得出无穷的花样，装得进无限的内容。"现代诗歌语言具有强烈的抒情性、跳跃性、音乐性、多义性，言语品味应该成为现代诗歌教学的根本，让学生在言语的品味中，丰富自己的情感世界，养成自己的审美品位，提高自己的文学素养。

一品言语的古典美

现代诗歌言语表达不同于古典诗歌，没有严格的字数限制，也没有规范的押韵、平仄，但它往往继承了古典诗歌的意味，用词典雅，意象鲜明，意境优美。比如何其芳的《预言》这首诗写"年轻的神"的温柔、美丽、神秘特点，言语表述却是：

"……啊，你夜的叹息似的渐近的足音，

我听得清不是林叶和夜风私语，

麋鹿驰过苔径的细碎的蹄声！……"

这里，诗人用"足音"来写"年轻的神"的特点，又通过"夜的叹息""林叶和夜风私语""麋鹿驰过苔径的细碎的蹄声"渲染"足音"的轻盈、温柔、飘忽、神秘，语言优美，意境朦胧，富有画面感，有身临其境的美感，教学中引导学生体会其古典美。

台湾"十大诗人"之一痖弦的《秋歌——给暖暖》，追求形象第一，意境至上，强调"中国风与东方味"。诗中选取的秋天意象：落叶、荻花、砧声、雁子们、踏残的落花、破碎的琴韵等，都蕴含了古典诗歌的意境美。在课堂教学中，引导学生通过古典诗歌的诗句来品味这首诗歌的韵味，帮助学生走进诗中美好的意境。

落叶——"无边落木萧萧下，不尽长江滚滚来。"（杜甫）

荻花——"浔阳江头夜送客,枫叶荻花秋瑟瑟。"(白居易)

砧声——"长安一片月,万户捣衣声。"(李白)

　　　"玉户帘中卷不去,捣衣砧上拂还来。"(张若虚)

雁子们——"云中谁寄锦书来,雁字回时,月满西楼。"(李清照)

踏残的落花——"拂石坐来衫袖冷,踏花归去马蹄香。"(苏轼)

破碎的琴韵——"一曲琴韵瑟瑟,悲欢尘世离合。"

这些古典意象共同营造了秋天的凄凉、孤寂氛围,又蕴含着一种淡淡的思念。那么,在这萧瑟的秋季里,诗人会思念谁呢?自然引出了核心意象——"暖暖"。

二品言语的音韵美

现代诗歌必须要有鲜明的节奏感,要有节拍,强调音韵美。法国诗人菲利普·雅各泰说:"诗的节拍必然响应着我所感受到的节拍,无疑,它依循着我的天性去响应,依循着我的内心耳朵的倾向。"诗歌分行排列的方式,声音的回环往复,都体现了诗人情感的变化,生命的律动。所以,现代诗歌教学离不开朗读训练,包括教师范读、自由朗读、个别朗读、分组朗读、男女对读、齐读、默读等。比如舒婷的《神女峰》:

在向你挥舞的各色花帕中

是谁的手突然收回

紧紧捂住了自己的眼睛

当人们四散而去,谁还站在船尾

衣裙漫飞,如翻涌不息的云

江涛

高一声

低一声

这一节诗句,描述了面对"神女峰"有两类人不同的态度,一类是"人们"挥舞"各色花帕",充满了崇敬和赞扬;另一类是"谁""紧紧捂住了自己的眼睛""站在船尾""衣裙漫飞",这是对"神女峰"的思考和觉醒。在描述江涛声音的诗句中,诗人采用了"高一声""低一声"分行排列，高低起伏的方式，书写出内心情绪的涌动，如波涛翻滚，具有音韵美、建筑美、节奏美。在教学过程中，要引导学生通过朗读，细细品味。

三品言语的陌生美

在现代诗歌中，诗人经常运用不同于常人思维的言语表述，也就是语言的超常搭配，形成言语的陌生化，营造美好的诗意。比如洛夫的《边界望乡》，这首诗歌主旨鲜明，是典型的文化乡愁，但言语非常具有个性化。因此，笔者就抓住了其独特的语言特色，从超常搭配的角度引导学生品味鉴赏，并且通过朗读体会无穷的魅力。以下是分小组品读后，学生的言语品味示例。

"望远镜中扩大数十培的乡愁 / 乱如风中的散发。"望远镜放大的是故乡的风景，而这里说乡愁，如散发，这样化抽象为具体，写出了诗人乡愁的浓郁、深广、纷乱，具有视觉冲击感。

"一座远山迎面飞来 / 把我撞成了 / 严重的内伤。"远山怎么能飞？这种超常搭配写出了临近故乡时思念的沉重、悲苦。

"病得像山坡上那丛凋残的杜鹃 / 只剩下唯一的一朵。"杜鹃，取自杜宇失国魂魄化鸟，昼夜悲啼，直至出血乃止。白居易《琵琶行》："其间旦暮闻何物？杜鹃啼血猿哀鸣。"以杜鹃写不能归去的哀怨凄婉之情。

"蹲在那块'禁止越界'的告示牌后面 / 咯血。"表达想回故乡又不能，只能隔海相望默默思念的无奈和痛苦。

"而这时，鹧鸪以火发音 / 那冒烟的啼声 / 一句句穿透异地三月的春寒。"鹧鸪以火发音，形象地写出了诗人对故土的热切思念，以及临近故乡的热血沸腾，肝肠寸断。

"当雨水把莽莽大地 / 译成青色的语言。"清明是祭祖的时节，也是怀念故乡的日子，清明的雨水就像余光中先生的"冷雨"在古文字中寻找乡愁，文化乡愁。青草代表的是乡愁。

"故国的泥土，伸手可及 / 但我抓回来的仍是一掌冷雾。"呼应开头，反衬无法找到故土的失落感和无法回去的悲凉迷惘。

洛夫被称为"诗魔"，他是语言的魔术师。这一节课，通过师生的朗读品味，鉴赏交流，让学生真正走进语言超常搭配所形成的陌生感，感受他那独特的文化乡愁。

四品言语的哲理美

诗歌的鉴赏，对言语的感知是基础，意象的品味是凭借，而进一步捕捉诗歌的深层内涵，体味诗歌的内在生命，挖掘诗歌的哲理意蕴，才是诗歌教学的关键。现代诗语言的多义性，源于诗人丰富而多层次的内心世界，根植于诗歌的内在结构，往往可以通过比兴、暗示、象征、双关等表现手段予以加强。例如痖弦的《秋歌——给暖暖》中"暖暖"是一个怎样的形象呢？怎样理解"只留下一个暖暖，一切便都留下了"？同学们经过小组讨论，合作探究，认为可能有以下几种象征意义：

（1）亲人（女儿、爱人……）。秋天里对亲人的思念，有了亲人，有了爱，便拥有了整个世界。

（2）坚守的信念。不管秋天怎样萧条、凄凉，只要心中有一个坚守的信念，就不会感到寒冷。

（3）温暖的回忆。这首诗就是痖弦在寒冷的秋季的一次温暖的回忆，虽然秋天已逝，但回忆过去了的那些美好日子，充满了温馨和美好。

（4）绝望中的希冀。不管生活怎样艰难，暖暖都会给你以力量。

（5）冰冷世界里的太阳。暖暖就像是整个冰冷、冷漠世界中的太阳，有了暖暖，世界就不再寒冷。

（6）精神的寄托、美好的东西。

（7）心灵中的另一个自己……

诗无达诂，现代诗歌的意象往往具有朦胧美、象征性，带来诗歌主题的多义性，这恰恰是诗歌鉴赏的魅力所在。在诗歌教学过程中，引导学生调动生活体验，深入文本内涵，探究意象的象征意义，这符合多元解读的理念。在不断的师生品读鉴赏中，让学生逐步领悟到诗歌无穷的魅力，让课堂教学过程成为学生不断自主地走向新的意义的构建过程。

（该文发表于《语文月刊》2015年第4期）

▲谈《〈论语〉选读》的教学策略

《浙江省普通高中新课程实验语文学科教学指导意见》指出，《论语》是用古代汉语记载下来的以语录式呈现的中华文化经典。从语言来说，它是古代汉语；从形式来说，它是古代特有的对话文体；从内容来说，它是传统文化的源头。所以《〈论语〉选读》应该考虑到三个层次的教学内容：文字、文章和文化。《〈论语〉选读》的教学应该设法激发学生学习《论语》的兴趣，拓展学生的文化视野，丰富学生的文化生活。结合教学实践，笔者采用以下策略达成以上教学目标。

策略一：整合内容，形成相对集中的主题

《〈论语〉选读》的编排以相对集中的主题（话题）为单位，分为政治、修身、学习与教育、哲学四大部分，每一部分又有不同的专题，比如"政治"部分包含"为政以德""克己复礼""待贾而沽""知其不可而为之"，编者试图通过本专题的学习，让学生了解儒家政治哲学中德政的内涵、为政者的自身修养以及孔子"替天行道"的社会责任感等内容，帮助学生树立积极入世的人生价值观。然而在具体教学实践中，因为语录体的体例特征，导致学生无法抓住内容的核心，需要教师重新进行整合，突出核心内容，形成相对集中的主题；否则，一条条的文字翻译、理解，将会导致学生学习的疲惫感，也削弱主题内涵的深入理解。例如，"为政以德"专题共有 12 章节，笔者根据大致内容进行重新整合，将 2.1 和 2.3 概括为"德政的效果"，将 13.9，12.7，12.9 概括为"富民足民"，将 13.6，12.19，2.20，14.5 概括为"为政者素质"，分别进行板块教学，然后让学生思考："富民足民"与"德政"又有什么关系呢？通过讨论思考，最终学生明白："为政以德"的前提和基础是"富民足民"，"富民足民"是实现德政的手段。这样的教学既突出了核心内容，让学生对整个专题有了更加深入的领悟，又提高了课堂教学的效率。

策略二：设置情景，拓展学生想象的空间

建构主义者认为，学习者要想完成对所学知识的意义建构，即达到对该知识所反映事物的性质、规律以及该事物与其他事物之间联系的深刻理解，最好的办法是让学习者到现实世界的真实环境中去感受、去体验（即通过获取直接经验来学习），而不是仅仅聆听别人（例如教师）关于这种经验的介绍和讲解。《〈论语〉选读》中许多文字记录了当时的生活片段，只是语言的障碍造成了现在学生理解的困难，如果能够结合具体的语境，设计情景式问题，激发学生的想象空间，还原生活本来状态，让学生自己去感悟、去体验，将会取得意想不到的效果。例如"楚狂接舆"章，孔子周游列国过程中，遇见隐士接舆歌曰："凤兮！凤兮！何德之衰！往者不可谏，来者犹可追。……"接舆的用意显而易见，然而"孔子下，欲与之言"。假设你是孔子，听到接舆的话后，想跟他说些什么呢？请把你想说的话写下来。设计这一问题，能够激起学生极大的兴趣，丰富他们想象的空间，促使学生深入领悟孔子执着的精神和不被世人理解的悲凉。

生："凤之使命在于救世，正因今之从政者殆而，故周游列国以拯救之！"

生："君子疾没世而名不称焉，与其隐居于山林，不如留名于后世！"

生："凤鸟待圣君乃见，当今虽不遇盛世，乃有圣君可现！"

再如，"诲人不倦"章中的11.22节，笔者采用分角色朗读的方式，选择三个学生分别充当子路、冉有、公西华，教师充当孔子，进行"闻斯行诸"的现代语言对话。当然选择角色时结合学生的不同性格特征，如性格直率、鲁莽的学生充当子路，性格内向、谨慎的学生充当冉有，再现当时的对话情景，让同学们在生活情景的模拟中领悟孔子因材施教的教学方式，取得了很好的效果。

策略三：联系现实，领悟精深的文化内涵

《论语》作为中华文化经典之作，必然有其博大精深的文化内涵。许多语句虽然围绕主题编辑，但犹如一句句名言警句，只有联系现实生活的意义，才能找到学习的价值和魅力。比如，"为政以德"中的"其身正，不令而行；其身不正，虽令不从"，说的是关于管理国家的统治者内心修养的问题，但同样适用于生活中许多领域。在教学时，笔者要求学生联系现实说说其中包含的管理文化。有的学生联系到班级管理中，作为一个班长需要有公正、正直的人品，才能在全体同学中树立威信；有的联系到班主任管理学生，也需要有人格魅力，如果人品或道德存在问题，即使班级管理能力再强，也是"虽令不从"；有的联系到家庭中家长的人品问题，在孩子心中的威望问题等。

再如，在"中庸之道"中探究"和"文化在生活中的例子。学生联想到2008年北京奥运会开幕式体现的"和"字内涵——包容与和谐；还有的联想到对联："起舞歌盛世，和乐颂新春"；此外，还有和气生财（生意）、心平气和（修养）、家和万事兴（家庭）、和平共处（外交）、和衷共济（事业）等。这样的教学不仅挖掘了文本的深度，强化了学生体验的程度，而且拓展了知识的广度，提高了课堂教学的有效性。

策略四：读写结合，强化学生的表达能力

像《〈论语〉选读》这样的文化论著研读课，语言文字的理解和文化内涵的探究两者必须兼顾。以写促读，加深内容的理解，强化学生的表达能力，这不能不说是一条很好的途径。在《〈论语〉选读》课后练习中，教材有许多小作文训练的编排，目的就是希望通过读写结合的方式，引导学生"入乎其内"，理解文章，启发学生"出乎其外"，形成感悟。比如，笔者在教学中，要求学生谈谈对"己欲立而立人，己欲达而达人"或"己所不欲，勿施于人"的理解。

"己欲立而立人，己欲达而达人"是一种大智慧。在古代，那是仁的境界；在现代，能这样做的人必定是个胸怀大略、有远见的智者。

我想到这样一个故事：在美国的一个镇里，每年都会有一个最优良花种的评选，而每年几乎都是同一个花农独占鳌头。为了自己在评选中能占有一席之地，每个花农都不愿将自己种花的秘诀透露给他人，而那个每年拿冠军的花农却将自己的花籽给另外一个花农，这的确令人不解。那个花

农自己的解释却是："因为你的花种在我的花地旁边，如果你的花种不优良，当风吹过，我的花便会受你的花粉的影响，所以如果我想成功，这应该是最好的办法。"这个故事告诉我们，很多时候"立人、达人"可能是"己欲立，己欲达"的前提，帮助别人成功也就是帮助自己成功。我认为，这不仅仅是"仁"的境界，这也是一种"智"的境界。（王红丽）

　　孔子所说的"己所不欲，勿施于人"，也就是说，自己不愿意做的事情，也不要强加给别人，这就是我们经常说的"换位思考"。每个人都有自己愿意干和不愿意干的事情，但当我们遇到自己不愿意做的事情时，就要站在别人的角度上去思考他是否愿意做这件事。如果在我们的生活中，真的人人都做到了"换位思考"，那么我们的社会就会变得很和谐。（陈盈）

　　这样的读写结合训练，既加深了学生对内容的理解，又强化了学生的表达能力，何乐而不为呢？　（该文发表于《中学语文》2009 年上旬刊第 3 期）

第三辑

诗意追寻

语文课程是一门最具诗情画意和人文情怀的课程，它本身就栖居着浪漫和诗意。语文课堂的诗意追寻，是语文学科的特性之一。著名特级教师王崧舟说："诗意语文，是我们孜孜以求的精神家园。"在当今应试教育盛行的现状下，语文课堂容易沦为考试的工具、技巧的演练、文字的游戏。青春，是读诗的年龄。黄厚江老师认为，文学可以使人的精神世界更丰富，可以培养一个人的诗意。今天处于一个越来越缺少诗意的时代，而一个没有诗意的人是不可爱的，甚至是猥琐的。他甚至偏激地和学生说：你可以不做诗人，但做人不可没有一点诗意；某种意义上说，一个从没有写过诗的人是一个精神不健全的人。我们的母语是最富有诗意的语言（包括文字），学习母语，除了学会运用语言，还要提高自己的审美趣味（其实语言运用能力，也离不开良好的审美趣味）。语文教学如果缺乏诗意，就不利于学生的精神成长和全面发展。特级教师李镇西说："教育者与教育对象应该是融为一体的，其间感情的流淌、诗意的飞扬，正是我们追求的一种教育境界。"语文课堂的本真追求，也是语文学习的"诗和远方"。

中国是诗歌大国，是诗教发达的文明之邦，从《诗经》《离骚》到唐诗、宋词，诗歌是文学皇冠上的明珠。语文本身就是诗，语文的课堂教学与诗有着特殊的情缘，有多少仁人志士对诗情的追寻，从豆蔻年华，到满头白发，语文教师的教育情怀，是诗意课堂的前提。情怀，是对现实的一种对抗；情怀，是对梦想的一种执着；情怀，是对职业的一种坚守。"生活不只是眼前的苟且，还有诗和远方的田野。"语文教师的教育情怀，源于对语言文字的热爱，源于为国育才的理想。吕叔湘先生曾指出，语文教育类似于农业而非工业。既然是农业，就需要时间和培育，犹如农作物的生长，提供其适宜的环境，然后静待花开。因此，语文教师如果缺乏教育的情怀，眼里只有成绩，就容易培养出"精致的利己主义者"，这就有悖于教育的初衷。

浙江省朱昌元名师工作室云和送教活动合影

语文课堂不仅是传递知识的载体，更是生命审美的诗情。诗意课堂的本质是审美，尤其在诗歌教学中，教师要以典雅优美的教学语言营造诗意的氛围，然后通过多种形式的朗诵，引导学生走进诗歌所构建的缤纷世界。诗歌教学如此，其他语文课堂亦然。我们要把"柴米油盐酱醋茶"过成"琴棋书画诗酒花"，追求语文课堂的"诗和远方"。"诗意语文"倡导者、特级教师董一菲说："我理想中的课堂氛围应该是充满文学气息与浪漫情怀，在诗意的创设中，以缤纷的语言引领学生走向对文化的膜拜。"诗意的语言是语文课堂的底色，它可以唤醒学生个性的思维。诗意课堂的构建，不仅要有师与生的动态生成与合作交流，更应该让学生树立生命的意识，有一颗"诗心"，怀一份"诗情"，在诗意的畅游中获得审美的熏陶和灵魂的洗礼。语文具有情感性，诗歌是情感的号角，诗歌是美的化身，语文本身也很美，我们要老师和同学诗意地栖居在语文这片沃土上。

诗歌的语言是凝练的，跳跃的，多义的，超常搭配的语言形式，让现代诗晦涩难懂。当前语文教师不重视现代诗的教学，除了现代诗难懂之外，还因为他们认为读现代诗没有用，高考不考现代诗。但人的综合素养的提升，其实离不开诗歌的耳濡目染。现代诗的课堂教学不同于现代文的阅读教学，首先要培养学生对诗歌语言的敏锐触觉，引导学生从诗歌的语言色彩中感受诗的味道；还要引导学生由诗歌的语言之美感受诗意的魅力。当然，诗歌的鉴赏，并不是教师对诗歌语言形式和表现手法的知识讲解和条分缕析，更多的是学生自主的品味、涵泳和体验。语文课堂不同于数学、物理、化学等课堂，主要是因为语文课堂的"诗意"，它有趣味、有温度、有情怀。吟诵、朗读、品味，是诗歌教学最重要的学习方法。董一菲老师认为，诗意的课堂应当包括教师、学生和文本三方面的内容，有学生和老师之间的碰撞，有学生和老师之间共同对文本的解读，有文本给予学生的灵感，有文本给予老师的一种审美启示。在碰撞、解读、启示中，诗意油然而生。现代诗《预言》的课堂教学，我首先通过师生合作朗读，创设诗歌情境，初步感知情感的变化；然后紧扣"年轻的神"这一核心意象，通过师生共同的品味涵泳、打通生活，逐步进入诗歌美妙的境界；最后通过小组合作的形式，深入诗歌的内蕴，探究"年轻的神"的象征意义。现代诗《窗》的课堂教学，我由"窗"字的本源导入，围绕"你""窗""我"之间的关系，引导学生接触文本，在品味中感知语言的魅力，最后通过"我的窗""黑夜""无言的星空"等意象的深入挖掘，探究其蕴含的人生哲理，获得精神的启迪。

◆在师生共同建构中追寻诗的魅力——《预言》教学实录

一、教学背景

《预言》是我参加浙江省临海市第七届教学大比武的一堂现代诗歌教学比赛课，上课地点在浙江省台州中学，上课对象是理科班高二（8）班学生。理科班学生鉴赏现代诗歌，是很难走进诗歌情境的。记得比赛那天早读课，学生都在读英语，我早早地到班级与学生见面，得知他们课前没有落实预习任务，于是我跟英语教师沟通，把时间让给学生，让他们读一读《预言》这首诗歌。在课堂上，学生表现相当好，朗读讨论，师生互动，品味语言，探寻诗意，形成了一个又一个课堂高潮。经过评委打分，最终我获得了本次教学大比武一等奖第一名。这一次比赛经历，让我深深地体会到"学情"对于课堂教学的重要作用，也明白了语文课堂的诗意依然可以追寻。

《预言》的教学设计体现了建构主义的教学理论：首先通过师生合作朗读，创设诗歌情境，初步感知情感的变化；再紧扣"年轻的神"这一核心意象，通过师生共同的语言品味涵泳、联想想象、生活体验，逐步进入诗歌美妙的境界，形成自我独特的体验；最后通过小组合作的形式，深入诗歌的内蕴，探究"年轻的神"的象征意义。这样的教学设计，由浅入深，从感性到理性，符合学生的认知规律，在师生不断地品读鉴赏中，学生能够领悟到诗歌所营造的美好意境，获得了心灵的滋养和审美的愉悦。因此，这节诗意的课堂成了师生共同建构文本新的意义的过程。

二、课堂实录

师：同学们，戴望舒的《雨巷》有一位"丁香般结着愁怨的姑娘"，如梦一般出现在雨巷，飘过诗人惆怅的心灵。今天，就让我们一起走进何其芳的《预言》，看看他又为我们塑造了一位怎样的"年轻的神"。

师：首先，我想找一个女同学合作，一起朗读这首诗。大家推荐一下。

生（齐答）：刘凌娅。

师：我们分工一下，你读第1、2节，我读第3、4、5、6节，我们齐读第6节的最后一句诗。请全班同学仔细听我俩的朗读，点评一下：读得怎么样？为什么要这样读？

（师生深情朗读，学生沉浸在诗的氛围里。结束后，全班鼓掌。）

生1：你们读得很有感情，有一种美感。

生2：老师读得很有节奏感，情感高低变化，又有一种淡淡的伤感。

师：很好。从朗读中，大家都感受到了情感的变化。请问：情感是怎样变化的呢？

生3：我查过这首诗的写作背景，它是何其芳十九岁时，在北京大学读哲学系，"年轻的心灵受到一股爱情风暴的袭击"，所以，我认为这首诗可能是诗人恋爱过程中失恋后的一种心灵抒发，既有喜悦、期待，又有祈求、挽留，但最后"年轻的神"还是骄傲地走了，所以留下淡淡的忧伤和眷恋。

师：太棒了。这位同学能联系诗人的写作背景理解这首诗的内容，那么，这样看来，这是一首迷人的什么诗？

生（齐答）：爱情诗。

师：下面，分六小组朗读这首诗，注意把握诗中情感的变化。

【设计意图：从戴望舒的《雨巷》中塑造的"丁香般"姑娘，导入《预言》诗中的"年轻的神"，类比联想，从已知到未知，打通新旧知识的通道，话题集中，目标明确。整体感知环节，师生合作朗读这首诗，便于准确把握诗人的情感基调，营造学习诗歌的良好氛围。】

师：在这首爱情诗中，何其芳为我们塑造了一位独特的"年轻的神"，那么她是一位怎样的"年轻的神"呢？请默读全诗，找出具体诗句并品读。

（学生默读2分钟）

生4：这是一位温婉多情的女神。具体诗句："你一定来自那温郁的南方""告诉我春风是怎样吹开百花，燕子是怎样痴恋着绿杨"，这里给人的感觉是江南女子的那种温婉多情，诗情画意。

师：这里的意象"春风""百花""燕子""绿杨"很有江南的特点，那么你所说的"多情"又体现在哪里呢？

生4：燕子"痴恋"绿杨，还有"银铃的歌声""如梦的歌声"，都体现了她的多情和才华，带给你清脆又朦胧的感觉。

师：很好。江南女子歌声的"银铃""如梦"不像刘欢的"大河向东流啊，天上的星星参北斗啊"那种狂放，而给人以一种如痴如醉的美感。

（学生大笑）

生5：这是一位坚定勇敢的女神。从诗句第四节中可以看出：尽管前面是"无边的森林"，她依然坚定勇敢地向前走，而不管我如何呼唤、挽留。

师：你说的"无边的森林"诗中又是怎么描述的呢？

生5：（学生有感情地朗读）"古老的树现着野兽身上的斑纹，半生半死的藤蟒一样交缠着，密叶里漏不下一颗星星"，这些意象给人阴森恐怖的感觉。

师：这句诗的节奏与停顿该如何划分呢？

生5：我觉得这样读——"古老的树｜现着｜野兽身上的斑纹，半生半死的藤｜蟒一样｜交缠着"。

生6：这是一位骄傲的女神。从诗句"我激动的歌声你竟不听，你的脚竟不为我的颤抖暂停！像静穆的微风飘过这黄昏里，消失了，消失了你骄傲的足音！"两个"竟"字正体现了她根本不懂"我"的心，毫不顾虑"我"的祈求，这说明了她的高傲。

生7：这是一位神秘的女神。从诗句"你夜的叹息似的渐近的足音，我听得清不是林叶和夜风私语，麋鹿驰过苔径的细碎的蹄声！"这里诗人写"年轻的神"好像十分神秘，缥缈空灵，似有若无，神秘莫测，给人梦幻般的美感。

师：从刚才同学们的精彩发言看，大家从诗句中读出了一位温婉多情又勇敢坚定、神秘莫测又高傲执着的"年轻的神"形象。这就是"我"心目中的神圣的爱神，"我"向她倾诉爱的心语。但她的决然离去似乎又是必然，从而留给"我"无限的惆怅和眷恋。

【设计意图：这一环节主要是理解诗中塑造的"年轻的神"的形象特点，引导学生从诗句中找出依据，紧贴文本语言，品读形象的魅力。诗歌的学习，离不开自己的品味、涵泳，离不开情感的投入、体验。课堂上，教师充分发挥学生的主体性，尊重学生的阅读体悟，鼓励学生从优美的语

117

言中读出人性的美好，读出诗意的魅力。】

师：《预言》作为何其芳的成名作，而且作为一本诗集的名称，请仔细阅读开头一节以及结尾一节，探究一下这诗中所说的"无语而来，无语而去"的"年轻的神"还具有怎样的象征意义呢。

（先请每个学生写下自己独特的感悟，再进行小组讨论交流5分钟，最后小组代表发言。）

生8：我觉得"年轻的神"象征着妈妈。因为妈妈也是一个温暖的爱的代表，当失去母爱的孩子呼唤妈妈时，也是这种眷恋和忧伤。

师：你的理解很独特。孩子对妈妈的爱，确如诗歌中所倾诉的真挚情感。但是"年轻的神"好像不大符合妈妈的形象，更何况妈妈仍然是一个具体的意象，不是抽象的象征意义。

生9：我觉得"年轻的神"象征着梦想。当梦想来临时，年轻的我们忍不住激动期待，甚至是狂喜，想象着梦想的美好；但当我们不断追求梦想时，却遇到了如"无边的森林"般的困难和磨难，最后梦想只能成为"无语而来，无语而去"的预言。

师：你的解读很有道理，而且结合整首诗来理解"年轻的神"的象征意义。梦想是美好的，但美好的东西往往得不到。

生10：我觉得"年轻的神"象征着青春。青春不也是必将到来，又定会离去的吗？无论你怎么挽留，也是无济于事。这只能给"我"留下无限的惆怅和眷恋。

师：是啊，青春是多么美好，青春又必定流逝，它既带给我们短暂的快乐，又留给我们无限的惆怅。何其芳在散文《迟暮的花》中写道：

"这就是你给自己的预言吗？为什么那'年轻的神'不被留下来呢？假若被留下来了，他便要失去他永久的青春。正如那束连翘花，插在我的瓶里便成为最易凋谢的花了，几天后便飘落在地上像一些金色的足印。"

生11：我觉得"年轻的神"象征着勇敢的我。

师：你为什么会有这样的想法呢？

生11：因为诗歌中"年轻的神"由开始的"夜的叹息似的"，但有着勇敢的追求，"疲劳的奔波""骄傲的足音"，尽管前面黑暗、迷惘，但仍然坚定地前行。

师：太精彩了。你的理解跟老师的理解差不多，我觉得诗歌中的"你"就是另一个"我"，一个理想中的我，一个不断前行的我；而诗歌中的"我"却是一个现实中的我，一个安于现状，一个不敢面对困难的我。所以"无语而来，无语而去"的"年轻的神"就是不断前行与安于现状的矛盾心情的真实流露。

师：这种写法在以前学过的文章中出现过吗？

生12：苏轼《赤壁赋》中"苏子"与"客"的对话，其实就是苏轼在遭到贬谪之后而产生的出世与入世两种矛盾思想的真实流露。

师：很好。诗无达诂，诗歌朦胧的意象往往具有象征意义，这恰恰是诗歌的魅力所在。从同学们的精彩解读来看，这首诗歌又是一首深刻的哲理诗。

（下课铃声响了。）

师：这节课，我们一起探究了《预言》这首诗歌丰富的意蕴，体悟了无穷的魅力。最后，老师想布置一道课外思考题：这首诗歌为什么取名为"预言"呢？能否改为"年轻的神"或"我的爱"？下课。

【设计意图：诗无达诂，意象的朦胧、语言的跳跃、思维的想象，让诗歌的形象具有了多义性，让诗歌的解读充满了无穷的魅力。这一环节的设计，是引导学生对"年轻的神"的象征意义的探究，是在学生准确把握该意象的基础上的一种思维拓展。"预言"作为诗歌的标题，而且作为一本诗集的名称，必然具有丰富而深刻的内涵。所以，教师引导学生从诗歌本身的语言出发，进一步探究其象征意义，丰富了课堂的容量，提升了课堂的深度。小组讨论的学习方式，充分发挥学生的主观能动性。在课堂结束环节，布置思考题"这首诗歌为什么取名为'预言'"，给学生留下想象的空间。】

三、名师点评（特级教师、首批正高级教师郭吉成）

何其芳的《预言》是一首现代爱情诗，抒写了诗人一段珍贵的感情经历。全诗共分6节，以"年轻的神"的踪迹为线索来抒写，剖白式地倾诉了诗人每一刻的痴情。全诗在表达上意象跳跃，且意象与情趣之间仅有隐约暗示，而无明显关联。因此，从学生学的角度来看，要读懂这首诗是有难度的。如何在课堂上化繁为简，化难为易，让学生读出自己的感受？这需要教师在整体把握这首诗的精髓后，精心地去设计这堂课的教学点。从课堂教学观察来看，张老师对此是做了认真的思考的。

诗歌是需要读的，而且这种读不是一般的集体朗读，而应该是自由自主地读，由读入诗，由读悟诗。因为只有读才能引领学生去品味诗的节律音韵，走进诗人的内心世界，走进诗所蕴含的诗人的精神世界。从这堂课的教学过程来看，张老师设置了三次读：第一次在初读中完成对诗的音韵和诗的基本内容的把握，第二次是在品读中完成对诗中所塑造的"年轻的神"形象的品味，第三次是在悟读中品悟"年轻的神"的象征意义。初读、品读、悟读，阅读方式逐次展开，阅读内容层层深入，审美认知不断升华。在读中，学生不仅学习了诗歌由文字表象的阅读到诗的内涵的认知的鉴赏方法，而且也通过不同的读的设计，学生感受到了诗的意境与意蕴。从这一层面的设计来看，张老师是抓住了诗歌这一体裁的特征来教学的，是懂得诗歌教学的。

诗歌是需要品与悟的。诗作为一种文学体裁，它的语言特征除了生动性、形象性外，更具有音乐性和跳跃性。也正因为这样，所以诗歌鉴赏的魅力不在于你对这首诗读懂了多少，而在于你读这首诗时具有怎样的创造性。而要做到这一点，诗的教学就不能离开品与悟。可以这样说，品悟的过程是阅读或鉴赏一首诗的过程，也是一个对诗的内容做再次创造的过程。品、悟是两个不同的鉴赏审美过程。要真正做到品、悟，就要在教学的过程中，立足诗的本身，从诗的语境切入，充分发挥学生这一学习主体者的学习积极性，让他们主动参与到鉴赏中来，在鉴赏中创造、生发诗的内容与意境。张老师是深知这一点的。观察整个课堂教学，我们可以看到，品与悟是这堂课的重点所在。张老师在教学设计中多处设计了学生的品读与悟读，张老师的设计意图是想通过品悟的过程，把学生对诗的鉴赏与审美推向深入，并从中获得对作者所内蕴于诗中的精神世界的认知。更值得肯定的是，这种品悟不是凭空的，而是建立在对诗歌言语所构成的语境之中，每一处的品悟都要求学生从这一首诗歌所呈现的言语切入，可以有不同的结论，但必须做到因言而析、循言而思。这样做起码有两个好处：一是让学生在真实的诗歌语言情景中学习诗歌，养成正确的阅读思维的习惯；二是在语文学习的实践过程中，发挥学生主体学习的主观能动性，在师生共同建构中追寻诗的魅力。

一堂成功的语文课，总是伴随着主体学习者的语文实践活动展开的，对诗歌教学而言，主体学习者的阅读体验便是一种真实的语文实践活动。阅读者可以在读中感受诗歌的内容，在读中体会诗歌的情趣，在读中领悟诗人的精神世界，在读中升华思想、陶冶情操；当然，也可以在读中认同或质疑作者的精神世界。张老师的这堂课在某种意义上说，是在实践着这样的教学思考。

附：何其芳《预言》

这一个心跳的日子终于来临！
啊，你夜的叹息似的渐近的足音，
我听得清本是林叶和夜风私语，
麋鹿驰过苔径的细碎的蹄声！
告诉我，用你银铃的歌声告诉我，
你是不是预言中的年轻的神？

你一定来自那温郁的南方！
告诉我那里的月色，那里的日光！
告诉我春风是怎样吹开百花，
燕子是怎样痴恋着绿杨！
我将合眼睡在你如梦的歌声里，
那温暖我似乎记得，又似乎遗忘。

请停下来你疲劳的奔波，

进来，这里有虎皮的褥你坐！
让我烧起每一个秋天拾来的落叶，
听我低低地唱起我自己的歌！
那歌声将火光一样沉郁又高扬，
火光一样将我的一生诉说。

不要前行！前面是无边的森林：
古老的树现着野兽身上的斑纹，
半生半死的藤蟒一样交缠着，
密叶里漏不下一颗星星。
你将怯怯地不敢放下第二步，
当你听见了第一步空寥的回声。

一定要走吗？请等我和你同行！
我的脚步知道每一条熟悉的路径，
我可以不停地唱着忘倦的歌，
再给你，再给你手的温存！
当夜的浓黑遮断了我们，
你可以不转眼地望着我的眼睛！

我激动的歌声你竟不听，
你的脚竟不为我的颤抖暂停！
像静穆的微风飘过这黄昏里，
消失了，消失了你骄傲的足音！
啊，你终于如预言中所说的无语而来，
无语而去了吗，年轻的神？

1931 年秋天

★选自《预言》，浙江文艺出版社 1996 年版。

◆品味汉字，打开诗歌鉴赏的"窗口"——《窗》教学实录

一、教学背景

《窗》是我参加台州市第七届教学大比武的一堂现代诗歌教学比赛课，地点在回浦中学，上课对象为高一年级学生。记得当时抽到这一课时，我几近崩溃，因为在参赛的七首现代诗中，唯独《窗》没有最佳的设计方案，也不曾试教过，结果偏偏抽到这一首诗歌，真是天意弄人。于是，我求助语文组的同仁，请她（他）们帮我一起解读这首诗的内蕴，尤其要感谢语文组的包建新、陶永武、张云飞、王伟等老师。

陈敬容的《窗》最初有两种教学方案：一种是作为爱情诗解读，通过问题设计引导学生走进诗歌，紧贴文本语言推进教学进程；另一种是避开爱情诗，就从诗歌本身语言的品味入手，抓住"窗""你""我"之间的关系设计整个教学，挖掘"窗"的文化内涵。我最终选择了第二种教学设计，由"窗"字的本源导入，围绕"你""窗""我"之间的关系，引导学生接触文本，在品味中感知语言的魅力，最后通过"我的窗""黑夜""无言的星空"等意象的深入挖掘，探究其蕴含的人生哲理，让学生豁然开朗，获得精神上的启迪。整个课堂步骤清晰，由浅入深，书声琅琅，师生互动，共享快乐，也不时出现了几次课堂高潮，取得较为满意的效果。最终，我获得台州市第七届教学大比武一等奖（第二名）。

在台州市教学大比武中执教现代诗《窗》

二、课堂实录

（教师在黑板上板书"窗"字）

师：这是什么字？

生（齐答）：窗。

师："窗"字上边是洞穴的"穴"，下边是烟囱的"囱"。同学们，"窗"这个字让你联想到什么了？

生1："窗"字上边的"穴"让我想到了"家"，下面的"囱"让我想到家里有了窗就更温暖了。

生2："窗"字上边的"穴"让我想到山洞，"囱"让我想到生活，原始人生活的需要，窗让山洞变得明亮。

师：山洞有了烟囱变得明亮，这就是"窗"，甚至人类的愚昧变文明也是这个"窗"字。今天就让我们一起走进陈敬容的这扇《窗》。

【设计意图：由标题入手，从"窗"字的本源导入，激发学生的兴趣，引发学生思考这首诗的哲理内涵。同时，汉字的魅力在师生的品味过程中得以体现。】

师：大家推荐一位同学朗读这首诗。

生（齐声）：金生。

（学生深情朗读。）

师：金生同学读得不错，因为他很好地把握了诗的情感基调。那是怎样的基调呢？

生3：忧伤、失落。

师：这首诗中，有几个字频繁出现。是什么字呢？

生4："窗""我""你"。

（教师在黑板上板书"你""我"两个字。）

师："窗"给黑暗的洞穴以光明，诗中的"我"没有了"你的窗"，我的世界是怎样的呢？请自由朗读，找出依据。

生5：你的窗带给我希望，虽然"空漠锁住了你的窗"，但我仍然眷恋。"重帘遮断了凝望；留下晚风如故人，幽咽在屋上"，这里的"晚风"既暗含时间之久，又如故人幽咽的悲戚，写出失去了你的窗后留给我的是无尽的悲伤和孤寂。

生6："远去了，你带着照澈我阴影的你的明灯，而我独自迷失于无尽的黄昏"，没有了你的窗，我迷失于无尽的黄昏，绝望的感觉。

生7："而我的窗，开向黑夜，开向无言的星空。"说明你的窗是充满光明，充满希望的；没有了你的窗，我的世界布满黑暗。

生8："我有不安的睡梦与严寒的隆冬"，说明我的心很冷，充满凄凉。

师：大家刚才都找得很好。不过，不知大家注意了一个词没有？"而我，如一个陌生客，默默地，走向你窗前"，这个"陌生客"意象，你们怎么理解的？

生9：诗中的"你"和"我"原先是一对非常熟悉的恋人，如今却成了形同陌路的"陌生客"。可见，没有了"你的窗"，我就如同失去了灵魂的依靠，怅然若失，有一种漂泊、孤独之感。

师：概括一下，诗中的"我"没有"你的窗"，我的世界将是黑暗、寒冷、迷惘、悲伤。

【设计意图：这一环节，在学生整体感知诗歌情感基调的基础上，教师从诗中提取了"我""你"两个字，与"窗"构成核心问题。然后提问"诗中的'我'没有了'你的窗'，我的世界是怎样的呢？"引导学生从诗歌中寻找诗句，品味意象，感悟情感，打开诗歌鉴赏的"窗口"。】

师：那么，有了"你的窗"，我的世界又将怎样？默读全诗，找出依据。

（学生默读全诗。）

生10：我找到第一节，"你的窗，开向太阳，开向四月的蓝天……""太阳"给人以温暖、光明；"四月的蓝天"虽不似七月的天空般炽热，却给人以温暖、美好的体验。

师：林徽因《你是人间四月天——一句爱的赞颂》，你是爱，是暖，是希望，多么美好，多么诗意！

生11："照澈我阴影的你的明灯……"你的窗就像我生命中的明灯一样，让我在追求远方的路上不再迷惘。

师：刚才同学从"明灯"意象解读，但我觉得这里有一个词用得非常好，"澈"字。比较："照澈""照彻"的区别。

生12："澈"字含有清澈、透彻、纯净的意思，你的窗如同明灯一样，驱除我心中的阴影，洗涤我灵魂的黑暗，让我变得精神明亮！

师：小结一下——诗中的"我"有了这扇窗，我的世界是光明、温暖、美好、充实。

【设计意图：这一环节，教师继续提问"有了'你的窗'，我的世界又将怎样？"引导学生从诗歌的语言中走进诗人的内心世界。尤其是"四月的蓝天""明灯"以及"澈"字的深入品味，让学生顿悟，有一种豁然开朗的人生体味。】

师：当这扇"开向太阳，开向四月的蓝天""照澈我阴影的""窗"向我关闭后，最后带给'我'的又将是怎样的生活？

（学生齐读最后一节诗。）

师：请两个同学朗读，我也想朗读一下。

（两个学生朗读，教师激情朗读，造成反差，学生鼓掌。）

师：你为什么鼓掌？老师读得不好是吧？

生13：老师感情把握得很到位，"我有不安的睡梦 与严寒的隆冬"读得非常伤感、绝望；"而我的窗 开向黑夜，开向无言的星空"读得高亢、昂扬，给人以希望、乐观。

师：我觉得你们读得不错，都是绝望、悲伤的感情。但是，我抓住了一个词"而"。诗歌语言凝练，虚词不轻易入诗。但这首诗歌却用了"而"字，这里"而"表示转折，也就意味着诗人心境的改变。"而"字前面是分号，意味着这一节诗句的前后部分有对照关系。请女同学读第一节，男同学读最后一节。

（男女生齐读。）

师：你如何理解"而我的窗 开向黑夜，开向无言的星空"这句话的含义？小组合作，探究意蕴。

（学生分组讨论。）

生14："无言的星空"，"星空"而不是"夜空"，说明诗人虽然处境悲伤，但内心对未来仍充满希望。

生15："你的窗"开向太阳，"我的窗"开向黑夜，当你的窗向我关闭时，当你远离了我的生命，但我打开了属于自己的另一扇窗，尽管是开向黑夜。

师："黑夜"虽不如太阳光明，却有星星相伴，或许胜过喧嚣的阳光。顾城说："黑夜给了我黑色的眼睛，我却用它来寻找光明。"

师："无言的星空"，"无言"却胜过任何的言语，给人以无尽的力量。老子曾说"大音希声，大象无形"，白居易在描写琵琶女弹奏音乐的妙处"别有幽愁暗恨生，此时无声胜有声"，柳永在倾诉离别的痛苦时说"执手相看泪眼，竟无语凝噎"。

师：这就是老师这样朗读的理由。这样解读后，请全班同学再次朗读这首诗，是不是有新的收获？

（学生齐读全诗。）

师：泰戈尔曾说："如果错过了太阳，请不要哭泣，因为你还有星星和月亮。"

师：在我们的生命中，还有多少东西像这首诗说的那样，当你苦苦追寻的东西（比如爱情、希望、理想等）向你关闭以后，你又将如何面对自己的人生？希望陈敬容的这扇《窗》能永远照亮你我的人生之路。

【设计意图：这一环节，教师继续提问："当这扇'开向太阳，开向四月的蓝天''照澈我阴影的''窗'向我关闭后，最后带给我的又将是怎样的生活？"自然引入对诗歌末尾段的解读。然后，教师以自己的朗读与两名学生的朗读形成对比，以此引发学生对"而我的窗 开向黑夜，开向无言的星空"的内蕴的探究，激荡起思维的浪花。最后，小组讨论，学生在对"无言的星空"等语言的品味中获得新的认知图式，构建新的阅读意义，形成新的哲理思辨。】

三、名师点评（特级教师、正高级教师项香女）

张永飞老师的这堂课是他参加台州市第七届高中语文教师教学大比武的一堂公开课。我认为这堂课有以下几个特点。

首先，课堂简约，清瘦骨立。教师在芜杂、冗长的诗歌中提纲挈领，抽取出灵魂性的字眼"窗""你""我"，以此来设计三个主问题："'我'没有了'你的窗'，我的世界是怎样的呢？""有了'你的窗'，我的世界又将怎样？""当这扇'开向太阳，开向四月的蓝天''照澈我阴影的''窗'向我关闭后，最后带给'我'的又将是怎样的生活？"这三个字是梁，是栋，立起了课堂的骨架，在课堂推进中起着支撑性的作用，引导学生将思维的触角向文本的纵深处伸展。

其次，注重细读，悟字悟言。教师有文体意识，将细读贯彻得极其到位。毕飞宇说："散文的计量单位是句子，我们所读到的格言或者金句，大多来自散文。诗歌的计量单位则苛刻，是字。要想真正领会一首诗，第一要素是小学的功夫，每一个字都要落实。"诗歌是一项精细的语言技艺，诗歌语言凝练、含蓄，对重要文字都做细读是有效的教学策略。张老师引导学生多次在语言上做定点细读，比如由"窗"的构字引入课堂，对"澈"字的玩味，对虚词"而"的锤炼，对"星空"还是"夜空"的比较，在言语智慧上着力，这样既领悟了诗歌的内涵，又领会了诗人的写作策略。

再次，以读为经，以声传情。有别于小说和散文，诗歌的一部分生命在于声音。这堂课的诵读活动多样且有层次，有全体读、个别读，有默读、朗读，有齐读、男女对读，有学生读、教师读。以读为经纬，以声传情，渗透学生的理解，带动课堂的流动。

这堂课还有个地方尤其值得称道，它最大限度地维护了诗的朦胧与辽阔。《窗》到底在表达什么，谁也无法知道。每首诗都是一个谜，都有着无限的秘密。诗重在领悟，很难给予单一的结论。教师舍弃了流传较广的"情殇说"，而把它定位于面对一切不可得的东西（比如爱情、希望、理想等），我们应该持豁达乐观的态度。不轻易下结论，让课堂保持一种敞开的姿态，使文本显示出超越的意义。

附：陈敬容《窗》

（一）

你的窗

开向太阳，

开向四月的蓝天；
为何以重帘遮住，
让春风溜过如烟？

我将怎样寻找
那些寂寞的足迹，
在你静静的窗前；
我将怎样寻找
我失落的叹息？

让静夜星空
带给你我的怀想吧，
带给你无忧的睡眠；
而我，如一个陌生客，
默默地，走过你窗前。

（二）
空漠锁住你的窗，
锁住我的阳光，
重帘遮断了凝望；
留下晚风如故人，
幽咽在屋上。

远去了，你带着
照澈我阴影的
你的明灯；
我独自迷失于
无尽的黄昏。

我有不安的睡梦

与严寒的隆冬；

而我的窗

开向黑夜，

开向无言的星空。

1939 年 4 月于成都

★选自《新鲜的焦渴》，人民文学出版社 2000 年版。

第四辑

思想唤醒

笛卡儿说："我思故我在。"人是一株会思考的苇草，人的高贵在思想。思想，也是课堂的灵魂。它包含两层含义，一是从教师角度的教学思想；二是从学生角度的学习思想。从课堂评价看，学生的思维有没有被唤醒，理性的思维方式有没有形成，是衡量课堂优劣的标准之一。从教育的功能看，培养学生独立思考的能力是中学语文教学的目标之一。

思想，是活动的结果，属于认知；思维，是认识活动的过程，属于能力。思想的形成，源于思维的过程、思考的习惯。著名教育家程颐认为，"为学之道，必本于思，思则得之，不思则不得。"这就说明思考在学习过程中的重要作用，但成熟思想的形成往往孕育在思考的过程之中。没有了思考，就无法形成思想。语文课堂教学，师生所凭借的往往是一篇篇文质兼美的经典之作，这些文章不但语言优美，而且内蕴深刻，体现了作者的价值追求。因此，思想唤醒，首先要引导学生对语言文字的咀嚼，在文字的品味中读出人生的意义、思想的魅力。汉代扬雄曾说："故言，心声也；书，心画也。声画形，君子小人见矣。"言为心声，文如其人。语言是思想的反映，文章是作者思想、立场和价值观的体现。当前的语文课堂，教师占据着话语权的不在少数，学生不是课堂的"主角"，而是教师的"配角"，盲从于教师的言语权威，这样的语文课堂又怎能培养学生的独立思想？语文课堂本应该是学生思想生成的地方，而非教师奔忙表现的场所。作为语文教师，还学生一个思想的空间，变得刻不容缓。所以，我们要创设适当的情境，鼓励学生大胆质疑，独立思考，引导学生与文本对话，与自我对话，与权威对话，在对话过程中形成理性的眼光、思想的光芒。这样的语文课堂，不仅有语言文字的扎实训练，而且有思想与精神的共同生长。

思想的发生、发展、成熟，这是一个漫长而递进的过程，在此过程中往往伴随着思维的训练。思维发展在感觉、知觉、表象、想象阶段，是形象思维；进而在概念、判断、推理阶段，是抽象思维；然后才进入高级可靠全面的辩证思维阶段。我们对事物的认识过程，起初是对事物外部的整体有具体的直接感知，所以是感性认识，由于它是用形象的形式反映事物，所以叫形象思维；接着通过间接的途径对事物内在的本质方面有了认识，所以是理性认识；由于它是用概念、理论的形式反映事物的，所以叫抽象思维；最后又回到认识起点的具体，但是，这是在新的基础上的复归，是更高阶段上的具体，它克服了形象思维的表面性和抽象思维的相对片面性，发展了对事物本质的辩证认识，在思维中再现了作为多样性的统一的具体事物，所以叫辩证思维。当然，这只是完成了认识过程的一个周期罢了，思维从具体到抽象再到具体的进程是循环往复、螺旋式上升的；但是，我们在语文教学中，却要牢牢抓住这第一个周期的认识过程，培养学生的辩证思维能力。只有在学生能辩证地理解课文的语言的时候，才是真正获得了语感。张大文老师的这段话阐述了思维发展过程的阶段性，从形象思维到抽象思维，再发展到辩证思维，这是人们认识事物的普遍规律，也是语文教学语感培养的渐进过程。对于课堂教学来说，引导学生对文本的认识体悟也要符合这样的规律，既要有对文章主旨思路、思想内容等的整体感知、准确把握，也要有对用词造句、艺术效果、思维逻辑等的转化推断、理性感悟。

如果说，阅读是思想的吸纳；那么，写作就是思想的表达。阅读应贯穿语文学习的全过程，写作要渗透阅读教学的各环节，以读促写，以写促读，读写相融，互为补充，方能提升学生的综合素养和思维深度。比如《项脊轩志》的阅读教学中，可以点燃学生写人叙事的写作欲望，在写作中获得对亲情的深刻感悟；《我的四季》的阅读教学中，可以模仿总分总的写作思路，以物为线，写出思想的光芒；考场写作中，也可以尝试运用思维导图的方式，拓展思想的宽度与深度；作文评价中，还可以尝试多种途径避免"光环效应"；等等。教育家朱永新曾说，一个人的精神发育史实质上就是一个人的阅读史；而一个民族的精神境界，在很大程度上取决于全民族的阅读水平。同样，思想的表达离不开阅读积累，也离不开生活阅历，更离不开质疑的精神。在我们的课堂中，思想有时候是"潜藏"着的，只有唤醒生活的体验，激活表达的欲望，思想才有可能被发掘。法国思想家卢梭认为，"教育就是唤醒"。其实，每个人的内心里都有一座"宝库"，储藏着丰富的写作资源，有大自然的风物、生活的点滴、阅读的火花、情感的小溪、生命的感悟，这些都是所谓的"内觉"。这些"内觉"一旦唤醒，就会产生创作的欲望，体验思想的美好。因此，作文的本质不是方法的演绎，而是思想的唤醒。无论是阅读还是写作，无论是形象思维还是抽象思维，理性的辩证的思想，都是从最初的唤醒开始的。

《唤醒你的记忆，触摸你的灵魂》，是一堂侧重思维唤醒的写作课。我以石头作为课堂的引入，用直观的方式激发学生的学习兴趣和热情；然后通过音乐的唤醒，让学生沉浸在往事的回忆中，再进行理性的概括；最后通过小组合作，推荐最佳感悟，既是一次学生相互间的唤醒与激活，又是一次学生语言和思维的提升。整个课堂注重写作情境的营造，充分突出学生的主体性和实践性，体现写作思维的过程性。《"语言积累、梳理与探究"之"广告与修辞"》，则是任务群视野中的专题学习的一次尝试。这节课由"农夫山泉""喜欢你，有道理""写广告，我能行"三个活动构成，以具体任务驱动言语实践，通过学生熟悉的"农夫山泉"广告语，唤醒学生的语言表达欲望，引导学生品味广告语背后的审美意蕴和文化内涵；然后创设生活的情境，选择宁波代表性建筑——天一阁或特色美食——宁波汤圆来撰写广告词，并且推荐评选最佳广告语，不仅要写出富有魅力的语言，也要体现文字背后的文化内涵，引导在积极的语言实践中提升学生的审美能力和思想认知。

▲唤醒你的记忆，触摸你的灵魂——"作文思维训练"教学实录

一、教学背景

《唤醒你的记忆，触摸你的灵魂》，是我在 2015 年度浙江省写作学会年会暨中学作文教学研讨会上开设的观摩课。一年一度的浙江省写作学会年会是浙江省写作教学的交流研讨会，参加的对象有浙江省内高校写作教师、浙江省各系统写作学会会员和中学语文教师，会长是浙大教授金健人，秘书长是省教研员、特级教师胡勤。记得 2015 年度年会是我和富阳中学的季丰老师各开一堂观摩课，我开设的是关于联想和想象的写作训练，高一学生参与；季丰开设的是论述文写作训练，高二学生参与。

在浙江省写作学会年会执教观摩课

在设计教学时，我首先考虑的是如何唤醒学生的写作欲望，抓住写作的本质，避开作文技法的训练。以实物石头作为课堂的引入，激发学生的写作欲望；以微课视频为媒介，既有写作理论知识的介绍，又有生动形象的图文展示，给人耳目一新的感觉；通过音乐冥想，让学生沉浸在往事的回忆中，唤醒学生心中的成长经历，然后再进行理性的概括；通过小组合作，推荐最佳感悟，既是对学生思维和语言的提升，又是一次学生相互间的唤醒与激活。整个课堂注重写作情境的营造，充分突出学生的主体性和言语的实践性，体现写作思维的过程。

二、课堂实录

师：同学们，凝望一种东西往往会产生很多的联想，会唤醒你心中很多的记忆。我先给大家看一样东西——

（教师拿着实物"石头"到学生中间，让学生仔细地瞧一瞧、摸一摸、闻一闻，让学生也真切感受到石头的形象，以唤醒他们潜藏的记忆。）

（学生感到好奇、惊讶、疑惑。）

师：这是什么呀？

生（齐声）：石头。

师：看到这块石头，你会想到哪些东西呢？

生1：我想到孙悟空。孙悟空是石头缝里蹦出来的。

生2：我想到《石头记》，又称《红楼梦》，贾宝玉的前身就是女娲炼石补天剩下的那块石头，掉在青埂峰无稽崖下，后来幻化成一块美玉，贾宝玉衔玉而生。

生3：我想到大自然。因为大自然到处都是石头，有些石头里或许藏着玉。

生4：我想到化石。

生5：我想到石头造房子。

生6：我想到石头的形成，岩浆冷却后凝固，就形成了石头……

师：同学们，请问石头有生命吗？石头会唱歌吗？石头会飞翔吗？

生（齐答）：有。会。

师：你们回答得这么爽，那你来说说。

（学生一时语塞。）

生7：石头会飞翔，我是这样想的：石头风化后变成灰尘，风一吹就飞起来了，所以石头会飞翔。

师：你这个故事不浪漫。（生大笑）我给大家讲一个浪漫的故事：有一块石头在深山里寂寞地躺了很久，它有一个梦想——有一天能够像鸟儿一样飞翔。当它把自己的理想告诉同伴时，立刻招来同伴们的嘲笑："瞧瞧，什么叫心比天高，这就是啊！"这块石头不去理会同伴们的闲言碎语，仍然怀抱理想等时机。有一天，一个叫庄子的人路过这里，它知道这个人有非凡的智慧，就把自己的梦想告诉了他。庄子说："我可以帮助你实现，但你必须先长成一座大山，这可是要吃不少苦的。"石头说："我不怕。"于是，石头拼命地吸取天地灵气，承接雨露惠泽，不知经过了多少年，受了多少风雨的洗礼，它终于长成了一座大山。于是，庄子招来大鹏以翅膀击山，一时间天摇地动，一声巨响后，山炸开了，无数块石头飞向天空，就在飞的一刹那，石头会心地笑了。但是不久，它从空中摔了下来，仍旧变成了当初的模样，落在原来的地方。庄子问："你后悔吗？""不，我不后悔，我长成过一座山，而且体会过飞翔的快乐！"石头说。

【设计意图：导入环节，教师用石头这一实物带进课堂，让学生感到兴奋、好奇，活跃课堂气氛，拉近了师生之间的距离。由石头，可以联想到很多东西，有些是生活的，有些是科学的，有些是文学的，有些是神话故事的。虽然庄子"石头会飞翔"的故事很浪漫，也可能是网上杜撰的，但这个故事可以帮助学生打开记忆的仓库，最大限度地激活学生的想象力，为接下去的写作训练奠定基础。】

师：刚才我们这些联想都是石头唤醒的记忆和体验。今天这堂课，我们的话题就是"唤醒"。写作就是一种唤醒。下面来看一段视频。

（教师播放关于唤醒的写作知识微课视频。）

视频旁白：何谓唤醒呢？唤醒就是指在外界的刺激下，人的生理或心理的一种觉醒，就像一朵花的盛开过程。法国思想家卢梭认为，"教育就是唤醒"。美国著名心理学家S·阿瑞提认为，每个人心灵当中都贮存着他对其所生活世界的体悟与感受，也就是"内觉"，它的开启在于外界的条件与因素。同学们常说，我的生活很枯燥很单调，作文没什么内容可写。其实，你们每个人的内心都有一座宝库，储藏着丰富的写作资源，有大自然的风物、生活的点滴、阅读的火花、情感的小溪、生命的感悟，这些都是所谓的"内觉"。这些"内觉"一旦唤醒，就会产生创作的欲望，体验创作的美好。比如一块丑石，它不规则、没棱角、质地细，毫无用处，当时的人们讨厌它、咒骂它、嫌弃它，后来天文学家发现，这块丑石竟然是天上掉下来的一块陨石！"丑到极处，便是美到极处"！这块丑石的经历唤醒了贾平凹的"内觉"，使他写出了一篇精彩的文章——《丑石》。因此，我认为，作文的本质不是方法的演绎，而是心灵的唤醒。

（学生静静地倾听，沉浸在视频的画面和语言氛围中。）

【设计意图：利用微课短视频的方式，介绍写作知识，提供写作支架，这是一种新的尝试。】

师：同学们，心灵的唤醒方法多种多样，其中音乐就是一种有效的手段。现在，就让我们一起闭上眼睛，放下喧嚣，静静地走进音乐吧！要求：回忆这十六年成长过程，有哪些人、事情、片段会突然闯入你的脑海？最后，用一句话写下你的感悟。

（教师播放音乐《荡涤心灵的尘埃》，现场关闭所有的灯光，伴随缥缈灵动的旋律，学生渐渐进入音乐所营造的意境，头脑中呈现生活中的朵朵浪花。）

师：请同学们根据刚才的冥想，用一句话写下你的感悟。

（学生边思考边写作，教师巡视。）

师：请同学们分小组把自己的感悟交流一下，然后每组推荐一名同学，把自己的感悟写到黑板上。

（学生交流热烈，推荐最佳感悟，八个小组代表上台写最佳感悟。教师朗读。）

第一小组：感恩生命里一切温暖的力量。

第二小组：有着浪花，有着涟漪，但也有着平和安宁。

第三小组：十六年，我们哭过、笑过，但终成回忆。

第四小组：带着哭声来到这个世界，带着笑声活下去。

第五小组：平淡是橄榄的味道。

第六小组：死不是生的对立面，死潜伏在生之中。满纸荒唐言，一把辛酸泪。

第七小组：回忆过去，憧憬未来。天下没有不散的筵席。

第八小组：家是包容，是任凭大风大雨依旧并肩同行的好伙伴。

师：请同学们根据八个小组的最佳感悟，推荐两条你认为最具有独特魅力的感悟。

生8：我觉得第四组比较好，因为大多数孩子都是带着哭声来到这个世界的，然后我们要用笑声来面对这个世界的苦难，让我们的人生充满欢笑。

生9：我觉得第二组最好。

师：不要本位主义哦。

生9：因为"浪花"和"涟漪"都是有声音的，与"安宁"形成对比，更能衬托出深刻含义。

师：刚才这个同学从语言的角度，"浪花"和"涟漪"本身是形象的意象，表达抽象的感悟，而且写出人生的意义，非常好。

生10：我比较喜欢第三组。我们曾经的哭过、笑过，最终成为美好的回忆。

师：著名作家闫红曾说过，"最美好的事，是过去的事"。语文课代表说说你最喜欢哪一条。

生11：我最喜欢第五组的"平淡是橄榄的味道"，生活平平淡淡，就像橄榄的味道，真实。

生12：我最喜欢第六组，因为这个感悟是我们组写的。"死不是生的对立面，死潜伏在生之中"，我觉得人生就是如此，很有哲理。

师：大家刚才推荐的这几组写得都很好，如果让我选择两条感悟的话，我比较喜欢第五组的成长感悟——"平淡是橄榄的味道"和第四组的成长感悟——"带着哭声来到这个世界，带着笑声活下去"。因为判断的标准是：第一，它能直抵你的灵魂深处，引发你的共鸣；第二，能反映你的独特个性；第三，语言凝练，富有哲理。

【设计意图：通过音乐冥想的方式，唤醒学生心灵的记忆，可以让学生沉浸在音乐营造的回忆的氛围之中，这比直接让学生回忆自己十六年的生活经历更有效。然后，教师引导学生用一句话写下这十六年来自己对生活的感悟，却是一种理性的思考。最后，以小组交流的形式，推荐出最佳感悟，并让学生点评，归纳出最佳感悟的三点评判标准。这一环节，充分体现了学生的主体性，体现了课堂写作的质朴、灵动、和谐。】

师：既然感悟是理性的概括，那么你能否用你生活的片段、阅读的火花来印证你的感悟呢？请同学们思考来写一个片段，把自己的感悟具体化。

（学生写作10分钟）

生13：小时候，我和同桌闹不愉快，当时很生气，但是经过了一段时间后，想起当初的情景，都是一份美好的回忆。

师：小时候的不愉快，现在却成了同学之间的友谊，这就是青春的财富。

生14：我想起了爷爷去世的时候，下葬的那一天，蒙蒙细雨中他什么也没带走，什么也没跟我说。那时候，我感到天地很空灵，心中很安静。但是爷爷生活中曾经用过的物品，种过的橘树，都安静地保留在他生活过的屋子前后。我感悟到生离死别的人生无常。

师：这位同学说得非常好，让我们把掌声送给他。刚才这位同学通过物象来怀念亲人，亲情是我们最美好的感情；亲人的离去，就像掏空了我们的内心。我们只能用自己的努力来完成亲人的遗愿，也是对亲人最好的告慰，所以我们说生与死的体会往往是亲身经历的感悟！

生15：小时候，与玩伴经常吵架，打闹，后来分别了很久，现在想想都是美好的回忆。

师：你们最想听哪位同学的片段？

生（齐声）：陈思远。

生16：记得中考后，我们最后一次在学校的团聚，这是一次告别。所以，失去的东西，永远不会再来。

师：中考，的确是每一个同学的难忘经历。王开岭先生曾经做过一个形象的比喻，他说："我就像一只已经烧焦了一半的蚕，回头望着，有点儿痛，有点儿难过。"在我们的人生中，有很多的伤痛，但回过头来凝望，又成了一笔宝贵的财富。

师：黑板上同学写的感悟，大家再选择一位最想听的同学。

生（齐声）：金嘉奕。

生17：中考分别后同学感情更深，现在遇到了新的同学，珍惜彼此感情。

师：正如辛夷坞《致我们终将逝去的青春》所说："故乡是用来怀念的，青春是用来追忆的。"

生18：大家写月考作文，每次都写自己内心想写的东西，从小学开始写感觉没有一次写得好的作文，所以说"满纸荒唐言，一把辛酸泪"。

（学生大笑）

师：原来你写的不是《红楼梦》的"一把辛酸泪"啊，而是自己作文的"一把辛酸泪"啊！其实，作文真的是这样，写作本质上是一种真实的流露，然而在我们的体制之下，作文的评卷受时间限制，打分总是求快，往往容易忽略了那些文字的美、情感的真挚。就我个人来说，如果遇到真切的感悟、真实的文章，我肯定打高分，当然需要语言的功底。

生19：每天忙忙碌碌，当醒来的时候，又是劳累的一天，一直到死……

师：应该说这是真实的感受，但老师奉劝你，不要太过悲观，人本来就要死亡。当一个人忙碌的时候，往往需要凝望，但需要永远地睡去，我们还年轻。

生20：我的感悟是人生已过了十六年，都在回望过去、憧憬未来中不断成长。具体事例是初中的时候，对未来的高中充满各种幻想，但是到了高中才发现生活的酸甜苦辣，再回望过去感觉自己内心的矛盾。

师：有一句叫"理想是丰满的，现实是骨感的"。人往往是充满矛盾的，但青春是充满诗意和美好的，生活的理想就是为了理想的生活。

师：同学们，一朵花、一片树叶、一块石头、一首音乐、一次阅读、一位亲人、一段经历，甚至是回眸一笑，都能唤醒你的生活记忆，激活我们的写作。阅读、生活、思考，对于我们写作都非常重要，但自我心灵的唤醒尤为重要。海子曾说："春天，十个海子都复活。"在这暖冬里，我也希望，我们的同学都拥有一颗善感的心灵，点亮心中的一盏灯，打开心中的一扇门，用你的生花妙笔创作出精彩的文章，就像心灵的石头锻炼成璀璨的珍珠，在你的生命长河中熠熠闪光。

【设计意图：这一环节由理性的感悟再到具体的片段回忆，进一步唤醒学生的生活记忆。通过记叙性的文字表述训练，以细节还原生活的真实。真正发自内心的人生感悟，往往是在心中留下印痕的事件。这一环节的写作，就是把理性的思考转化成具象的表达，以详细的回忆体现思想的印痕。由于高一学生缺乏一定的阅历，所谓的感悟也只能是肤浅而单薄的。教师适时穿插一些名言以及自己的点评，引领学生更好地看待人生，真正起到教书育人的作用。本节课淡化写作技巧的传授，而是从唤醒学生记忆的角度，丰富写作内容，扩展学生思维，引导学生学会理性看待人生。】

三、名师点评（特级教师、正高级教师褚树荣）

《唤醒你的记忆，触摸你的灵魂》是一堂省级公开课，我当时在现场聆听。这是浙江省写作学会的一次年会，放在台州临海市回浦中学举行。张永飞老师，是我名师工作室的学科带头人，也是这次年会公开课展示者之一。这可能是我第一次听张永飞老师在全省同行前执教公开课。对于公开课，我向来敬畏，所以，不禁为张永飞老师捏一把汗。现场打破了我的担心，张永飞老师在偌大的报告厅，教学收放自如，行云流水，课堂间不时爆发出师生开心的哄笑。

今天重新审视写作课例，不禁被课例的标题难住了——这是一堂作文思维训练课吗？

思维的深刻性、逻辑性、条理性、辩证性、新颖性在哪里？有过训练吗？

我足足读了三遍课例，才渐渐悟出，张永飞老师的"思维训练"实在不是我所理解的思维训练，它原来讲的是联想和想象思维、发散性思维、顿悟和灵感思维。

从一块石头联想到石头有生命、石头会唱歌、石头会飞翔，联想到女娲补天和《红楼梦》，还想象了庄子的故事，尽管我是第一次听到庄子还有这样的故事。从《荡涤心灵的尘埃》这首歌中，发散到个人不同的人生感悟，所谓听的人不同，音乐就有不同。这里，是听了音乐后的一些感悟，从思维上，属于顿悟或灵感思维。

教例中理性思维的影子，不是没有，是有两处：一是对八组感悟的评价，哪一组好；二是对同学们的感悟，在寻找相关的例子来印证。可惜的是同学们的发言，仍然是"我以为"式，仍然在浅浅的感悟和零星的经验中打转，毕竟是高一学生，思维较为浅显。

作为一堂公开课，它还可以修改得更好。关键是定位：或者训练想象与联想，或者体验顿悟和灵感，或者训练思维的理性和逻辑。这三者，其实是三个不同层面、不同类型的思维，可惜这节课平均用力了。

▲一见钟情——"语言积累、梳理与探究"之"广告与修辞"教学实录

一、教学背景

2016年8月，我加入了浙江省褚树荣名师工作室，参与"新课标·新语文·新学习"丛书的编写工作，担任《语言家园：汉语运用》分册主编。2018年10月，宁波课改国家实验区基础教育行动项目"新课标·新语文·新学习"——任务群视野中的专题学习第一次研训活动在宁波中学举行，这次活动的主题是研讨新课标四个"学习任务群"的教学工作，即"语言积累、梳理与探究""汉字汉语专题研讨""整本书阅读与研讨""当代文化参与"。

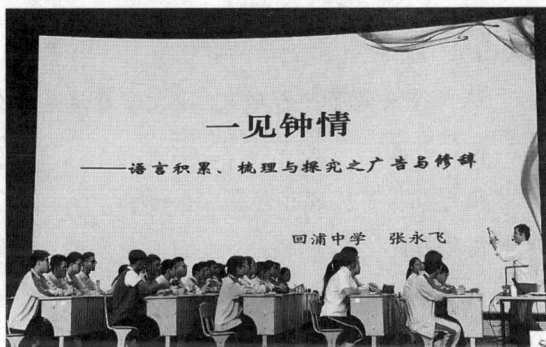

在宁波市"任务群视野中的专题学习"
活动中执教观摩课

我选择了"修辞立其诚——积极修辞与消极修辞"这一专题的实践环节，以广告语欣赏与创作的活动设计，体现"学习任务群4：语言积累、梳理与探究"的专题学习内容。课堂由"农夫山泉""喜欢你，有道理""写广告，我能行"三个活动环节构成。课前，我让学生收集"你印象最深的一条广告语"，但结果显示，这些广告语大多语言通俗，缺乏美感和文化含量，比如"怕上火，喝王老吉""步步高点读机，哪里不会点哪里"……褚树荣老师说，语言文字积累与探究中要有思维训练、审美熏陶和文化传承，按照这样的思路去备课，才能体现新课标的

教学思想。于是，我增加了几条具有一定审美意蕴和文化内涵的广告语，整合成九条广告语作为课堂教学的材料。在品味广告语魅力的过程中，我充分尊重学生的主体地位，不断激活学生的生活体验，引导学生品味语言文字背后的审美意蕴和文化内涵，然后归纳广告语创作的规律：（1）紧扣特点；（2）富有美感；（3）具有文化内涵。最后，设置生活情境，引导学生选择宁波代表性建筑——天一阁或特色美食——宁波汤圆来撰写广告词，并且推荐评选最佳广告语，让学生在积极的语言实践中构建起自我的语言体系，提升语言表达能力、审美能力、文化水平。在一系列的任务驱动中，学生的思维被唤醒，精神得以升华。

二、课堂实录

活动一：农夫山泉

师：同学们好，老师今天带了一瓶矿泉水。大家看看是什么品牌的呢？

生（齐答）：农夫山泉。

师：你们知道农夫山泉矿泉水有哪些广告语吗？

生（齐答）：农夫山泉，有点甜……我们不生产水，我们只是大自然的搬运工。

师：还有"故宫瓶"限量版九款广告语之一——你是朕打下的一瓶江山。

（投影农夫山泉三种版本的广告语）

1. 农夫山泉1.0版本：农夫山泉，有点甜。

2. 农夫山泉"升级版"：我们不生产水，我们只是大自然的搬运工。

3. 农夫山泉"故宫瓶"限量版：你是朕打下的一瓶江山。）

（教师演读）

师：农夫山泉的广告语，你喜欢哪一种？

生1：我喜欢"故宫瓶"限量版的广告语，把故宫文化通过"一瓶"江山与农夫山泉矿泉水结合起来，很有文化味。

生2：我喜欢"升级版"的广告语，"我们只是大自然的搬运工"体现了农夫山泉纯天然的特点。

师：无论哪一种广告语都是为了体现农夫山泉的品牌特点。

（教师板书：广告，就是一种品牌的宣传，突出产品的特点）

【设计意图：以"农夫山泉"矿泉水的广告语导入，贴近学生的生活实际，激发学生的探究兴趣。以活动方式，营造一种和谐的课堂氛围。】

活动二：喜欢你，有道理

师：课前每个同学收集了一条印象最深的广告语，老师也整合了一部分经典的广告语。大家请看投影：

1. "孩子咳嗽老不好，多半是肺热"（葵花牌小儿肺热咳喘口服液）

2. "德芙，纵享丝滑"（德芙巧克力）

3. "充电5分钟，通话2小时"（OPPO手机）

4. "特步，非一般的感觉"（特步运动鞋）

5. "人类失去联想，世界将会怎样？"（联想电脑1984年）

6. "一场温暖的遇见"（枫林晚书店）

7. "人世沧桑，炊烟如故"（重庆某火锅店）

8. "献给所有不安分的灵魂"（奔驰汽车）

9. "守望同一个故乡"（北京桃李春风别墅区）

师：请大家推荐一下，我们5班表演力最强的一位同学，我们请他来演绎一下这九条广告语，全班同学一起说品牌名称。

生（齐声）：周炳化。

（学生有声有色地演绎广告语，教师予以肯定赞扬。）

师：这些广告语中，你最喜欢哪一条？为什么？回答得好的同学有奖励。

生3：我最喜欢枫林晚书店的"一场温暖的遇见"，首先，这个名称来源于诗句"停车坐爱枫林晚"，很美。其次，把与书的相遇，说是"一场温暖的遇见"，给人一种温暖的感觉。

师：同桌你来点评一下这位同学说得好不好，为什么？

生4：说得很好，把人与书的相遇说成是温暖的遇见，很温馨。

师："遇见"这个词用来写书店，很妙。大家听说过《朗读者》吗？

董卿在第一期节目里就用"遇见"这个词，那是生命与文字的相遇。"蒹葭苍苍，白露为霜。所谓伊人，在水一方。"那是一种撩动心弦的遇见。"这位妹妹我曾经见过"，这是《红楼梦》中，宝玉黛玉初次见面时欢喜的遇见！遇见多么美好！（教师给这个同学奖励巧克力，并板书：美感。）

生5：我最喜欢重庆火锅店的"人世沧桑，炊烟如故"，就是说很多人在世间停停走走，会经历许多变迁，但看到这家火锅店的"炊烟"就有一种温暖的重逢的感觉，有一种家的温馨。

师：刚才这位同学不但描述了火锅店炊烟袅袅的画面感，更触动了在外流浪的游子内心的乡土情结。"炊烟"一词，让我想起了老师那个年代邓丽君的歌曲《又见炊烟》（教师深情演唱："又见炊烟升起，暮色照大地……夕阳有诗情，黄昏有画意。"）那是一幅具有诗情画意的图景，当一个游子看到炊烟，自然想起了家的温馨，找到了心灵的归宿，那是中国传统的乡愁文化。（教师板书：文化内涵）

生6：我最喜欢德芙巧克力的广告语"德芙，纵享丝滑"，非常直接，德芙就是做巧克力的。后面每一个字都有值得品味的地方。为什么"纵享"，而不是"横享"？因为吃了巧克力，从头到脚全身感觉很棒。为什么"丝滑"？因为丝滑是形容巧克力吃下去的感觉，像丝绸般顺滑，很妙。

师："纵享丝滑"，这是什么修辞手法呢？

生6：通感。

师：运用修辞手法，能够让广告的语言变得更加形象生动。

生7：我最喜欢OPPO手机的广告语"充电5分钟，通话2小时"，朗朗上口，很好记。重点是5分钟和2小时，这组对比完美凸显手机的特性：很厉害。

生8：我最喜欢奔驰汽车的广告语"献给所有不安分的灵魂"，我是个不安分的人，所以也有不安分的灵魂。看到这个广告语，我仿佛听到了马达的声音，好像就开着奔驰在草原上风驰电掣。

师：这条广告语触动了男人"速度与激情""自由与不羁"征服天下的本性，体现了奔驰汽车的价值理念。

生9：我最喜欢第一句"孩子咳嗽老不好，多半是肺热"，这是药品广告，针对的人群是小孩子，买药的肯定是长辈，很生活化，好像在和你的朋友唠家常，朋友随口说一句，哦，肺热，那你可以用什么药。平常的场景，用在广告中有生活的味道。

生10：我最喜欢特步运动鞋的广告语"特步，非一般的感觉"。"特步"突出品牌，"非一般的感觉"是"非"，别人也会认为是"飞"，因为是运动品牌，给人以飞翔的感觉。

师："非"字运用了什么修辞手法呢？

生10：谐音双关。

师：最后，老师也介绍一下北京桃李春风别墅区的广告语"守望同一个故乡"，这是我微信朋友圈韩星孩发的。首先这个名称"桃李春风"吸引了我，想起了三毛有句话，"每个人心里都有一亩田、都有一个梦，种桃种李种春风，开尽梨花春又来。""桃李春风"形容人追求的梦想，多美啊！"守望"一词表现了生活在北京大都市的人们对乡村田园生活的向往与憧憬，"故乡如果活在记忆里，它就永远不会沦陷"，体现了汉民族的寻根文化。

师：我们一起来归纳一下广告语创作的规律：1.紧扣特点；2.富有美感；3.具有文化内涵。

广告语，体现了产品的重要特征，更承载了品牌的文化内涵。尼采曾说过，"语言本身是修辞艺术的产物。"从某种意义上说，语言活动就是修辞。修辞不仅仅指修辞格，而且包含语言的音韵、词语的选用、句式的调整。一则好的广告语，都是语言锤炼的结晶。

【设计意图：广告语的整合体现了教师的"微课程"意识，或者说"微专题"意识。语言文字背后的思维、审美与文化，需要教师对广告语的审辨眼光与识见。这一环节，教师提供给学生九条广告语，是结合学生自己印象最深的广告语和教师挑选的部分经典广告语，这是课堂教学素材，也是极为关键的环节。在引导学生品味广告语的魅力过程中，教师适时点拨，并以巧克力、书签、书籍等奖励，极大地激发了学生发言的主动性和积极性。最后，归纳总结优秀的广告语的创作规律，明确广告与修辞的关系。从感性到理性，从语言到审美、文化，进一步深化了学生的思想认知。】

活动三：写广告，我能行

师：张老师是台州人，第一次来到宁波时，就看到宁波的宣传语："书藏古今，港通天下。"宁波是一座有着深厚文化底蕴的城市，如果让你们向张老师推荐一下宁波的代表性建筑，你们说有哪些呢？

生（齐声）：天一阁、鼓楼、月湖……

师：如果张老师肚子饿了，想吃宁波的特色美食，你们推荐一下有哪些？

生（齐声）：鸡排、炝蟹、宁波汤圆……

师：下面，我们就天一阁或宁波汤圆撰写一条广告语。

（学生写作2分钟）

师：请小组交流一下，推荐一条你们认为写得最好的广告语抄写在黑板上。

（学生交流推荐，上台书写2分钟）

师：好，我们一起来朗读黑板上小组推荐的广告语。

第一组：不只是书，还有光阴的故事（天一阁）

第二组：古今纵横，书香四溢（天一阁）

第三组：城中楼阁，书中雅殿（天一阁）

　　　　糯香四溢，唇齿余甜（宁波汤圆）

第四组：一天之书，集聚一阁（天一阁）

　　　　晶莹剔透，团圆甬城（宁波汤圆）

师：请同学们根据广告语创作的规律特点，投票产生你认为写得最好的广告语，然后由语文课代表汇总投票结果。

生11（课代表）：投票的结果是，第一组2票，第二组2票，第三组1票，第四组1票。

师：你作为课代表，如果让你投票你将选择哪一条？为什么？

生11：我喜欢第三组的"城中楼阁，书中雅殿"，首先运用对偶修辞法，语言典雅优美；其次"楼阁"讲天一阁的建筑，"雅殿"讲天一阁的内蕴。

师：我想问一下，天一阁的历史你知道吗？你能给同学们介绍一下吗？

生11：天一阁是明朝兵部侍郎范钦在晚年的时候修建的私家藏书楼，后人把它扩建了一下，丰富了它的内涵。所以，我们组写的是"不只是书，还有光阴的故事"。

师：你知道天一阁经历的风雨沧桑吗？

生11：天一阁不只是藏书楼这么简单，它还有从明代到现在的风雨历史。天一阁里的一砖一瓦都是很有讲究的，所以说"还有光阴的故事"，等待我们去挖掘。

师：我们用掌声送给课代表，天一阁"不只是书，还有光阴的故事"，不仅有历史的沧桑感，还有文化的厚重感。第一个作为外姓人进入天一阁看书的是谁？

生（齐声）：黄宗羲。

师：在文化大师黄宗羲之前，天一阁是不准任何人进入藏书楼的。后来在清朝《四库全书》的编撰中，天一阁的藏书提供了珍贵的史料。再后来天一阁的藏书被抢劫、被盗走，历经风雨变故，但是它的文脉流传至今。所以，我把我的一票投给了第一小组。这条广告语是谁写的？

生（齐声）：课代表。

（教师把《语言家园：汉语运用》这本书送给课代表。）

师：这些广告语中还有没有修改得更好的广告语呢？比如说，汤圆"糯香四溢，唇齿余甜"只写出香甜，却没有文化意蕴。可以改一下词语，调一下句式，效果就不一样了，变成宁波汤圆的"升级版"。

生12：我觉得第四组的"一天之书"可以修改一下，"一天"有点短，可能有歧义。改为"古今之书"就显得历史久远，有文化的沧桑感。

师：老师想到了一条，宁波汤圆"唇齿余甜"，是否改为"舌尖上的乡愁"，把汤圆与中国传统习俗——元宵吃汤圆联系起来，这样是不是更有文化味一点？

师：余秋雨先生说："文化，是一种包含精神价值和生活方式的生态共同体。它通过积累和引导，创建集体人格。"文化的最终目标，是在人世间普及爱和善良。当广告语以美的形式呈现文化，就会打动你内心的爱和善良，当这种美的产品来到生活中，就在生活中形成了文化。所以，语言文字的背后是审美和文化，好的广告语就是生活中的一见钟情。谢谢。

【设计意图：语言的生命在于运用。在生活中，如果能够恰当地运用修辞创作优秀的广告语，就是课堂的最大成功。在学生品味、领悟了广告语的魅力以及创作规律之后，教师设置了具体的生活场景，让学生推荐宁波的特色建筑或美食，然后选择其中的天一阁或汤圆创作一条广告语，这样的课堂源自学生、来自生活，也是一种任务驱动。当学生创作出广告语后，教师又让学生互相交流推荐，最后由每组代表进行打分点评，充分调动学生创作、鉴赏的积极性。在此过程中，教师引导学生关注天一阁的历史内涵，思考汤圆的文化因素，这样学生在语言运用中自然形成了审美、思维与文化的交融。这是一种开放的课堂，也是一场思维的唤醒。】

三、名师点评（特级教师、正高级教师褚树荣）

这节课最大的特点就是教学内容聚焦、教学环节辐辏，是比较典型的微专题教学。

"语言积累、梳理与探究"是必修学习任务群，其中"修辞立其诚"是这个学习任务群中的一个专题，而这节课是该专题中的一个微专题。它基本上符合微专题教学的要求：（1）教学点聚焦于广告的美感和文化。从"农夫山泉"开始到"宁波汤圆"的广告语写作，自始至终都围绕这美感和文化在引导。（2）形成纵贯式结构，使得教学展开有层次。"活动一：农夫山泉"目的是认识广告语的特点。"活动二：喜欢你，有道理"是体验广告语的美感和文化含量。"活动三：写广告，我能行"是美感和文化在广告写作中的渗透。三个活动环节始终伴随着评价。（3）它让学生学到了本乎教材（教参）又高于教材（教参）、源自生活又高于生活的东西，教学内容适当"陌生化"。（4）教学内容做到了集中、凝聚，定向钻探、深入爆破，学生在广告的美感和文化这个知识点、经验点上，学有所得。（5）基于教材又不囿于教材，形散而神不散，点连成线、线构成面、面结成体，学习内容和过程，既有"景深"又有"广角"。

当然，作为现场见证者，课中的一些细节还有值得商榷的地方。比如，我们一起来归纳一下广告语创作的规律：紧扣特点，富有美感，具有文化内涵。这三点，没有一点属于广告语创作的规律。广告语要准确表达商品的特点，这是起码的要求，很难说是创作规律。美感和文化内涵，则是广告语创作比较高的要求，也不是规律。再比如，课中教师自己唱《又见炊烟》，又奖励给学生巧克力，要知道这是重点高中的课堂，有没有巧克力不是很重要，而课堂有没有智慧，有没有激情，有没有美感和文化含量倒是很重要的。

读写相融

▲让阅读点燃学生的写作欲望——《项脊轩志》教学有感

从根本上讲，阅读是写作的源头，写作是阅读的深化。在我们的阅读教学中，如果能点燃学生的写作欲望，提高学生作文水平，这未尝不是写作教学的好方法。在《项脊轩志》的教学过程中，学生被作者的真情以及细节描写深深打动，笔者趁此追问："作者是通过哪些往事回忆自己的亲人的？请找出具体的句子。"

示例一：

通过"老妪"之口写先妣的音容笑貌，这是侧面描写。

"某所，而母立于兹。"

"汝姊在吾怀，呱呱而泣；娘以指叩门扉曰：'儿寒乎？欲食乎？'吾从板外相为应答。"

"老妪"的回忆既写出了母亲对下人的厚爱，更刻画了一位慈母形象。这一形象正是通过琐碎细小的生活场景再现的。

示例二：

回忆先大母，则是直接叙述其言行，栩栩如生。

一日，大母过余曰："吾儿，久不见若影，何竟日默默在此，大类女郎也？"

比去，以手阖门，自语曰："吾家读书久不效，儿之成，则可待乎！"

顷之，持一象笏至，曰："此吾祖太常公宣德间执此以朝，他日汝当用之！"

从祖母的语言描写中，我们感受到了她对孙儿的关切、期待和赞许；从"顷之，持一象笏至"的动作描写中，我们感受到了祖母仿佛从归有光身上看到振兴家族的希望以及急切的心情。

那么，如果同学们也来写写自己的亲人，你将选取哪些事件或者生活片段来写呢？

生1：我写我外公。冬天，外公总喜欢在院子里点上一堆篝火，一个人默默地坐着，然后盼望着儿女们回家。每当我回来，外公总是在火堆里烤番薯、芋头给我吃，温暖了我整个儿时的冬季。

生2：我写我太公。小时候我被寄养在张家渡，我太公家有一只幼犬，太公与它相依为命，还经常把豆腐啊，骨头啊与它分享，那只幼犬也在太阳下，趴在太公的身旁熟睡，好像是正宗的"祖孙"。后来，太公去世后，那只幼犬整天面无表情地蹲在门口守望……

生3：我写我外婆。小时候，每天上下学外婆总是骑着一辆破三轮车接送我，途中有一段上坡，年纪大了的外婆便有些力不从心，几米长的坡道便成了严峻的挑战，外婆有时还需要直起身子，使劲用力才能蹬上斜坡。

生4：我写我母亲。有一次，母亲在厨房烧饭，旁边在烧开水，我一不留神，一脚踩在身后悬在地面上的电线，电线的另一头，一只咻咻冒着蒸气的开水壶，在我头顶上方的案台上摇摇欲坠。我只看到母亲回头时蓦地惊恐的眼神，仿佛不顾一切地扑了过来……那个瞬间，我一辈子也忘不掉！母亲有力的右手横挡在壶肚子上，将它拦住了，我仿佛能听到炽热的铁板灼肉的哧哧声，就这样，母亲的右手留下一道深深的疤痕，那是一道爱的疤痕。

从同学们的发言中，我们能感受到至爱亲情，正因为你们的亲身经历、真情实感打动了其他同学，而你们生活场景的再现就是最真实的细节描写。

那么，如何把这些生活片段贯穿起来呢？这就需要选取某个具体的物象。比如归有光的《项脊轩志》就是通过项脊轩的变迁承载了三位亲人的爱。这是记叙文写作寄情于物的表达技巧，也是谋篇布局的结构技巧。

生1：篝火写外公。先从今年的冬天让人觉得格外寒冷写起，然后回忆外公总是在院子里燃起篝火等待儿女的生活场景，外公在火堆里烤番薯、芋头给我吃的情景，接着写外公因患脑癌突然离开我们，最后写外公去世"头七"那个晚上院子里燃起了一堆篝火，只是没有了往日的欢声笑语，不知外公是否也在那边生好了火，坐在那默默地看着人世间的喜怒哀乐……

生2：幼犬写太公。有一只幼犬，太公与它相依为命，太公就是在这温馨的生活中度过他那闲暇时光，他们好像是正宗的"祖孙"。后来，太公去世后，那只幼犬整天面无表情地蹲在门口守望，而我也承担起照顾幼犬的责任……

生3：三轮车写外婆。选取三个生活片段来回忆外婆，一是外婆总是骑着那辆破三轮车接送我上下学，每当骑坡道时外婆非常吃力；二是我放学后有一次跟同学玩耍忘了回家的时间，外婆为了寻找我，天黑了还骑着那辆三轮车四处寻找；三是对那辆破旧三轮车的描写，有浓浓的温情始终伴随我左右。

生4：疤痕写我母亲。母亲为了保护我，被开水烫伤而留下永远的疤痕，这是爱的印记。

在《项脊轩志》教学过程中，笔者由文中叙述的生活琐事引导学生回忆亲身经历的亲人故事，解决作文教学中"写什么"的问题；再由寄情于物的方式，串联起生活事件，解决了作文教学中"怎么写"的问题，帮助学生习得作文技能，提高作文水平。（该文发表于《语文教学与研究》2015年第5期上旬刊）

▲将作文教学融入阅读教学——仿写《我的四季》

倪文锦在《关于写作教学有效性的思考》一文中指出，作文教学应建立必需的写作课程内容，写作课程内容应包含三个方面：一是构成人文素养、符合学生认知特点并可供学生模仿的作品；二是包括事实、概念、原理、技能、策略、态度等方面的写作知识；三是具有课程意义的写作实践活动。苏教版必修一"向青春举杯"专题中张洁的《我的四季》是一篇课外自读课文，它是一篇哲理散文，文章以"生命如四季"为线索，以春夏秋冬四季为顺序，形象地写出了人生的四个不同阶段的生命特点，包含了生命不息、奋斗不止的人生哲理。

笔者认为，此篇课文在写作构思上值得模仿，于是把《我的四季》当作写作课来实施教学，通过模仿此文的实践活动习得写作知识和技能。

一、厘清整体构思

（1）总写"生命如四季"；（2）按春夏秋冬四季的景物特点来写人生的少年、青年、中年、老年；（3）运用怎样的手法来写人生的四季呢？关键要写出四季景物与人生的对应关系；（4）文章重点写哪个阶段的人生？文章的详略问题。

在学生的讨论交流中，形成以下板书：

我的四季
张　洁

总写：生命如四季。

分写：

春——少年，生命的播种期，播种希望；（详写）

夏——青年，生命的成长期，艰难探索；（详写）

秋——中年，生命的收获期，收获人生；（略写）

冬——晚年，生命的回味期，品味人生。（略写）

主旨：生命不息，奋斗不止。

二、进行思维拓展

生命如四季，那么其他的还有哪些如四季呢？抽象的如友谊、思念、情感等，具象的如读书、盆栽、诗人、母亲等，这些具象抽象的事物其实都可以用四季作为比喻。例如：

（一）思念的四季

春天，思念是蚕

我的心是片片桑叶

蚕一点一点地咀嚼桑叶

然后吐出万缕千丝

把我做成只属于你的茧

破茧而出是因为思念在翻腾

飞蛾扑火是思念的精灵在寻找归宿

思念是蚕

夏季，思念是蝉

我的心是昨夜才抽条的嫩枝

残忍的蝉把长长的嘴插入嫩枝的血脉

然后吱吱地叫到天荒地老

思念像蝉的嘴一样无孔不入

思念像蝉翼一样透明

思念是蝉

秋天，思念是一队大雁

我的心是渐渐冷却的季节

大雁悠长深沉的鸣叫

是我梦中的安魂曲

枕着思念的旋律

我孤独地走进岁月深处

大雁带不走冰冷

思念统治着我的心境

思念是雁

冬季，思念是晶莹的雪

我的心是千疮百孔的大地

雪说我曾经是天上的使者

地说天空是我永远的梦想

思念说我的心是为飘舞而生

我的心说思念是我最后的营养

雪花飘落大地就一片洁白

思念滋长　我的心就痛如刀绞

因为她无处不在

思念是雪

（二）读书的四季

春读书，兴味长，磨其砚，笔花香。读书求学不宜懒，天地日月比人忙。燕语莺歌希领悟，桃红李白写文章。寸阳分阴须爱惜，休负春色与时光。

夏读书，日正长，打开书，喜洋洋。田野勤耕桑麻秀，灯下苦读声朗朗。荷花池畔风光好，芭蕉树下气候凉。农村四月闲人少，勤学苦攻把名扬。

秋读书，玉露凉，钻科研，写文章。晨钟暮鼓催人急，燕去雁来促我忙。菊灿疏篱情寂寞，枫红曲岸事彷徨。千金一刻莫空度，老大无成空自伤。

冬读书，年去忙，翻古典，细思量。挂角负薪称李密，囊萤映雪有孙康。围炉向火好勤读，踏雪寻梅莫乱逛。丈夫欲遂平生志，十载寒窗一栋梁。

请同学们思考：以上两篇例文对你写作上有何启发？明确：（1）选取季节中典型的景物来写抽象的事物；（2）景物的特点须与人生的哲理相对应。

三、课堂仿写训练

请结合以上写作方法，同学们以"____的四季"为题，写一篇文章，文体不限，字数不限。

附：学生例文

母亲的四季

高一（17）班　金梦雅

春初始。腊八的梅花还没完全凋零，寒流偶尔回身探头的时候，母亲就开始忙碌着为我们准备新春的针织衫、碎花长袖衬衣，总得赶上今年的潮流。而母亲清晨出门采购食材，染了一身霜花梅香回来，风尘仆仆的大衣灰蒙蒙地没有光彩，她却总忘记为自己再添一件。

夏意浓。藏匿在树林荫蔽处的夏蝉鸣得欢乐，香樟树的叶子嫩得可以滴出水来。母亲就挽着裤脚赤着脚丫下田侍弄瓜苗，毒辣的太阳炙烤着大地，即使戴了斗笠遮挡光线，母亲的头发依旧被水浸湿般贴在两颊。瓜苗似乎从未辜负母亲的心意，噌噌噌地成长，每年夏日第一个成熟的瓜，母亲都会细细切成块，经冰箱冷冻再端到我们面前。当我们美滋滋地大赞甜的时候，母亲笑得灿烂，而她却总忘记让自己享受一下。

秋风瑟。漫天黄蝶久舞不歇，远山的枫叶林燃烧了今生所有的美丽，连接成天边的红云。母亲预备了满缸的桂花，酿成桂花蜜。每天都早早起来去打井里的清水，当朝阳把第一缕光投向大地的时候，她却开始翻晒桂花，既不能太潮又不能太燥。清晨，阳光携朝雾款款而至，最是适宜。花蜜酿成，母亲就到处分发，邻里亲朋赞着蜜香，而我们也时不时偷偷去缸里将一把蜜沾嘴，这时，母亲就笑开了花。可桂香满园，甜了众人的心之后，却始终没有把香甜带到母亲的心里。

冬雪盈。满世界银装素裹，风花雪月的一年就这样马不停蹄地赶过后，母亲总算可以赋闲在家中。可她的手里，永远有一团针线，一丝一缕把爱织在我们的身上。当我们被温暖紧紧包裹的时候，母亲却仍然穿着去年冬天的旧毛衣。

母亲的四季忙碌得如不停歇的秒针，却都是为我们。我的母亲没有属于自己的季节。

希望来年的春风可以抚平她额角的皱纹，给予她灿烂如夏花的笑靥。即使秋霜白了她的鬓发，我信她会一如雪的皎洁。

点评：该文以四季景物为线索，写出了母亲一年到头忙碌的身影，体现了伟大的母爱，充满生活气息和真挚感情。结尾点题，母亲的四季都为了我们，唯独没有属于自己的季节，希望来年的四季属于母亲。语言恳切，感人至深。

情感的四季

高一（18）班　李梦君

情感如四季。

喜悦的情感如春天。

春天，天山的雪融化成股股泉水在山间叮咚作响是一份喜悦；光秃秃的棕色枝丫上冒出第一抹新绿是一份喜悦；抬头望见朵朵黄色的迎春花是一份喜悦；农民肩扛锄头，挥洒汗水，播撒种子是一份喜悦；五彩的花朵相拥着开放，争奇斗艳是一种喜悦；蜜蜂在花丛中匆匆忙忙是一份喜悦……

焦躁的情感如夏天。

夏天，炙热的太阳烘烤着大地是一份焦躁；颓废地躺在烈日下的小狗是一份焦躁；马路上撑着伞慌慌张张以百米速度冲回家的路人是一份焦躁；农田上干裂成不规则的田地是一份焦躁；树荫下不停摇动着的蒲扇是一份焦躁……

悲伤的情感如秋天。

秋天，火红的枫叶在枝头悄悄坠下，死灰般地在大地上静躺是一份悲伤；秋风刺骨地打在脸上是一份悲伤；无言独上西楼月如钩，寂寞梧桐深院锁清秋是一份悲伤；中秋节，抬头望着同一轮圆月，手握香甜的月饼，身边却空空如也是一份悲伤……

孤独的情感如冬天。

冬天，树只剩下光秃秃的枝干在寒风中独存是一份孤独；大地被漫天大雪覆盖，仅剩看一眼便尽收眼底的白色是一份孤独；穿着厚重的大衣，头紧缩着，耳边单是凛冽的寒风是一份孤独……

情感如四季。春天般的喜悦，夏天般的焦躁，秋天般的悲伤，还有那冬天般的孤独，我们每个人何尝没经历过！？

情感如四季。把心注入其中，去享受四季般的情感吧。

点评：且不说那如诗般的描述语言，单看那情感的比喻句就被深深地折服了。

飞翔的四季

高一（17）班　娄艳芳

没有翅膀，
也能够飞翔

春，
融融春景
嫩柳踮脚
飞翔的是嫩柳
摆脱不了树的牵扯
惬意享受风的轻抚
于是
飞翔

夏，
灿灿夏日
蒲公英旋身
飞翔的是蒲公英
抵挡不住的诱惑

终于脱离根的原址

于是

飞翔

秋，

蒙蒙秋色

枯叶起舞

飞翔的是枯叶

勇于面对寒的考验

甘愿化作春泥

于是

飞翔

冬，

柔柔冬季

白雪翩飞

飞翔的是白雪

悄然洒向萧瑟大地

守候瑞雪兆的丰年

于是

飞翔

点评：诗歌靠意象取胜，此文分别选取了四季中的嫩柳、蒲公英、枯叶、白雪等意象，诠释了没有翅膀也能够飞翔的道理，体现了人生勇于面对困难，积极进取的精神。

【教学反思】张洁的《我的四季》是一篇符合学生认知特点并可供学生模仿的作品。笔者通过模仿的写作实践活动，阅读教学与作文教学结合，通过思维的启发、过程的引导，让学生在训练过程中习得作文技能。

（该文发表于《新作文》2014 年第 1-2 期）

▲用思维导图法指导学生写作的尝试

所谓思维导图法，就是通过画图的方式，由一事物作为触发点，进行发散式联想和想象，从而让思维更加深入和清晰。它是由托尼·巴赞博士在 20 世纪 70 年代提出的思维整合和筛选的一种科学方法。思维也是作文过程的核心，只有抓住思维这一条主轴，作文才能有深度、有广度。用思维导图法指导学生写作，能够激发学生创新思维，拓展学生作文思路，提升学生写作能力。下面以高三期中考试作文题目为例。

阅读下面的文字，选择一个角度，写一篇文章。要求 800 字以上，除诗歌外，文体自选，题目自拟。

有人这样评价金庸的作品：一部射雕，表面上是写武侠，骨子里却全是至情至性的文人。最称心如意的是那个旷世的黄东邪，他有一个自己的岛，外人的进入是不被允许的。这岛上桃花盛开，山石奇秀，他有箫有剑有明月有好风有爱女有一望无际的大海，因此他不理功名利禄，他只爱他自己的岛——那只有他那样智力的人才配居住的岛。难怪有人说，做人一定要学黄东邪：你可以顽皮，你可以偶尔犯点邪气，但你一定要有一个别人无力进入的、只属于你的美丽的岛。

如何运用思维导图法进行写作指导？

第一步：先从材料中确定中心词，写在草稿纸上。根据上述材料，当以"岛"为核心词，中心句就是"你一定要有一个别人无力进入的、只属于你的美丽的岛"。

第二步：以"岛"为中心进行发散、连续思维，在联想的同时把想到的材料用最简要的语言概括，越多越好。比如：

桃花岛与黄东邪

至情至性的文人追求

陶渊明归隐田园

嵇康的竹林情结

林逋的梅妻鹤子

庄子守候的清风明月

海子做一个幸福的人

……

当代人的功利追求

地沟油、黑心棉……

坚守心中的桃花岛

珍惜美丽的"拥有"

我的精神追求……

第三步：根据上述材料，选择最佳主题，划去无关的材料，留下或补充有价值的材料，标出详写与略写，确定先写与后写，标上序号。根据自己的写作特长，选择适合写作的文体，进行构思和补充。如果以文人追求为内容，当以文化名人为素材，不写现实生活为宜，整合成一篇有文采、有思想的体现精神追求的散文。

第四步：写作与修改。"岛"既可指物质上的追求，又可指精神上的追求。中国古代文人的共同价值追求都源自他们拥有一个属于自己的精神皈依，也就是属于他们的"美丽的岛"。

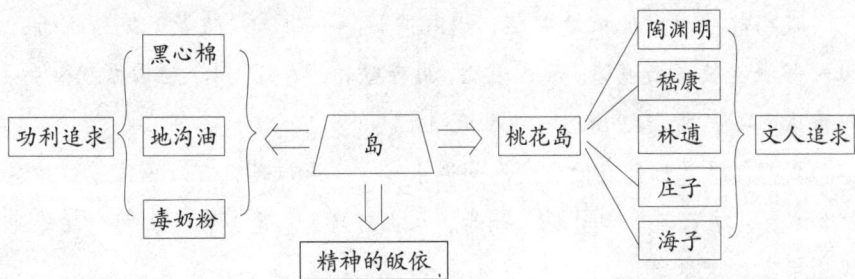

【例文】

岛

天下武林，御剑江湖，刀光剑影中来去生风。一曲箫声，语音缥缈，明月清风中逍遥天际。

一壶桃酒，一把长剑，一支玉箫。岁月仿佛隔绝在桃花岛外，任凭你刀蚀剑磨，他岿然不动。我见过黄老邪，是在水波不兴的江畔，他手执玉箫，极目远眺，凡目光所及之处皆落桃花，凡脚踏之处必留醇香。我曾想，这究竟是怎样的侠士，风流中不俗气，举足间尽是飘逸。他独拥一座桃花岛，桃花岛内韵音芳华，桃花灼灼，连以东邪自誉，邪中带正，正中亦邪，浑然自得。只有他才配得上那片乐土，金庸笔下绝无二人。

人各有志，道不同，不相为谋。你可以哗众取宠聊博浪名，也可以潜心经纶不染世俗；你可以追名逐利热心钱财，也可以隐居山林冷眼向洋；你可以玩弄权谋争霸武林，也可以清风明月醉于桃花。

我想起庄子。他隐居山林不以物喜不以己悲。行吟放歌山林中，犹如蝴蝶翩跹轻舞飞扬，他宁静致远，云淡风轻，不获世之滋垢，浮游尘世之外。尘网困不住他，尘网岂能困住羁鸟池鱼？他化作一轮明月，明月清辉独净其身。

我想起陶潜。他采菊东篱，与山同饮，与酒共醉。他摒弃官场，乐于饮酒诗文，归去来兮，在他眼中浮生若梦，桃花源中粗茶淡饭，恬淡悠然的生活才是他心之所往。

我想起嵇康。他风度翩翩，峨冠博带。一曲《广陵散》流传千古，谁人若他这般潇洒逍遥。竹林深处，曲音宛转，高山流水。他以情思做弦，以清风入耳，所弹之音无不动人绝艳。

我想起纳兰性德。他虽是人间惆怅客，文采惊世，万人争传。心却淡然如水，以文交友，以贞观入知音。人生若只如初见，在他心间向往着纯粹的年岁，心亦空灵。

在我眼前，仿佛有千万个灵魂交叠，他们来自不同时空，有着不同面貌，却好像都来自同一座岛，那岛竟也开遍桃花，灼灼其华。清风朗月，韵音宛转。在这座岛上，他们不知彼此，却向着同一个灵魂。

此文作者从材料中的黄东邪入手进行想象创作，营造侠士所追求的乐土——桃花岛，自然引出人类的不同追求和梦想，然后以庄子、陶潜、嵇康、纳兰性德为例，撷取他们的共性之处，他们都把自己的追求寄托于精神的"桃花岛"，来阐述自己的观点。思路清晰，内容充实，作文富有文采，文化底蕴深厚。在作文过程中，该学生谈到自己的写作过程，其实就是思维导图的联想过程，先从材料中"岛"字作为触发点，然后进行相似的联想，勾连熟悉的生活和知识领域，最后归结为精神的"桃花岛"。

写作是一个"发散思维—聚敛思维—线性思维"的双重转化过程。运用思维导图法指导学生写作，能够激发学生发散思维，帮助学生厘清思路，拓展学生思维空间，不断提升学生的写作能力。（该文发表于《新作文》2013年第4期）

▲如何厘清论述文写作思路？——听应慈军《写一篇高分论述文》讲座有感

2016 年浙江高考语文考试说明参考样卷中的作文题："……综合上述材料，你有什么所思所感？写一篇论述类文章"，而且"论述类"三字黑体加粗加点以做提示。这就意味着，论述文可能是 2016 年浙江省高考语文作文考查的主要方向。那么，如何才能写成一篇高分论述文呢？丽水市教育教学研究院应慈军老师应邀为我校师生做了《写一篇高分论述文》的专题讲座。他认为，论述文是说服劝导读者同意作者观点的一种说理性文章，旨在影响读者的思想和行动。要想写一篇高分论述文，谋篇布局是关键，首先要形成自己的观点，然后以充分的例证加以论述，学会写开头第一句话，厘清文章的写作思路，最后提出解决问题的办法。

笔者以为，论述文写作思路的构建确是论述文写作的重中之重。那么，如何搭建文章的论述思路呢？应慈军老师提出了"四个问"：观点、针对、因果分析、办法，这样一篇论述文的基本框架就搭建好了。他还认为，学会写一段描述性的文字，也能够把整篇论述文的思路构建起来。比如 2015 年浙江省高考满分作文《且以作品论英雄》压缩成一段因果式描述性文字就是：

知人论世的阅读、欣赏模式有问题，应以作品论英雄（针对性观点）。因为知人论世的基础是文如其人（杜甫），文品和人品相背离就难以知人论世（莎士比亚），所以我们不必纠结人品如何（分析原因，正反论述）。再说文学史看重的是作品本身，所以我们阅读欣赏就应该以作品论英雄，从作品中汲取力量。（提出办法）

如果把这段因果式描述性文字转换成写作思路就是：

1. 逢文先勿论人品，且以作品论英雄。
2. 我们很容易理解"言为心声"。（杜甫）
3. 然而这并不是说高尚作品背后一定是脱俗之人。（莎士比亚）
4. 既然作品的格调趣味与作者人品未必挂钩，那又何必纠结其人品如何？

5. 所以我认为，面对作品时，且以作品论英雄。

这样的行文思路就是整篇文章的骨架，也体现了该考生严密的论证过程，主体部分也是针对材料的观点句，运用了因果分析，正反事实加以阐述，得到了阅卷老师的一致好评。如果学生经常性能对自己的文章运用这样的因果描述性文字加以梳理，提炼出每一段话的第一句观点，想必对厘清文章的思路会大有裨益。

此外，一篇高分论述文，对材料的分析论述过程，也是体现思维的严密性和哲理性。学生在写作论述文时，对材料的运用，往往容易只举例不分析，材料堆积不深入，导致写成了像应慈军老师所说的"举证文"。所以，平时对学生进行必要的材料分析训练为当务之急。例如下列两段文字的比较：

原稿：从古至今，勇于"敢"的榜样比比皆是。像蔺相如、夏明翰、张丽莉……他们刚正不阿，正气凛然，面对困难的挑战或邪恶的肆虐，镇定自若，毫无畏惧，谱写了勇于"敢"的华美篇章。（《学会勇于"不敢"》）

修改稿：从古至今，勇于"敢"的榜样比比皆是。一心为赵，敢于当庭怒斥秦王的蔺相如；于慷慨赴死前写下"杀了夏明翰，自有后来人"的共产党员夏明翰；看到车辆飞驰而来一把推开身边学生的"最美女教师"张丽莉……他们正气凛然，面对困难的挑战或邪恶的肆虐，镇定自若，毫无畏惧，谱写了勇于"敢"的华美篇章。（《学会勇于"不敢"》）

上述语段都是以蔺相如、夏明翰、张丽莉的事例论述了"从古至今，勇于'敢'的榜样比比皆是"的观点，所选例子从古代到现代，也都是敢于挑战困难或邪恶的典型事例。但原稿由于缺乏针对性的分析论述，只是材料的罗列和堆积，论证乏力；而修改稿在事例前加上了能突出"敢于挑战困难或邪恶"观点的句子，比如蔺相如的故事很丰富，但他"敢于当庭怒斥秦王"的事例最能体现"敢于挑战困难或邪恶"的观点，夏明翰在"慷慨赴死前写下'杀了夏明翰，自有后来人'"的语言最能体现"敢于挑战困难或邪恶"的观点，张丽莉"看到车辆飞驰而来一把推开身边学生的'最美女教师'"的行为最能体现"敢于挑战困难或邪恶"

的观点，这样修改后的材料分析使素材具有论证的力量。

综上所述，论述文的思路是学生写作论述文的关键。倘若学生在写作过程中，养成搭建因果式框架，列出论述文写作提纲，在论述过程中能围绕观点阐述，删除多余的语句，一定能做到层次鲜明、观点突出。当然，平时材料的积累、思想的锤炼是论述文写作的基础。（该文发表于《中学语文》2016 年第 6 期）

▲作文评价如何避免"光环效应"？

所谓"光环效应"，即心理学上的"晕轮效应"，是指人们对某人或某事由于其突出的特征留下了深刻的印象，而忽视了其他的心理和行为品质。它有时会产生"积极肯定的晕轮"，有时会产生"消极否定的晕轮"，这都会干扰我们对信息的准确评价。在作文评价中，有些教师往往容易根据个人印象来评判学生的作文，从而导致那些过去写得不好而某一次写得不错的学生的作文仍然得低分，而过去写得不错某次写得较差的学生的作文仍然会得高分。久而久之，就会使学生怀疑教师评价的公正性，怀疑教师对自己的信心，慢慢失去对作文的兴趣，失去写作动力。

那么，如何才能避免作文评价的"光环效应"，给学生作文一个客观公正的评判呢？我以为要做到以下几点：

一、让学生参与评价

评价学生作文，就目前大多数学校来说，仍然以教师评价为主，学生也普遍信任教师的评定。教师作为评价的主体，其地位根深蒂固。而教师评定学生的作文成绩，久而久之会形成模式化，加上教师对学生作文水平的熟知程度，他们对每个学生的作文基本上有了先天的"成见"。如果改变教师评价的绝对主体地位，让学生参与评价，就能够避免教师用同样的眼光看待不同学生的作文。在学生的选择上，我比较赞同"同行评价"的做法。所谓"同行评价"，就是将那些在教学中取得卓越成就的优秀教师选拔出来，作为学校的教学评价员，对新教师和部分老教师的教学现状进行评价，这也是美国中小学教育评价的重要方式。同样的道理，学生作文评价也完全可以在学生中选拔优秀习作者担任评价员，由他们根据一定的标准对其他同学的作文进行评价，帮助其他同学提高作文能力。因为是同学关系，评价员在评价过程中一定会以认真负责的态度，尽量对受评作文做出客观公正的评判，指明优、缺点，这样就避免了教师评价的"光环效应"。

二、制定相对客观的评价标准

作文评价一直以来都是以个人主观评价为标准，也难怪不同的语文教师对同一篇学生作文会打出悬殊的分数，更别说我们语文教师对自己学生的情感倾向性了。那么，作文能力的检测有没有更为客观的标准，有没有更为科学的方法呢？迄今为止，高考作文的评价模式算是相对合理而公正的了：既有等级标准，又有分项评分标准；有基础分，有发展分；两位老师通过电脑同时打分，分值超过一定的标准分数无效，这样的评价标准在一定程度上有效遏制了作文评价的随意性和主观性。然而，这种评价模式又使得评卷教师采取中庸的态度，绝大部分学生都得到42分（基准分）左右，拉不开差距，评价仍然有失公平。加上这种评价又是对一篇作文结果的终极性评价，不能起到评价应有的诊断和激励作用。

真正的评价标准应该体现作文过程的动态性，体现作者基本的写作能力（如构思能力、行文能力和修改能力等），突出写作个体的个性特长。就像陈超利老师提出的"基点式"作文评价，以作文基本能力为基点，然后突出个体特长。张化万老师也提出"不要用经验作为评价未来的唯一准绳，不要因我们的迟钝否定儿童新奇的故事，不要过分强调合理性而扼杀孩子大胆新奇的想象"。他认为，除了我们惯用的作文评价原则之外，可以多一把衡量的尺子，从作文的不同方面来看待学生的能力。例如可以为学生的一篇作文打两个成绩，一个是"语言表达分"，一个是"个性创意分"。有的学生语言表达能力不强，但他的作文独特而有个性，或是充满真情实感，他的"个性创意分"就是"优"；有的学生语言表达能力较强，但作文缺乏新意，"个性创意分"的评价就会让他们明白今后努力的方向。为此，我以为平时的作文训练应该有具体的训练目标，围绕每次训练目标制定出客观的评价标准。就像美国作文形式训练中提到的"高级记叙文检查表"，让评价具有具体可操作的标准，让学生的作文训练有明确的训练目标，通过训练让学生掌握作文的内在规律和技巧。

三、实行纵横向结合的评价方式

我们知道，每个学生的作文水平是在不断地发展变化的，但同一个学生的作文能力在一定阶段又是缓慢发展的。因此，作文评价标准应是一个动态的、弹性的标准，它因人而异、因时而异，若横向地、单维度地评价而不坚持持续地、动态地评价，就很难在习作评价中促进学生的发展。我们有些教师往往对写作能力强的学生信赖有加，而对作文能力差的学生则另眼相看。在作文讲评中，我们也经常用那些写得好的学生作文对比那些写得不好的学生作文，这样就无形中扼杀了一大批作文水平不高的学生的作文兴趣。黄厚江老师指出，作文教学本身的目的在于促进学生的发展，而不在于分出优劣中差，也不在于挑选；评价的目的自然也在于促进学生写作素养的提高，而不是给学生一个会不会写、写得好不好的结论，给学生一个能得多少分的评判。

我们的教育要对全体学生负责，写作教学就不能只为少数写作尖子服务，而应让每个学生在教学中都能得到成长，享受到写作的快乐和成功。为此，我们要实行纵横向结合的评价方式，通过横向对比，学生才能找到自己写作的不足；通过纵向联系，他们才能够发现自己作文的点滴进步。作为教师，更应该用发展的眼光、欣赏的态度不断给每个学生以激励，而不是遴选和淘汰。在纵向评价上，我们可以建立每个学生的写作档案，绘制他们的作文成长曲线图，从每个学生自身的实际出发，把学生当前的水平与先前的水平进行纵向比较，来评价学生每次作文的情况。这样，在每一次作文中，几乎每个学生都可以发现自己闪光的地方。建立学生的写作档案，收集能够反映学生作文过程和结果的资料，这样既能不断激发学生的写作动力，又能减少作文评价过程中的主观性和随意性。

四、尝试网络化匿名评价模式

随着信息技术的发展，特别是网络聊天模式的出现，网络化作文评价越来越受到人们的青睐。尝试网络化匿名评价模式，利用 BBS 平台构建作文评改情境，让学生将作文作为主帖，其他学生以跟帖的形式来点评文章，可以让更多的学生参与到评价中来。为了让学生对作文进行客观公正的评价，作者可不以实名出现，跟帖学生也可以用昵称。由于网络平台是开放的，学生在评赏他人文章的同时，也可以借助平台学习到其他学生的写作长处，可以随时查看自己或他人文章及其跟帖的评点，全面接触各种信息，而不是仅仅停留在自己的文章上。对别人的修改建议及教师的评点评分，也有一个借鉴与比较的学习过程。换句话说，就是可以最大程度地"择善克短"。对教师来说，可以通过网络了解学生的写作需求与心态，把握学生的写作能力与水平的高低，有利于进行"过程性评价"，从而使自己的评价更为科学、公平、合理。

　　总之，网络化匿名评价模式，不仅能促进学生写作能力与评鉴能力的提高，而且可以有效避免因熟悉作文主体而导致评价有失公正的弊端。

（该文发表于《语文教学通讯》2007年第11期A刊）

第五辑

文化探究

一个民族的母语，是一个民族的智慧结晶，是一个民族的精神印记，也是一个民族的文化载体。《普通高中语文课程标准》（2017年版）指出，语文课程是一门学习祖国语言文字运用的综合性、实践性课程。工具性与人文性的统一，是语文课程的基本特点。语文课程承担着母语传承的重任，也就必然肩负着民族文化传承的重任。朱自清先生说过，经典的价值不在实用，而在文化。钱钟书也说过，母语是一个人的存在方式和思维方式。学习母语，是学习语言，但又不仅仅是对一种语言技能的学习，学习母语的同时会打下精神的底子，形成文化所属的籍贯，这是学习母语和学习其他民族语言的本质区别。因此，语文课程要努力培养学生对母语的热爱，要通过语文课让学生喜欢语文课程，热爱民族文化。学生喜欢语文课程，语文课程的"人文性"就有了基本的体现。新疆的刘小丽老师曾说："当语文教学从工具层面上升到文化高度，语文教师也将不再是一名只会识文断字的教书匠，而将化身为传播文化的教育使者……"她三赴南疆支教的所作所为，她在皮山在南疆的语文教育实践，正是对于语文教育人文价值的最好的宣示和解读。

基于语文课程的人文性，我认为"本真语文"的课堂教学应从"言语"出发，走向"文化"，这也符合新课程的教学理念。没有"言语"参与的文化探究是空中楼阁，没有"文化"探究的言语学习则缺失"钙质"。"文化"是语文教育的精髓，是语文课堂的命脉。"文化"虽然看不见摸不着，但它渗透在你的言语、你的课堂、你的灵魂之中。在语文学科核心素养构成中，"文化传承与理解"是语文课程的最终使命。无论是服饰、建筑、器具等与生活息息相关的东西，还是诗歌、绘画、音乐、哲学等上层建筑，这些都表明，文化是一个民族的基因特征。新疆教育科学研究院中学语文教研员董明实说："文化底蕴是一个人、一个民族的底色。文者，'纹'也，饰纹也。人若无文则鄙陋。化者，化也，潜移默化之谓也。语文课有灵魂在师之有灵魂，师之有灵魂在有'道'之追求，'道'生于文化。所以，语文课的第一要求是教师要有丰厚的文化底蕴。"他认为，"文化底蕴的缺失造成了语文教师的缺钙，是造成语文课贫血的重要原因。学生之所以不喜欢学习语文，是没有感受到文学的魅力，没有感应到文化的召唤，找不到学习语文的方向，也不知道学习语文的方法。中学生正处于世界观形成的年龄，一生之机要树立于此时，若不能以中华文化熏染之，则一生无根，易被移性。君不见当今青少年，追逐时尚，喜过洋节，喜用洋名，更不加分辨其文化内涵，究其因，无民族根性也。"所以，文化底蕴与文学魅力理应激活我们的语文课堂，让每一堂课变成涤荡心灵的圣所，让历史与现实在这里续接，把文化之苗深深扎进每一个年轻的心田。

按理说，"文化探究"没有必要成为语文课堂的追求，因为语文教学本身就包含了文化的理解、传承与探究。本书所指的"文化探究"，是指语文课堂的价值追求、语文教师的文化意识、语文教育的精神高度。语文教学，是以汉字的认识为起点。申小龙认为，一个汉字就是汉民族的文化"全息码"。那么，由汉字构成的文章就是文化的载体。作为中国人，我们要知道先秦诸子、秦文汉赋、唐诗宋词、明清小说等文学史上的经典著作，透过优美的语言，我们汲取民族文化的精髓，内化为自己的精神气质，培养高尚的审美情趣和人格素养。我们还要阅读西方文学，和世界一流大师对话，走向真善美的殿堂。这是我们语文教育的终极目标。对于高中语文教学而言，无论是文学课堂，还是语言实践；无论是现代文教学，还是文言文教学；无论是阅读教学，还是写作教学；无论是单篇阅读，还是群文阅读，都离不开"文化"的探究与体验。可以说，"文化味"是语文课堂的主要特征之一。浙江省特级教师朱昌元十分重视语文课堂的人文追求，他认为，我们生活在浸透着传统文化的当代中国，通常意义上的"文化"其实就是这种"人文主义"。他以传统文化经典《〈论语〉选读》的教学为例，阐述了语文课堂的文化追求，他说《〈论语〉选读》应该体现文化品格和文化高度，而不只是字义、词义的求索、文章作法的学习。然而，从某种意义上说，传统文化似乎又是不可"教"的，传统文化的掌握更是难以速成，只能靠渗透、熏陶和积淀。

随着新课标的颁布实施，"核心素养"成为课程的重要概念，"学习任务群"则是实现核心素养的主要载体。语文学科核心素养，一种关键能力和重要品质，是一种综合素质的体现，它包含了语言建构与运用、思维发展与提升、审美鉴赏与创造、文化传承与理解。这四个方面是不可分割的整体，语言建构与运用应是"基座"，文化传承与理解则是终极目标之一。"语言"，是"本真语文"教学的起点，但或许不是终点。语文课堂，除了抓住语言的魅力，更要体现广阔的文化视野。任务群视野下的专题学习，成为新的课堂教学模式；群文阅读，成为拓展学生视野、提升文化素养的重要途径。褚树荣老师说："文化的渗透和传承侧重于内容方面的阐发和构建，由这一篇的内容，联系到同一类的文章。把这一篇的'义理'，放在这一类的文化背景中去考察。"群文阅读，就是文化传承和渗透的重要途径。"文化"的积淀，需要阅读的"量"的积累，也需要生命的深刻体验。《普通高中语文课程标准》（2017 年版）中学习任务群 2"当代文化参与"和学习任务群 13"汉字汉语专题研讨"，着重通过当代文化参与和汉字汉语专题研讨的方式，培养学生的文化探究能力，提升学生的语文学科核心素养。宁波课改国家实验区基础教育行动项目"新课标·新语文·新学习"——任务群视野中的专题学习第一次研训活动在宁波中学举行。宁波市名师时剑波的《"汉字汉语专题研讨"之"姓名与文化"》，严雨清的《"汉字汉语专题研讨"之"对联文化"》，台州市名师、正高级教师徐美珍的《"当代文化参与"之"研学旅行策划"》等三堂观摩课，很好地诠释了语文课堂的文化探究活动。《"汉字汉语专题研讨"之"姓名与文化"》以史铁生的姓名内涵导入，通过展示学生姓名的意义、归纳命名的方式，探究姓名背后所包蕴的历史变迁、风俗习惯、审美趣味等深层内蕴，形成了多个研究姓名文化的小专题，引导学生在探究过程中深刻领会名字背后所蕴含的博大精深的儒家文化，最后以"在历史的苍穹中，留下自己的姓名"结束课堂。《"汉字汉语专题研讨"之"对联文化"》从"美"字导入，分"对联与审美""对联与思维""对联与语言""对联与文化"四个方面，以具体对联的欣赏为途径，归纳出对联作为语言艺术的主要特点：对称之美、汉民族思维、汉语魅力、汉民族文化，挖掘语言文字背后的审美、思维与文化内涵，并加以运用。《"当代文化参与"之"研学旅行策划"》以学生研学旅行策划为途径，以文化游学为主题，通过引导学生制订研学旅行的方案，践行当代文化参与的过程。

褚树荣名师工作室教研活动合影

▲别赋意义见深蕴——"汉字汉语专题研讨"之"姓名与文化"

教学实录（执教者：时剑波）

（一）我申其美

投影：如果不去寻找生命的意义，生命就没有意义。——史铁生

呈现史铁生的篆体字姓名：㠯钄生

师：史铁生曾这样诠释——"心血倾注的地方不容丢弃，我常常觉得这是我名字的昭示：让历史铁一样地生着，以便不断地去看它，不是不断地看它的文字，而是借助这些踌躇的脚印去不断看那一向都在写作着的灵魂，看这灵魂的可能与去向。"史铁生在亘古的历史中看到了自我的身影，在地坛淡褪的朱红、坍圮的垣墙中，看到了灿烂的落日、高歌的雨燕、镇静的古柏、飘然歌舞的落叶。因着对自己姓名深彻的领悟，他的眼中，人间的喧嚣沉寂了，灵魂的对话开启了，一切都化为了生命的启示录。

史的甲骨文字形 从中从又，中即仲的本字，表示仲裁决断，又即手，表示持笔记述。《说文解字》解为："史，记事者也。"

再追溯"史姓图腾"：

史是以职司为图腾，是一个守护天干丫璋并记录观测结果的柱下史官，因此得姓。丫璋相当于现代的圆规，用来测量天圆地方的天文仪器。手表示用笔来记录天文观测的结果。始祖：仓颉。

师：史姓始祖为造字的仓颉，更让人感到一种冥冥中的安排，史铁生绝望中闯出的以笔书写心魂之路，正继承了先祖之志，这是巧合，也是宿命。每个姓名背后都有被赋予了深意。你的姓名寄寓了父母及家族怎样的期望？你又赋予了其中怎样的意蕴？请阐说自我姓名的意义。

投影全班姓名，说说姓名背后的深意。

金舒蓝　高越　陈元婕　王晨蓉　王景禾　徐蔚雯　陆靖　王思瑾　陈楠　姚楚萌　陆亦葶　王佳蕾　李一栀　孟舒琪　沈安琪　王含悦　马星语　周然然　杨慧　丁瑶瑶　毛新蕾　苟梦婕　李响　徐少游　章雨莹　陈盈月　孙怡思宏　郑鹏博　易成　陈炜琳　庄凌云　陈斌　吴佳婕　鲍祎禾　冯婷婷　宋文鑫　潘昕垚

虞琤 史可欣 管玉洁 唐泳楠 叶虹宇 忻闻天 王悦儿

生1（课代表）：潘昕垚，阐释姓名的含义。潘昕垚

潘者，以水为旁，古水之名，源远流长。

昕者，以日为旁，意为日之将出。于父母而言，我犹如初升的太阳，明亮又充满希望。

垚者，以土为底，意为山高。古名同尧，尧者，高也。于我，既是高期望，亦是高要求。

阳光相偎，山水相依，我的名字本是一卷灵美之图，也相信我的人生能如这画卷，恣意骋怀！

师：请同学点评，这一姓名阐释有什么特点？

生2：把诗意的描述融入字词释义之中，富有意境之美。

生3：高越，阐释姓名的含义。高越

高者，崇也。志，当存高远。宜高雅、高尚，但不宜清高、高傲，更不宜眼高手低、好高骛远。只有如《短歌行》"山不厌高，海不厌深"一般，才能成就崇高的境界。

越，既表明生于越地，自古越地人杰地灵，以之为名，祝福之外亦有不忘根本之意。越，还有超越、卓越之意，《忆秦娥》有"雄关漫道真如铁，而今迈步从头越"之句，不断超越，方见佳境。

高越，谐音"高月"，明月皎皎，清辉朗朗，一轮明月中寄托无限美好的愿望。

生4：引用古代诗句，富有文化意蕴，还进行了谐音联系。

生5：易成，阐释姓名的含义。易成

名中有成，实多意趣。易成易成，表面为易于成功，实则不止于此。浑然天成谓之成，成竹在胸起于成，成人立身立于成，成家立业定于成。父母希冀我早日成人，能玉汝于成，而切莫坐享其成，一事无成。

易，自然有祝福人生平易之意，但一切知易行难，需得戒骄戒躁，百炼成钢。同时谨记老子的警醒："多易必多难。"轻视事情必多遭困难。

师：对"成"的解说精彩纷呈，正反入手，不仅串起字义，而且引用文化经典，可以成为人生的座右铭。

生6：李一栀，阐释姓名的含义。李一栀

一，名中有一，说明我是世界上独一无二的"一"，也是独立的一个人。同时《说文解字》说"惟初太始，道立于一，造分天地，化成万物"，一生万物，万物归一，人也要初心如一，化繁归一。

栀，长于天地之间，随风摇曳起舞，散播馨香之气。其形妍，其色幽，其气清，让人想见花与人之美好。

"一栀"近于"一枝"，就如"前村深雪里，昨夜一枝开"，寓意"一枝独秀""独领风骚"。

"李栀"近于"理智"，寓意无论何时都要让理智主宰自己，做事沉着、镇静。

生7：从个体到整体，具有诗歌意境，发掘谐音意味。

生8：陈盈月，阐释姓名的含义。陈盈月

盈者，满器也。期待人生如月满盈，若水盈盈一般美好。《菜根谭》说："居盈满者，如水之将溢未溢"，这是人生最美好的状态。

月者，阙也。天地自有其残缺，不圆满是人生的常态。月亮"方其圆时，即其缺时"，接受不圆满，也许人生永远在追求圆满，而永远不能抵达圆满。曾国藩曾为住所题名"求阙斋"，意谓"一损一益者，自然之理也。物生而有嗜欲，好盈而忘阙"。

有盈有缺，这是需陈于心间之理，亦是人生辩证之道。

师：许慎《说文解字》："月者，阙也。"曾国藩命名自己的书斋"求阙斋"。这样的联系更富有人生哲理意味。

生9：李响，解释姓名的含义。李响

响，说话有影响或声名远扬也。要如响而应、不同凡响、响遏行云。就像虞世南《蝉》中歌咏的"垂緌饮清露，流响出疏桐。居高声自远，非是藉秋风"，暗示要有高尚品德，以我之响，传于世间。

李姓为"道德传家，太白遗风"，而"桃李不言，下自成蹊"也启示着品性馨香，纵不言语，也受推崇，赢得天下。

李响与"理想"谐音，"老骥伏枥，志在千里"，只要有理想，能坚持，就能不忘初心，方得始终。

师：刚才这些阐释让我们对朝夕相处的同学有了新认识，在感受汉字汉语意蕴博大精深的同时，也明白每个人都是与众不同的世界，每个姓名无不体现着自我的魅力、文化的意蕴。小结一下，赋予姓名意义的途径可以有：一是引经据典，挖掘深蕴；二是组词扩展，丰富字义；三是寻找谐音，别赋意义；四是名姓相连，形成整体。

（二）命名乾坤

师：结合全班同学的姓名，如果为人父母，你能发现哪些主要的命名方式？请探讨常见的方式，试做归类。

金舒蓝　高越　陈元婕　王晨蓉　王景禾　徐蔚雯　陆靖　王思瑾　陈楠姚楚萌　陆亦葶　王佳蕾　李一栀　孟舒琪　沈安琪　王含悦　马星语　周然然杨慧　丁瑶瑶　毛新蕾　苟梦婕　李响　徐少游　章雨莹　陈盈月　孙怡思宏　郑鹏博　易成　陈炜琳　庄凌云　陈斌　吴佳婕　鲍祎禾　冯婷婷　宋文鑫　潘昕垚虞琤　史可欣　管玉洁　唐泳楠　叶虹宇　忻闻天　王悦儿

（小组讨论，代表发言。）

小组1：命名中有很多王字旁，美玉中带有美好的祝福。

小组2：名字还有与五行有关，五行缺水，就会在名字中弥补。

小组3：追踪父母的祖籍，不忘根本。

小组4：名字常常关联美好寓意的事物，蕴含父母家长的期望。

小组5：还有一些名字来自经典。比如宁中校友屠呦呦名字来自《诗经》"呦呦鹿鸣，食野之苹"。

师：把以上的梳理一遍，关于如何命名，我们可以形成理性化的认识——

一曰美好祝愿。其中多有对生命的祝福，如佳、慧、舒、悦、巧、嘉、懿等。

二曰经典深蕴。如王思瑾：怀瑾握瑜；庄凌云：他时若遂凌云志。

三曰自然风物。昕、虹、星、月、楠、瑶、琪、琳。

四曰谐音寄意。如李响—理想，李一栀—李一枝，陈诺—承诺，程功—成功。

五曰拆词组词。冰、清、玉、洁入名四胞千金。

六曰时代潮流。沈安琪，寓有天使之义。

七曰出生时地。如王晨之晨，高越之越。

八曰生肖五行。如以寅、鑫等入名。

……

（三）姓名文化

师："芥子之小，可纳须弥。"姓名是中华历史文化的全息缩微。个体之名是一个节点，群体之名则汇成时代图景，折射出广阔的社会内容，包蕴着历史变迁、风俗习惯、审美趣味、儒家文化等深层内蕴……我们试着再通过姓名的一角去探究冰山下潜藏的无限之景。

小专题1：姓名中的历史变迁——一部发展简史

材料：①中华人民共和国成立后，95万名"建国"，40多万名"国庆"。之后卫国、援朝、胜利、建功等，继之跃进、胜天、超英等，再后来永红、卫兵、向东、红卫等人名层出不穷。

②20世纪80年代单名风盛行，出现大量的张伟（299025）、王伟（290619）、王静（243339）、张勇（203077）、李军（204023）等。

③20世纪90年代后双名回升。2008年新生儿排名前三的男名为浩宇（46096人）、子轩（34096人）、浩然（29019人）；排名前三的女名为欣怡（40352人）、紫涵（22729人）、子涵（22606人）。涵、子、博、雨、欣、轩、佳、思、琪、浩、昊、嘉等占据较大比例。"珍妮""丽莎""丽娜"等也进入了花名册，甚至非复姓而取四字名。

生10：时代给中国人打下了太多的岁月烙印。

生11：名字背后的思想观念体现了时代的发展，从单名到如今双名占多，体现了缤纷多彩。

生12：多元、个性的选择看到了更为开放的时代风貌。

生13：名字中体现民族的求圆满心理。

师：从这个维度，我们可以有所发现——

名随时迁：历史的见证——名字如镌刻时代的年轮。

名字背后的思想观念：时代的发展——多元选择彰显个性、开放，参差多态乃是幸福本源……

小专题2：姓名中的风俗习惯——文化的惯性力量

材料：①晚清名臣张之洞规定二十字做子孙排行："仁厚遵家法，忠良报国恩，通经为世用，明道守儒珍。"

②北宋太守田登不许民众呼名，成为"只许州官放火，不许百姓点灯"的主角。嫦娥原为姮娥，因汉文帝刘恒之名改动了两千多年。汉宣帝名刘询，荀子在汉代就成了孙卿。苏轼说："恰似西川杜工部，海棠虽好不留诗。""因杜甫母名海棠，《杜集》中绝无海棠诗。"苏轼父子写文章力避"序"字，因为苏轼祖父名苏序。

生14：家谱中规定了名字排行。

生15：姓名中有避讳的习俗。

师：从这个窗口，我们又能对姓名有所发现——

家族的排行次序：长幼秩序、家族密码——世系传承，生生不息。

避讳习俗：文化心理——取名的禁忌……

小专题3：姓名中的审美趣味——民族审美心理的投射

材料：①考察女性用字变化：过去用兰、桂、芬、芳，现在用婷、妍、嫣、薇、蕾；同样表现女性的文静，过去用娴、淑，现在用莹、露、曦、雪；同样表示聪慧，今天在慧、敏之外还用颖、捷、睿。代表德行高洁的"芷"，2000年前鲜少使用，2012年用字排行上升到81位，2015年跃进为25位。

刚、毅、勇是男性名字永远的主题，在此基础上增添了涛、海、宇等，还有斌、彬、博。以前的富贵、有财现在则变为鑫、玮等；寓意诚信的现在喜欢用"允"字。

②取名还喜欢取字于大自然中的事物，如山川江湖、草树玉石，尤其带"玉"的字成为取名偏好。

生16：名字中也有平仄音韵之美。

生17：蕴含父母对我们审美趣味的期待。

生18：从名字的演变中也可以看到审美观的进化。

师：比如以前有张发财这样的粗暴型，现在已经杳无踪迹。从姓名中的审美趣味这一维度，我们可以看到——

用字变化中的审美观：审美品位的提升——含蓄内隐、丰富兼美的追求。

言念君子，温润如玉：天人相应，道法自然——以玉比德，玉蕴五德：润泽以温，仁之方也；䚡理自外，可以知中，义之方也；其声悠扬，尊以远闻，智之方也；不挠不折，勇之方也；锐廉而不技，洁之方也。（《说文解字》）

姓名三美：意蕴、音韵、形体——意美以感心，音美以感耳，形美以感目……

小专题4：姓名中的儒家文化——儒家价值的传承纽带

材料：①儒家文化是一种伦理文化，提倡"忠孝""仁义礼智信"，美德与姓名有机融合，如王守仁等。

②以前有同一姓氏繁衍，出现或分支或迁徙的世系渊源情况，除了姓的公号外，还有支号，其堂号常用字有敦、笃、本、孝、忠、德。忠孝、敬爱、敦睦、崇德、承启、追远、务本等堂名在各地常能看到。

生19：儒家文化讲究厚德载物的，名字中也有儒家价值观的体现。

生20：文化是需要传承的，儒家文化就在姓氏繁衍中代代相传，影响深远。

师：儒家是我们民族的主流文化，而这些价值传统就在姓名中春风化雨，深入人心。由此我们看到——

姓名中的德性力量：厚德载物，止于至善——道德完善，注重修为。

取名之道：源于儒家经典——男《论语》女《诗经》的典雅与哲理。

姓氏支号中的儒家烙印：追根溯源，齐家睦族——辨亲缘、明迁徙、行教化。

……

以上每个小专题都是一个触角，指向中华文化的内在深蕴。关于"姓名与文化"，当然还可以有其他小专题，希望这堂课不是一个结束，而是一个开始。

姓的来源：万物有灵，区别其他氏族的图腾标志。

姓名中的唐朝印象：包蕴广泛，气象阔大。

由姓名看家风：名门望族的标本。

共同的偏好：姓名中的民族性格透视。

……

师：上了这样一节"姓名与文化"的课，最后老师把这句话送给大家——在历史的苍穹中，留下自己的姓名！

▲**课堂点评**（张永飞）

时剑波老师从"姓名与文化"这一话题入手，引导学生关注汉字汉语的专题研讨，探究文字背后的审美意蕴、文化内涵。具体来说，有以下特点：

1. **营造语文情境，课堂结构流畅**

每一个同学都有自己的姓名，对于姓名背后的文化探究，既是生活情境的营造，也是语言文字的实践，这样的话题，学生比较感兴趣。所以，时剑波老师以"姓名"为线索，分"我申其美""命名乾坤""姓名文化"三个言语实践环节，由浅入深，从具象到抽象，从感性到理性，逐步引导学生挖掘自己姓名背后的深意，课堂结构流畅，宛如行云流水。在课堂推进的过程中，他多次营造生活情境，激发了学生的兴趣，让学习发生在真实的语文生活之中。比如，在导入环节中，呈现史铁生的姓名诠释以及史姓图腾，激活了学生对自己姓名探究的兴趣，拉近了学生与文化之间的距离；两次投影全班同学的姓名，说说自己的姓名赋予了怎样的意蕴以及探究常见的命名方式，这是具象的呈现，也是理性的思考。这些教学环节都发生在模拟生活的情境之中。

2. **专题教学，内容辐辏**

这节课的主题是探究姓名背后的文化内涵。文化内涵的探究，绝不是个别字词的探讨，而是以"群"的形式、专题的方式习得。文化内涵的探究，也是逐步积累的基础上的升华。时剑波老师先让学生说说自己的姓名寄寓了父母怎样的期望，这个环节引导学生感知姓名背后的语言魅力，也是感性的认知阶段；然后结合同学们的姓名，探讨常见的命名方式，并且进行归类，包含了美好祝愿、经典深蕴、自然风物、谐音寄意、拆词组词、时代潮流等类型，这个环节是思考命名方式的规律，也是理性的认知阶段；最后以小专题的形式，探究姓名背后的文化内涵，水到渠成，思维升阶。课堂的多个环节均以专题的形式，内容上指向文字背后的审美与文化。

3. 文化探究，意蕴丰厚

汉字是文化的全息码，而姓名蕴含了深刻的文化内涵，本堂课针对现实生活中的语言现象开展研究性学习的活动。时剑波老师收集了大量关于姓名的资料，形成了一个个小专题，比如，姓名中的历史变迁——一部发展简史，姓名中的风俗习惯——文化的惯性力量，姓名中的审美趣味——民族审美心理的投射，姓名中的儒家文化——儒家价值的传承纽带，等等，启发学生以小专题的方式对姓名文化继续进行深入探究。课堂容量大，内容深刻，说文解字，旁征博引，文化味浓郁。最后以"在历史的苍穹中，留下自己的姓名"归结课堂，余味无穷，意蕴丰厚。

▲**对称之美——"汉字汉语专题研讨"之"对联文化"教学实录**（执教者：严雨清）

教师展示"美"字不同的字体—— 𦏟 𦏃 𦍌

师：有同学认识这个字吗？这是甲骨文，这是金文，这是小篆。这就是"美"字的字源演变。我们发现，"美"这个字啊，它的形态一直在变化，但是有一点似乎始终没变。

投影古典建筑——

这是我们中国古典建筑中最典型的一种建筑风格。进入大殿，我们看到了什么？

生："正大光明"匾额。

师："正大光明"的匾额之外，有没有看到我们今天课堂研究对象——对联的身影？从"美"字，到古典建筑，再到对联，大家有没有感受到我们汉民族在审美方面一个独特的偏好？

生：对称。

小结：古典建筑——对联，对称美。

一、对联与审美

师：对于对联而言，你真的理解在它身上所体现的"对称"一词的具体内涵吗？我们不妨通过一道简单的连线题，来检测一下自己对于"对称"这个词语理解到哪一层面。

挑战一：左为上联，右为下联，请搭配成双。

绕堤柳借三篙翠　　　　竹里泉声百道飞

宝鼎茶闲烟尚绿　　　　隔岸花分一脉香

云间树色千花满　　　　幽窗棋罢指犹凉

师：请同学来和我们分享一下，你是如何根据"对称"这一特性来寻找合适的上下联的？

生1：根据对联上下两联词性相对，形式上比较对称。比如第一联"绕堤柳"和"隔岸花"都是名词，"借"和"分"都是动词，"三篙翠"

和"一脉香"也是名词。

师：你的意思是上下联在同一位置上的词性要一致。除此之外，还有没有其他特点？

生1：在节奏的划分上面，是"三一三"的节奏，也是一致的。

师：是的，上下联的节奏也需一致。这次我们展示的都是七字联，其实，上下联要对称，需要满足的最基本的要素应该是字数——

生1：相同。

师：对称意味着字数相等、词性一致、节奏相同。那么，对称是否就是追求绝对的同一？

生2：不是的，对联的上下联也有不一样的地方。每副对联的具体内容是有差异的。

师：差异大不大？

生2：不大。上下联的内容一般是相互映衬的。

生3：上下联的平仄是交替相对的。

师：大家有没有发现啊，对联读起来，一长一短，一高一低，音韵协调。所以，所谓的对称，其实是整齐之中有变化，变化又寓于整齐中，给人一种和谐的感觉。和谐是对称最高级的表现形式，你看，在这小小的对联中，我们就已经能够体味得淋漓尽致了。

小结1：对联是最具对称之美的语言艺术。

二、对联与思维

师：大家有没有想过，为什么我们如此热衷于追求"对称"之美？审美观的背后其实就隐藏着我们观察世界的思维方式。那么，对联对称之美背后隐藏着怎样的思维呢？XX同学，你有想法吗？

生摇头。

师：没关系。思维毕竟很抽象。（投影维纳斯雕塑）我们可以先来看看这幅作品，大家都很熟悉哦，断臂的维纳斯，被西方人尊为杰作。你看，不同的思维是不是就影响了不同的审美观呢？断臂的维纳斯崇尚的是一种怎样的审美？

生：残缺。

师：嗯，一种残缺美。而我们的对联呢？有上联，就必然有下联。左右那么整齐、对称。我们追求的是什么？

生4：我们追求的是一种完整、和谐。

师：对啊，这就是思维。我们汉民族追求的是一种完满的整体性思维。除了对称的审美，对联这种文学样式背后还闪烁着哪些思维的火花呢？我们还是来完成一个小挑战，要求大家完成对联空缺部分，并由此来审视自己在填写过程中你的思维路径是什么样的。

挑战二：完成以下对联空缺的部分。

（1）滴水难起三尺浪，星火_____万重山。

（2）藕入池中，玉管通_____；荷___水面，朱笔点天文。

（3）福如东海，寿比_____。

（4）_____有意难留我，明月_____自照人。

生5：易跃、地理／出、南山、碧水／无情

生6：易覆、地理／浮、南山、清风／无情

师：大家想不想看原联？我们一起来读读。

参考示例：

（1）滴水难起三尺浪，星火能烧万重山。

（2）藕入池中，玉管通地理；荷出水面，朱笔点天文。

（3）福如东海，寿比南山。

（4）清风有意难留我，明月无心自照人。

师：其实这些答案的相似度还是很高的。在座的各位填的差不多吗？（生点头）是不是有什么共同的思维引导着我们去做出这样的一种填写选择呢？

生7："易"和"难"是相对的，这是一组对立的词汇。比如还有"有意"和"无心"，"入"和"出"。

师：对，这些都是一组组的反义词。我上联出现了"黑"，大家对下联自然会想到"白"，我说"阴"，你就会想到"阳"，这就是一种思维嘛。最近国庆档张艺谋的电影《影》是不是就是在阴阳相生，真假相对的基础上建构出来的。对联也是如此，常常从两个对立的角度去观察、描述事物。这涉及什么思维？

生8：辩证的思维。

师：好，辩证思维。如果是从两个方面，而不是多个方面去思考，这是一种怎样的辩证思维？

生8：二元对立。

师：除了二元对立的思维之外，剩下的这些词语有什么样的关联？

生9：他们都是一些近义词，事物之间是有关联的。

师：说到相关，如果大家愿意去学习创作一些诗词对联的话，就一定要读一读一本书《笠翁对韵》。我们一起来读一读它的开头部分。

投影显示：

天对地，雨对风，大陆对长空。山花对海树，赤日对苍穹。雷隐隐，雾蒙蒙。日下对天中。风高秋月白，雨霁晚霞红。——《笠翁对韵》

生齐读。

师：这就是相关联。关联是什么，关联就是相辅相成。我们看事物，首先是一个整体，而部分与部分之间，有的时候是对立的，有的时候是关联的。这就是思维，很抽象。但在生活中，我们又常常不自觉地运用着它。今天我们就是把思维最原始的状态清晰化、具象化。再聚焦，再读读这四副对联，它们在传情达意的方式上有共同点吗？

挑战三：再聚焦，在传情达意的方式上有共同点吗？

生10：用了很多的意象，通过意象来抒发自己的情感。

师：取象来抒情。我再追问一句，我们中国古代诗文中，取象抒情的方式常见吗？能回忆一些吗？

生10：四围山色中，一鞭残照里。

师：对啊，当然还有很多。自古以来，文人墨客在抒情说理时，都不直接表达，而是用具象的、直观的方式来让大家体悟。领悟就多于理喻了，模糊就多于直露了。你看，这就是对联中隐藏着的汉民族的思维：整体完满、二元对立、相辅相成、具象直观。还有许多，等待大家去发现。

小结2：对联是最能体现汉民族思维的语言艺术。

三、对联与语言

师：既然是最能够体现汉民族思维的，而思维又是虚无缥缈的。思维需要通过一个载体来承载，来让大众获悉知晓。哪一个载体具备这样的功能？

生：语言。

师：对，用中国的语言——汉字嘛！再来一个挑战。同学们在之前的学习中找到了许多有意思有意蕴的对联，但今天我们的赏析要从语言艺术的角度出发。小组间可以讨论一下。

挑战四：选择一副对联，从语言艺术的角度进行点评赏析。

① 海水朝朝朝朝朝朝朝落，浮云长长长长长长长消。

② 琴瑟琵琶，八大王单戈对战；

　魑魅魍魉，四小鬼合手擒拿。

③ 风声、雨声、读书声，声声入耳；

　家事、国事、天下事，事事关心。

生讨论。

师：我发现很多同学对第一联的读法有些困惑，有没有哪位同学已经有了自己的理解？

生11：海水朝朝潮潮，朝潮朝落；浮云常常涨涨，常涨常消。

生12：海水潮，朝朝潮，朝潮朝落；浮云涨，常常涨，常涨常消。

师：我也有我的读法，海水朝潮，朝朝潮，朝朝落；浮云常涨，常常涨，常常落。这些不同的读法其实是利用了汉字哪一特点？

生：一字多音。

师：一字多音，一音多字，从而发展出多变的意蕴。接下来我们看看第二联。

生13：琴瑟琵琶，上边有八个王，魑魅魍魉，边上有四个小鬼。人戈合起来是伐，合手为拿。这里利用了汉字可以拆字的特点。

师：对，汉字是可以进行拆合的。汉字当中的许多部件可以独立成字并具备独立的含义。第三联呢？第一联我们看音韵，第二联我们看字形，第三联我们或许可以看看汉字的哪一方面？

生 14：上联中"声"反复出现，下联中"事"反复出现。

师：反复出现一个字，这是什么修辞？

生 14：叠字。

师：叠字给人以什么样的效果？

生 14：强调。

师：以叠字著称的那句词还记得吗？

生 14：寻寻觅觅，冷冷清清，凄凄惨惨戚戚。

师：对啊，叠字还能带来什么样的感受？

生 14：具有一种节奏感，有一种音韵美。

师：除此之外还有吗，关于此联？

生 15：风声、雨声不仅仅是自然界的风雨声，也给人以社会风云变幻的感觉。

师：是啊，一词却能够带来多重理解与感受，这就是汉字的意蕴。汉语本身就是音形义的综合体，而对联则是将汉字的魅力放大了，它让我们在有限的篇幅中感受到了丰厚的意义内涵。

小结 3：对联是最能体现汉语魅力的语言艺术。

四、对联与文化

师：既然对联是最具对称之美，最能体现汉民族思维，最能够体现汉语魅力的语言艺术，我们是不是应该来试着创作一副对联呢？这是一个很有挑战的活动。必修一到必修五的任意一篇课文，我们能否以对联的形式将其情感意蕴表现出来？

挑战五：任选必修一至五的一篇文章，将其用对联形式进行展现。

展示学生作品：

生 16：幽室安居心虽喜，至亲已逝情亦悲。（《项脊轩志》）我是根据《项脊轩志》的内容来写的。

师：你抓住了文章中很重要的一句话，"然余居于此，多可喜，亦多可悲"。

生 17：诗书之训尚难成气候，编伍之民亦能屈豪杰。（《五人墓碑记》）上联是对缙绅们的讽刺，下联是对五人的赞扬。

师：嗯，一副对联中，有褒贬，有是非观。

生18：长安门下，居易谪司马；浔阳江头，行难闻琵琶。（《琵琶行》）这是嵌字联，居易既是白居易的名字，又可以理解为居住容易。居易和行难又构成了一组相反的词语。

师：让我想到了白居易初到长安的时候，顾况评价白居易的一句话，"长安米贵，居大不易，有才若此，居亦易矣"。

生19：放逐江潭，屈平忠守清高志向；鼓枻泽畔，渔父笑谈浊清人间。（《渔父》）我写这副对联的时候，主要是根据屈原和渔父不同的生活态度来写的。

师：也就是上下联展示的是两种人生观。不同的人生观却这样和谐地出现在同一副对联作品中，这就是中国文化中的和而不同啊。

教师呈现自己的作品：

《渔父》

骐骥驰骋，屈子痛洒忧天泪；

沧浪浊清，渔父笑谈人世情。

师：这就是我们的对联。对联能够展示的内容有很多，叙事绘景、写意抒情、祝福恭贺、送别怀缅、揭露批判等等。而它也适合出现在各类场所，既可题于园林亭榭、寺庙祠宇，又可用于婚丧寿挽、门宅店市。对联是可以兴、观、群、怨的。对联扎根于汉民族的物质生活与精神生活，与我们的民族文化交织融合、密不可分。

小结4：对联是最能展现汉民族文化的语言艺术。

师：今天我们学习了对联文化。老师只是想借由审美、思维、语言、文化四个窗口，让大家能够沁入对联深处去追溯去漫游。如果你流连其中，可以就着某一个窗口继续研究探索。我们今天的结论中用了四个"最"字，看似很绝对。但这些"最"是需要我们同学不断地去为它添砖加瓦、增光添彩。今天我们只是踏出了小小的第一步。

▲**课堂点评**（张永飞）

对联是一种语言艺术，也是中国传统文化的折射。如何以对联为对象，开展"汉字汉语专题研讨"？严雨清老师做了积极有效的探索，我以为这堂课有如下特点。

1. 任务驱动，提升学生核心素养

对联的欣赏与创作，须以任务驱动来实现。传统的语文课堂，可能会以对联知识的传递为课堂主要方式，但激不起学生对对联学习的兴趣。高中学生喜欢挑战任务，在完成任务的过程中，体验成功的喜悦。严雨清老师深谙此道，紧紧抓住学生的好胜心理，设置了如下五项富有挑战性的任务。

挑战一：左为上联，右为下联，请搭配成双。

挑战二：完成以下对联空缺的部分。

挑战三：再聚焦，在传情达意的方式上有共同点吗？（启蒙读物《笠翁对韵》的开篇）

挑战四：选择一副对联，从语言艺术的角度进行点评赏析。

挑战五：任选必修一至五的一篇文章，将其用对联形式进行展现。

从对联的认识、欣赏到品味、创作，学生在一项又一项的挑战活动中，在积极的语言实践中，获得了审美体验、思维提升和文化熏染，即核心素养的提升。

2. 结构清晰，体现课堂层次性

严雨清老师从"美"的字源演变导入，以中国古典的建筑为切入，然后分四个方面的内容开展对联文化的探究活动，分别是"对联与审美""对联与思维""对联与语言""对联与文化"，这四个方面既指明了对联与审美、思维、语言、文化之间的水乳交融的关系，也体现了语言建构与运用、思维发展与提升、审美鉴赏与创造、文化传承与理解四个维度构成的语文学科核心素养。在这四个维度中，文化传承与理解可能是课堂的终极目标。这样的课堂结构，清晰自然，由浅入深，从具象到抽象，符合学生的认知过程，体现了课堂的层次性。

3. 文化为魂，点亮学生的民族精神

严雨清老师在引导学生鉴赏对联的过程中，归纳梳理出对联的四大特征：一是最具有对称之美的语言艺术；二是最能体现汉民族思维的语言艺术；三是最能体现汉语魅力的语言艺术；四是最能展现汉民族文化的语言艺术。在这四个特征中，对称之美体现了对联的形式和思维的审美，体现了汉语的文学魅力。但更重要的是，学生在对联的品味过程中，获得了民族的自豪感和文化的自信心。对联扎根于汉民族的物质生活与精神生活，与我们的民族文化交织融合，密不可分。对联虽然是语言艺术，但更是汉民族文化的载体。它体现了汉语的音形义结合的艺术魅力，更体现了汉民族整体完满、二元对立、相辅相成、具象直观的思维方式。从对联的创作中，我们可以窥见中华传统文化的渊源。比如：

生1：幽室安居心虽喜，至亲已逝情亦悲。（《项脊轩志》）

生2：诗书之训尚难成气候，编伍之民亦能屈豪杰。（《五人墓碑记》）

生3：长安门下，居易谪司马；浔阳江头，行难闻琵琶。（《琵琶行》）

生4：放逐江潭，屈平忠守清高志向；鼓枻泽畔，渔父笑谈浊清人间。（《渔父》）

家国情怀、民族气质、悲悯之心、忠诚之志，这一系列的民族精神滋养着学生的心灵。所以说，对联的学习，学生关注的不仅是语言艺术，而且有人文情怀，甚至是民族精神。一堂语文课，如果只注重于语言文字的艺术探究，那是不够的。只有从文化的高度审视课堂，以文化的眼光观照课堂，注重学生民族精神的培育，注重生命成长的"钙质"，那才是真正的文化语文。

▲我的行程我做主——"当代文化参与"之"研学旅行策划"教学实录（执教者：徐美珍）

课前观看视频：新东方学校寻访丝绸之路的旅行。

一、我看研学旅行

投影《教育部等 11 部门关于推进中小学研学旅行的意见》（2016 年12 月）、《浙江省关于推进中小学生研学旅行的实施意见》（2018 年 7 月）：

中小学研学旅行是由教育部门和学校有计划地组织安排，通过集体旅行、集中食宿方式开展的研究性学习和旅行体验相结合的校外教育活动，是学校教育和校外教育衔接的创新形式，是教育教学的重要内容，是综合实践育人的有效途径。

师：把研学旅行纳入学校教育教学计划，备受学校、家长、社会、媒体、企业等各界的关注。对这个意见同学们怎么看呢？

生 1：很好的方式，是校内学习的延伸和拓展，一个很好的学习机会。

师：对，"纸上得来终觉浅，绝知此事要躬行"。

生 2：有机会体验丰富的校外生活，能增长见识，开阔视野。

生 3：除了学习知识，还有很多的乐趣，和同学一起过集体生活，锻炼自己。

师：是的，有人就说最好的课堂在路上。

二、分享研学故事

师：一个人可以走得很快，但一群人会走得更远。读万卷书，行万里路。同学们有没有自己参加或者听说过研学旅行的故事，分享一下。

生 4：我参加了结对学校的交流活动，了解到很多有趣的西方文化。

生 5：我参与了新西兰结对学校活动，领略了当地的人文风情、文化习俗，拓宽了自己的视野。

师：展示照片——宁波四中的敦煌文化行走课堂，余姚中学的王阳明研学旅行，国外如日本、英国、美国学生的研学旅行活动照片。

三、我的行程我做主

(一) 确定研学的主题

师：确定一个有价值、可行的研学主题是研学旅行的关键。课前，大家制订了简单的研学活动方案，我们先来看看部分同学的研学主题：

1. 美丽中国，我是行动者

2. 民族文化与地方特色

3. 长征精神

4. 地质研学

5. 西藏的宗教

6. 探访乡村生活

7. 探寻环境污染

8. 家乡文化

9. 游宁波博物馆，畅古今文化迹

10. 河姆渡文化游学

11. 探访名人故居，感受先人风采

12. 寻访文豪故里，浸润古越文化

师：你们对这些主题有什么看法？

生6：研学可以去远一点的地方，不局限于宁波熟悉的地方。

生7："游宁波博物馆，畅古今文化迹"，距离近，但可能收获少点。

师：距离的远近不是问题，宁波博物馆的建筑极具特色、馆藏珍品的前世今生内涵丰富，都有很好的研学价值，还是可行的。

生8："家乡文化"，这个主题还是有内容的，可以对家乡的文化做深入了解。

师：我们可以聚焦家乡文化的哪些主题呢？

生9：蒋介石故居、海上丝绸之路等。

师：对，比如"11.探访名人故居，感受先人风采"主题比较大，不够明确，可以确定具体的名人故居：王阳明故居、绍兴鲁迅故居等，还有"10.河姆渡文化游学"等都是有价值、可行的。

师：大家再看看，前面的这些研学主题明确吗？

生 10：1，3，4 不明确，有点空。

师：是的，研学的主题要明确，要具有研究、教育的价值，可以选择我们感兴趣的。

师：确定了研学主题后，需要做哪些准备？

生 11：资金、旅行社的联系、路线攻略等等。

师：有哪些攻略呢？

生 12：比如车票、住宿、酒店，交通等细节问题。

师：很好，和旅行相关的大多可以交给旅行社，但是研学的内容需要我们自己设计。

（二）策划研学内容及方式

师：请看一位同学的研学方案，同学们讨论一下还有哪些地方可以改进和完善的？

活动主题："探访名人故居，感受先人风采"

活动目的：1. 使学生对鲁迅有更深入的了解；2. 联系初中课文，对三味书屋进行参观；3. 通过参观，了解私塾对少年鲁迅的影响；4. 通过参观，了解鲁迅成长的历程，并从中了解时代特点；5. 感受江南水乡风貌。

活动地点：浙江省绍兴市鲁迅故里。

活动参加人员：高一全体学生、年级组长、班主任及部分教师。

时间安排：3 月 21 日。

活动内容：上午 9 点到达目的地；9 点半开始参观鲁迅纪念馆；10 点半开始参观三味书屋、百草园等地点；12 点半午休；下午 1 点 20 分参观街区，体验乌篷船、社戏等活动；下午 2 点半返校。

生 12：没有研学的文化内容，只有浅层次的参观。

生 13：缺少语文的元素，体验不深入。

师：同学们觉得研学旅行和旅行有什么区别？

生 14：区别在于旅行只是用眼睛去看，而研学旅行在于研学，在于有没有研究学习的内容和想要解决的问题。

师：是的，真正的研学旅行应该是在旅行的过程中去感受、发现、思考、探究、分析、总结等等。每一次研学旅行都应该是带着问题出门，带着成果回来。

师：老师上阶段也做了一份绍兴"文化寻踪"研学旅行方案，同学们比较一下这两份研学方案有哪些不同。（投影教师的研学旅行方案）

主题：寻访文豪故里，浸润古越文化

内容：策划准备阶段——实践体验阶段（完成十二个"一"研学任务）

1.寻（鲁迅故居）探文豪故里，上私塾、拜夫子、对对子，从百草园到三味书屋体验旧时学堂。

研学任务：朗诵一首鲁迅诗文、写作一篇研学游记。

2.访（兰亭古迹）着汉服，玩曲水流觞，学书法拓碑，临一代书圣王羲之《兰亭集序》的潇洒酣畅。

研学任务：学做一回晋代文人，临摹一幅书法作品。

3.探（古法酿酒）领略黄酒文化的精髓，观液体面包酿制过程和"醉"在绍兴黄酒的历史香醇中……

研学任务：学做一次黄酒酿制，创制一份花雕艺术。

4.研（鲁迅作品）结合历史背景，研究鲁迅笔下的小镇鲁镇和作品人物，与阿Q、祥林嫂、假洋鬼子、孔乙己亲密接触，体验当时社会的种种世态。

研学任务：观看一场鲁迅剧目，创编一个鲁迅剧本。

5.品（鲁镇味道）品尝鲁镇特色小吃，臭豆腐、茴香豆、萝卜丝饼等，追寻鲁迅的影子，感受当年迅哥儿跟着二哥坐着乌篷船看社戏时的儿时味道，在老茶馆品茶听戏，感受中国传统文化，与鲁迅笔下人物互动表演，穿越回到清末民初。

研学任务：学做一道传统小吃，体验一回茶馆文化。

6.游（江南水乡）坐一回绍兴著名水上交通工具——乌篷船，观看天下第一石云谷、中国历史长湖鉴湖，感受江南水乡独特韵味，体会绍兴传统乌篷文化。玩安昌古镇，传统特色的店铺作坊，错落有致的翻轩骑楼，粉墙黛瓦的台门民居，曲折幽深的石板弄堂，古老多姿的各色石桥，穿梭往来的乌篷小船，风貌古朴迷人。

研学任务：写生一幅水乡作品，研究一下建筑风格。

生15：前一份研学策划方案的"目的"没有写出来，体验的任务没有明确。

生16：研学旅行不是单纯的旅游，而是参与体验具体的当地文化。

师：小组探究"实践体验阶段"中研学的内容及方式（小组写作、讨论）。

我的行程我做主

——研学旅行策划

一、主题★：

二、时间：（　）天

三、内容

（一）策划准备阶段

小组分工：

（二）实践体验阶段★

时　间	行　走	研学的内容及方式★	其　他

（三）成果展示阶段★

师："实践体验阶段"中研学的内容和方式十分重要，同学们的研学策划案有些初具雏形，有些不知所终。下面请小组推荐写得比较好的研学策划案——

生17：我们小组研学旅行的是东钱湖的茶文化。主要内容有体验制作茶叶过程，了解茶文化，特别是其中蕴含的古代礼仪文化。

师：怎么了解相关的茶文化，可以有哪些具体的途径？

生18：网上查阅，走访当地百姓民间茶艺人，拜访制作茶叶的艺人。

生 19：我觉得还可以阅读了解日本的混合多元文化：日本茶道内涵、佛教、动漫文化产业等。

师：混合多元文化，全新的概念。调查、拜访、体验，游学方式丰富多样。

师：研学旅行还要特别注意成果的展示。

研学旅行结束后，在班级里组织研学成果展示活动，并将优秀成果在班级微信公众号上发表推送。形式可以有：

1. 文化研学之旅游记评选

2. 安昌古镇之写生作品展览

3. 研学旅行优秀摄影展览

4. 研究性学习报告展示，如江南传统文化、水乡风土人情、传统小吃制作、古法酿酒技术、古镇建筑风格等研究

5. 根据鲁迅作品改编剧本并汇报演出

师：千里之行始于课堂；世界那么大，我想去看看。同学们，我的行程我做主，课后再把自己的方案好好地完善一下，假期选个时间去实践吧！

▲课堂点评（张永飞）

新课标学习任务群 2 "当代文化参与"，贯串必修、选择性必修和选修三个阶段。徐美珍老师以"研学旅行策划"的活动方式，体现"当代文化参与"任务群的学习。"研学旅行策划"，对于语文教学来说是一个全新的领域，也最能体现学生的语言建构与运用等核心素养。我认为，本堂课具有以下特点。

1. 以"我"为先，突出主体性

研学旅行方案的策划，一般来说需要专业的人员与参加者商定设计，但学生自己策划一个适合研学旅行的方案，未尝不是一种综合素养的提升。本堂课，徐美珍老师始终以"我"怎么做的方式，提示学生关注自身的研学需求与构想，突出了学生的主体性。比如，"我看研学旅行""分享我的研学故事""我的行程我做主"等。以"我"的视角提问，能够

引导学生关注和参与研学旅行，为今后自己开展研学旅行的实践奠定扎实的基础。

2. "文化"为线，体现厚重感

研学旅行与旅游的最大区别在于它的"文化"特征。无论是课前观看的新东方学校寻访丝绸之路的视频，还是学生分享的结对学校的文化交流活动，抑或是教师举例的宁波四中敦煌文化行走课堂、余姚中学王阳明研学旅行，都体现了当代"文化"元素，体现了课堂的厚重感。在"我的行程我做主"课堂环节，如何体现绍兴的"文化"之旅，徐美珍老师运用了对比的方式，针对学生的策划案在内容和方式上过于简单和空洞的现象，她以自己制订的"寻访文豪故里，浸润古越文化"策划案，告诉学生如何制订具体而可操作、丰富而有文化味的研学旅行策划案。该方案以"寻鲁迅故居""访兰亭古迹""探古法酿酒""研鲁迅作品""品鲁镇味道""游江南水乡"等六项活动为主要内容，以完成"朗诵一首鲁迅诗文、写作一篇研学游记""学做一回晋代文人，临摹一幅书法作品""学做一次黄酒酿制，创制一份花雕艺术""观看一场鲁迅剧目，创编一个鲁迅剧本""学做一道传统小吃，体验一回茶馆文化""写生一幅水乡作品，研究一下建筑风格"等十二个"一"为研学任务，让学生在研学中体验古越文化的魅力。

3. 重在策划，具有前瞻性

"研学旅行策划"的制订，须课前对研学对象进行深入了解，上网查阅资料，设计具体路线，确定研学内容及方式。因为是"策划"方案，既要具有可行性，又要具有前瞻性。"以参与性、体验性、探究性的语文学习活动为主，增强课程内容与学生成长的联系，通过开放式学习，引导学生积极参与当代文化生活。"在探究"实践体验阶段"中研学的内容及方式环节，徐美珍老师引导学生在开放式学习中注重研学方案的可行性与前瞻性，比如，当学生确定东钱湖的"茶文化"为研学旅行的主要内容时，她问：具体有哪些内容？学生回答有了解茶文化、古代的礼仪文化以及体验茶叶制作过程等内容。她又问：怎么了解古代礼仪文化？学生回答：网上查阅，走访当地民间茶艺人；了解日本茶道内涵，观看日本礼仪视频等。老师总结：研学旅行的方式多样，主要有调查、走访、体验等。这里的师生对话，可以看作是对研学旅行具体内容以及方式的计划，注重可行性与前瞻性。

核心素养

▲**一场盛会，四种意识**——第十一届"语文报杯"全国中青年教师课堂教学大赛观摩感悟

　　江南古城迎盛会，无锡佳地送清凉。7 月 26—28 日，第十一届"语文报杯"全国中青年教师课堂教学大赛在素有"太湖明珠"之称的无锡隆重举行，其中高中组有 15 位参赛选手参加了激烈的角逐，近千名来自全国各地的高中语文同仁在盛夏酷暑里欣享了这一场语文盛宴。

　　本次比赛分文言文教学、写作教学、诗歌教学等几大板块，多角度呈现了 15 位参赛选手的语文教学理念、设计意识和专业素养，旨在实现"促进语文教改，提升教学技能，传承中华文化"的活动目标。综观这 15 节语文课，笔者以为教师在课堂上需要树立四种意识：文本意识、活动意识、审美意识和媒介意识。

无锡之行

一、文本意识：引导学生亲近文本

　　语言建构与运用，是语文核心素养中最基础，也是最重要的部分。文本是师生对话交流的凭借，也是阅读感悟的根本。引导学生亲近文本，在语言文字的品味中提升语文素养，是衡量好课的标准之一。比如陕西

省王成老师执教的《雪落在中国的土地上》，抓住诗歌中的"母亲""农夫""少妇"三个典型形象，品读"蜷伏""颤抖""蓬头垢面"等词语背后的苦难精神，分析诗歌中反复出现的环境描写诗句——"雪落在中国的土地上，寒冷在封锁着中国呀"，在文本中感受中国百姓的处境艰难，在朗读中体悟诗人"为时代立言，为人民请命"的担当精神。

重庆市张磊老师执教的《合欢树》，就是引导学生逐步深入文本的又一成功课例。史铁生的散文《合欢树》，是作者用朴实的语言谱写的一支感人至深的母爱之歌、真情之曲。如何引导学生在文本中体悟这种挚爱之情？张磊老师先出示史铁生照片和华语文学传媒大奖颁奖词，年轻时遭遇残疾却笑得如此灿烂的史铁生，到底是什么给了他战胜苦难的力量？导入后，学生在阅读文本中感悟母亲的深沉的爱。最后抓住"合欢树"有什么意蕴、面对"合欢树"作者是什么态度引导学生默读批注、涵泳生发，深入领悟小说的主旨，内化为自我成长的精神力量。教学环节由浅入深，体现了执教者对文本解读的逐层深入。正如黄厚江老师所说的："什么叫阅读教学？就是老师带着学生在文本里进进出出几个来回。"教师能跳出文本阅读是高素质的表现，把学生带进文本是课堂教学的关键。

二、活动意识：以任务驱动语言的建构

语文核心素养，是学生在积极的语言实践活动中积累与构建起来，并在真实的语言运用情境中表现出来的。在语文教学中，如果能恰当地设计语言活动，营造生活化的情境，以任务驱动的方式，引导学生在活动中形成个体的言语经验，这也是成功的语文课堂。比如江苏省王哲老师执教的《长亭送别》，设置了三个活动"任务"：一是假如你是电影导演，想象一个剧情——一位妙龄少女送别自己的情郎，这位少女会说些什么呢？二是《长亭送别》这折戏中，送别时，哪些人对张生说了台词？说了什么？品读台词唱词。三是来年春天，莺莺在十里长亭迎接张生，请你模仿【端正好】，写一首莺莺迎接张生的曲子，注意选择意象，通过恰当的言语表情达意。虽然整堂课的重心在引导学生品味老夫人、长老、莺莺等人物的台词唱词，但课堂的语文活动设计，激发了学生语言学习的积极性。通过扮演角色，学生能更加深入地体会人物的情感内涵。通过仿写训练，又会内化为学生的言语表达技巧。

写作教学，更是一种活动的设计、语言的内化、思维的提升。比如吉林杨虹老师执教的《锤炼思想学习写得有文采》，先是以自己参赛过程的"纠结"心理导入，巧妙地抛出了学生遇到"纠结"时的心理活动写作训练，再以鲁迅《记念刘和珍君》、梁实秋《中年》、张爱玲《天才梦》等经典片段为例，引导学生修改自己的习作，从推敲词语、变换句式、善用修辞三个角度，提炼出使文章更有文采的技巧。朱光潜先生说："在文字上推敲，骨子里实在是在思想情感上'推敲'。"这堂写作课始终以学生的写作活动、修改提升、展示点评为主要任务，让学生在实践中提升了思维能力和表达能力。

三、审美意识：体悟文学之美

语文课，是诗意的课堂，也是美的熏陶。审美鉴赏与创造，是语文课堂的应有之义。徐志摩在《读雪莱诗后》说：诗绝不是好看的字眼，铿锵的音节，乃是圣灵感动的结果，美的实现，宇宙之真理的流露。比如浙江省毛倩宜老师执教的《归去来兮辞（并序）》，这是一篇高难度的文言文（赋），也是一篇具有人文情怀的美文。她通过各种方式，引导学生获得审美的体验。一是朗读体悟节奏之美，无论是标题"归去来兮"的"兮"字读法，还是"僮仆欢迎，稚子候门""云无心以出岫，鸟倦飞而知还"四字句、六字句的朗读，都是对文字背后情感的品咂，也是对文章节奏的审美体验。二是比较体悟文化之美，不同的表达方式，体现的是不同的思想文化。"归去来兮，田园将芜胡不归？"与"归去来兮，田园将芜当须归！""世与我而相违，复驾言兮焉求？"与"世与我而相违，不复驾车宦游！"这些语言的比较，体现出陶渊明怡然自得与无奈感伤的矛盾调和，体现出士大夫远离官场回归自然的人生智慧，这就是魏晋时代的士大夫文化。正如李泽厚在《美的历程》中所言："魏晋名士用自己的言行、诗文等外化行为使自己的人生艺术化，具体表现为不同常人的放旷、真率与智慧。这种艺术的人生是自然的，是个人的真实处境与心境的流露。"三是板书引导视觉之美，整堂课以最精练的文字和"心"形图案形象地体现了文章的核心思想，表现了士大夫追寻的心灵家园，因此被授予"最佳创意奖"。

板书设计如下：

家园　　自然

心

乐　悲

……

四、媒介意识：跨媒介学习，让语文更有魅力

高中语文学习任务群中有"跨媒介阅读与交流"一项内容。跨媒介素养，是全球化时代发展的必然结果。这既是教师应该拥有的语文素养，也是学生应该养成的核心素养。恰当地运用不同媒介，可让语文课堂更富有魅力。比如安徽省单凌老师执教的《秋歌——给暖暖》的课件设计：淡黄色底调，像秋叶之静美；意象集合指向一个"秋"字，像一片银杏叶子；"暖暖"意象的内蕴，用了古典的圆形兼具书法的笔调。这样的图片与文字完美结合，让人产生美的联想，更体现了执教者的跨媒介素养意识。海南省付幸老师执教的《春江花月夜》，与学生配音合作朗读，引领同学进入如诗如画的美好意境之中。新疆冯健老师执教的《注重创新学习写得新颖》，以《王者荣耀》这款风靡全国的游戏为话题，用游戏图标吸引学生兴趣，从不同角度提出问题，层层深入，步步递进。总之，在语文课堂中，结合音乐、图片等媒介，可以让语文更有魅力。（该文发表于《语文教学通讯》2017 年第 11 期 A 刊）

▲传统文化论著的"跨媒介"教学尝试——《〈论语〉与孔子的影像呈现》评析

专题讲座

"跨媒介阅读与交流"，是新颁布的《普通高中语文课程标准》（2017年版）中18个学习任务群之一。传统的语文教学主要以语言文字为媒介而开展的教学活动，"跨媒介阅读与交流"则是借助各类信息传播的载体和工具，获取、整合、辨别不同媒介语言文字运用现象，并学习运用多种媒介展开有效的表达与交流。在当前各类媒介融入生活的现实中，高中语文课堂教学正悄然发生变化。传统文化论著（《论语》）的课堂研习，该如何开展"跨媒介阅读与交流"来提升学生的核心素养呢？下面以浙江省朱昌元名师工作室送教活动的研讨课《选择与拼接——〈论语〉与孔子的影像呈现》（云和中学潘榕榕执教）为例，追寻传统文化论著开展"跨媒介阅读与交流"的意义和价值。

一、课堂简要回顾

环节一：呈现"佛陀、苏格拉底、孔子、耶稣"四位哲人合影的照片，让学生猜猜分别是谁。

环节二：谈谈"孔子形象"。

（1）《论语》中的"孔子形象"是这样的——

（2）我心中的"孔子形象"是这样的——

环节三：观看电影《孔夫子》"子见南子"，改编成分镜头剧本。

（1）提供两则文字材料。

《论语》：子见南子，子路不说。夫子矢之曰："予所否者，天厌之！天厌之！"（6.28）

《史记·孔子世家》：灵公夫人有南子者，使人谓孔子曰："四方之君子不辱欲与寡君为兄弟者，必见寡小君。寡小君愿见。"孔子辞谢，不得已而见之。夫人在絺帷中。孔子入门，北面稽首。夫人自帷中再拜，环佩玉声璆然。孔子曰："吾乡为弗见，见之礼答焉。"子路不说。孔子矢之曰："予所否者，天厌之！天厌之！"

（2）提供分镜头剧本的样例。

1940 年版《孔夫子》"子见南子"分镜头			
镜头类型	内　容	音　乐	时间（秒）

环节四：对照文字，修改"我的分镜头剧本"，增强表现力。

（1）小组讨论，比较优劣。

（2）提供示范，修改完善。

"分镜头剧本"范例：

1940 年版《孔夫子》"子见南子"分镜头			
镜头类型	内　容	音　乐	时间（秒）
中景	卫国内廷。 内官缓缓拉开帷幕，尚有一层薄纱阻隔，可以见到南子立于幕后。 南子于幕后，头略垂，双眼平视右侧。 后立二宫女，手持掌扇。	配乐持续 夹杂编钟 单音敲击	6
全景	孔子立，见帷幕拉开，赶紧跪拜行礼。		2
近景	子路（浓眉大眼，络腮胡，执杖直立），见孔子跪拜南子，略转身，目光移开。转头闭眼。		3
中景	南子同时行礼，长跪，帷幕放下。 淡出。		7

环节五：仔细观看 1991 年版、2010 年版的电影片段"子见南子"，再度修改自己的剧本，增强其表现力。

二、课堂内涵评析

传统文化论著（《论语》）研习，因其所选文字年代久远、晦涩难懂，不容易激发学生阅读探究的兴趣。云和中学潘榕榕老师执教的研讨课《选择与拼接——〈论语〉与孔子的影像呈现》，是对传统文化论著的"跨媒介阅读与交流"学习任务群教学的初步尝试。

1. 选择与拼接，体现"跨媒介"意识

潘榕榕老师课前提供给学生相关资料，分为"孔子"部分、"影像"部分、课程任务等三大内容，体现了获取、整合、选择、拼接等"跨媒介"意识。比如，在"孔子"部分，选取了《论语选读》中有关孔子言行的文字材料，以及《史记·孔子世家》中"子见南子"的相关记载；在"影像"部分，整合了电影作品的支架性知识"长镜头""短镜头""长短镜头的功能"以及"远景、全景、中景、近景、特写"等概念，还提供了各种版本的"子见南子"影视视频；在"课程任务"中，提供了《边城》分镜头剧本参考示例，为学生在课堂上改写"子见南子"的"分镜头剧本"打下基础。

2. 对话与写作，培养学生的"跨媒介"素养

本次课堂有三次核心对话："猜图"对话、"观影"对话、"写剧"对话。第一次让学生从"佛陀、苏格拉底、孔子、耶稣"四位哲人合影的照片中，猜测孔子的形象，检测学生的"读图"能力；第二次让学生观看电影《孔夫子》中"子见南子"镜头，体会导演所塑造的孔子形象，培养学生的"影视"欣赏能力；第三次让学生结合文字、电影片段改编"分镜头剧本"，鉴赏孔子形象的塑造技巧，锻炼学生的编剧实践能力。在这些活动中，学生从图片到文字，从文字到影视，从影视到表达，面对同一文本"子见南子"的跨媒介赏析，真切体会到纸质媒介与影视媒介在塑造人物、传递信息的不同表达效果。

3. 修改与完善，内化为学生的"跨媒介"素养

文本是影像的依据，影像是另一种形式的文本。只有在不断揣摩、比较文本与影像的区别，修改完善"分镜头剧本"的过程中，学生才能将不同的媒介表达内化为自我的"跨媒介"素养。请看下列的课堂教学实录：

师：刚才同学们根据电影"子见南子"的场景写下了"分镜头剧本"，试着比较一下文字材料与电影场景，有没有需要修改完善的地方？

生1：我所写的"分镜头"太笼统，不够具体，而影片呈现的镜头更详尽。

师：文字材料中的"子路不说"，电影镜头是如何呈现的呢？

生2：当孔子向南子跪拜时，镜头从孔子转向了子路，通过子路"略转身""翻白眼""低下头"的神态变化来体现"子路不说"。

师：这属于电影里的什么镜头？

生3：近镜头。

师：请你想象一下，子路可能会对谁"翻白眼"呢？

生4：可能对南子。因为南子名声不好，子路从内心里厌恶她，陪同孔子拜见只是出于礼节。

生5：可能对孔子。因为子路直率、刚烈，看见孔子对南子毕恭毕敬地跪拜，表示强烈不满。

师：电影从"孔子拜见南子"的全景转为对子路的近景拍摄，有什么妙处呢？

生6：侧面烘托，迂回表达。以子路的不满印证了文本材料"不得已而见之"，体现了孔子内心拒绝又不得不见的矛盾心理，塑造了一位"君子"形象；同时也给观众留下了想象的空间。

师：如果从孔子或南子的远景拍摄，能否产生如此效果？

生7：不能。

……

研讨课《选择与拼接——〈论语〉与孔子的影像呈现》，以"子见南子"的场景为依托，以学生言语实践为途径，通过比较纸质媒介与电影媒介的不同呈现方式，引导学生在"分镜头剧本"的改编、修改、完善过程中，走进孔子的精神世界，并内化为自我的"跨媒介"素养。

▲试探"跨媒介阅读与交流"的课堂特点——以宁波市"任务群视野中的专题学习"课堂观摩活动为例

随着"互联网＋"时代、新媒体技术的发展，"跨媒介阅读与交流"已经成为高中学生的重要学习方式之一。《普通高中语文课程标准》（2017年版）中的十八个"学习任务群"中就包含了"跨媒介阅读与交流"。那么，什么是"跨媒介阅读与交流"呢？浙江省宁波市教研室高中语文教研员毛刚飞认为，"媒介就是携带信息内容符号的传输载体、渠道和平台，它们相当于传输者和介绍者，这就是'介'和'媒'的意思。""'跨'最基本的意思是'跨越''跨界''涉及''联系'等。""'跨媒介'就是要尽可能利用各种媒介学习，不要仅仅局限在纸质媒介中。""阅读与交流"是什么？阅读侧重于理解、整合，交流侧重于表达、运用。传统的语文教学主要以语言文字为媒介而开展的教学活动，而"跨媒介阅读与交流"则是借助各种信息传播的载体和工具，引导学生获取、整合、辨别不同媒介的语言文字运用现象，并学习运用多种媒介展开有效的表达与交流。

那么，如何在高中语文课堂教学中开展"跨媒介阅读与交流"呢？宁波市教研室举行以"任务群视野中的专题学习"为主题的高中语文新课标研训活动，开设了《媒体三棱镜》《理性的眼神》《媒介小达人》三堂观摩课，展示了学生在课堂上的"跨媒介"素养，让人耳目一新，印象深刻。综观这三堂课，笔者认为"跨媒介阅读与交流"的课堂教学有以下特点。

一、任务驱动，实现"跨媒介"素养

"跨媒介阅读与交流"是当代现实生活的模拟或运用，是培养学生面对繁杂信息的一种筛选和整合能力，也是任务驱动下的言语实践和艺术创作活动。因为受课堂场所的限制，所以只能模拟生活情境，然后以任务驱动的方式实现在情境中解决实际问题的目的。陈亚敏老师的《媒介小达人》以制作图文并茂的自荐书为任务驱动，朱俏老师的《理性的眼神》以从不同的角度评价"刘凌峰公益众筹"事件为任务驱动，边宝玲老师的《媒体三棱镜》以推荐优秀电影和海报设计大赛为任务驱动，引导学生在"跨媒介阅读与交流"的过程中提升"跨媒介"素养，形成语文综合能力。下面以边宝玲老师的《媒体三棱镜》教学片段为例。

学校电影周，要求同学们进行优秀电影推荐和电影海报设计大赛：

（1）请你推荐一部优秀动漫（中／美／日），为它写一段推荐语。

（2）请为你优秀的动漫设计一张图文并茂的手绘电影海报（主体：人物），用几个词语形容人物特征。

（3）尝试欣赏该动漫中的音乐，用几个词语形容音乐给你的感觉。

在上述课堂环节中，"学校电影周，要求同学们进行优秀电影推荐和电影海报设计大赛"，这是模拟的生活情境，而"优秀电影推荐和电影海报设计大赛"则是具体的活动任务，以此引导学生去选择、欣赏、思考自己喜欢的动漫，并且结合动漫的特点，写一段推荐语和设计图文并茂的手绘电影海报。很显然，这样的任务驱动，不仅需要学生的"跨媒介"素养，而且需要小组成员的分工合作。这些丰富多彩的活动，首先体现了语文学科的"语言运用"特性，比如撰写推荐语、用几个词语形容人物特征、形容音乐给你的感觉等；但也是"跨媒介"综合素养的提升过程，比如设计图文并茂的手绘电影海报需要学生的绘画能力以及审美鉴赏能力，欣赏动漫中的音乐则需要学生的艺术鉴赏能力以及语言表达能力。从学生展示的成果看，课堂多角度呈现了他们的"跨媒介"综合素养。他们不仅推荐语写得典雅优美、富有感染力，而且手绘电影海报制作优良、很有创意。

比如：

日漫《千与千寻》推荐语："河川，草地，微风，教堂，汤屋，这一切的一切，都是梦吗？为什么？为什么我的记忆既清晰却又模糊？""我不知道，我前进的方向将会去到哪里，但是我可以确定的是我在路上。"这来自灵魂深处的叩问，究竟意味着什么呢？如果你想要知道这个秘密，那么就请和我们一起走进千与千寻の神隐，一起感受美轮美奂的场景设置，

（手绘电影海报设计者：郑艾扬、余筱涵）

可爱精致的人物形象，有趣感人的故事情节，轻松愉快的电影音乐吧！我相信你一定会爱上这部动漫的！"

——朱涵

二、"跨媒介"交流，实现课堂转型

周一贯先生认为，语文是一门综合性很强的课程，它与思想结缘，与政治靠近，与文学相关，与生活共存，与科学有亲，似乎是一位人见人爱的"大众情人"。语文的这种综合性特点，决定了它依性生存的艰难，稍不留意便容易淡化了语文本色。但若过分"自闭"，忽视了综合性，又会窄化语文学习和运用的领域，影响学生在不同内容和方法的相互交叉、渗透和整合中开阔视野，提高学习效率，获得现代社会所需要的语文实践能力。随着科技的发展，语文教学的内容不断丰富，学习方式愈加多样，语文课堂正悄悄地发生改变。比如，互联网时代电视散文MTV 创意活动，"九歌"创作古诗词，人工智能批改作文，语音转换器实现多国语言的即时转换……新时代的语文课堂以发展学生的语文核心素养为目的，以培养"全面发展的人"为使命，这就需要教师破除学科本位的教学思想，引进信息时代的各种元素，"跨学科""跨媒介"成为课堂新常态。同时，课堂教学带来的不只是知识和能力，更是生命整体的综合发展；不只是教师一味传授，更是学生自主探究、体验、展示的能力。

陈亚敏老师的《媒介小达人》，就是以制作图文并茂的自荐书为课堂内容，以展示制作成果为主要途径的"跨媒介"学习与交流活动。她首先介绍了什么叫"自荐书"，提供给学生知识的支架；然后以一位同学写给复旦大学的自荐书为例，介绍了"自荐书"的制作方法（包括封面封底、个人简历、自荐信、证明材料等）；再以申请报名参加高校冬令营为任务驱动，创设"自荐书"设计的真实情境，以此激发学生自主创作的欲望；最后，学生自我展示创作成果，并从"跨媒介"运用的角度介绍自己的设计思路，然后同学之间点评交流，取长补短。整个课堂以学生展示成果并介绍设计思路为核心内容，让学生在"跨媒介"的运用与表达中，成为跨界的"媒介达人"。请看以下的"自荐书"成果展示。

1号作品——高翔自荐书：文字包括个人简历（基本信息、学习情况、社会实践、获奖证书）和自荐信（个性特长、创新能力、意志品质以及理想抱负等）；图片底色为"竹子"，"竹子"象征中国人的气质，也代表创作者的淡雅品性。

2号作品——陈欣宇自荐书：以PDF格式呈现。文字包括自叙帖、履历（个人信息、爱好特长、所获荣誉）、个人夙愿等；图片以黑白为底色，书法作品为核心，体现中国风元素，增加雅致和美感。

3号作品——巴山自荐书：文字包括个人基本信息、社会活动、获奖情况、自荐内容等；图片以油画为主背景，展示个人的绘画特长，通过色

2018

Rusume
自荐书
D 2107 巴山

彩的绚烂多变，体现留白艺术，给人灵动之感。

4号作品——杜嘉莹自荐书：文字包括个人信息、获奖证书和自荐信；图片以个人的美术作品为主，配上背景音乐，再联系浙大校训"求是"以及效实中学"物竞天择，效实储能"，表达自己对浙大冬令营的向往之情。

5号作品——何阳阳自荐书：图文用 Word 格式，文字包括个人简历、基本信息、学习情况、担任职务、获奖记录和自荐信；图片用一张油画作结，形成视觉冲击。自荐书的文字部分文采斐然，因为是校文学社社长，对文学的爱好，对北大的向往，都寄托在文字中，"燕园星辰，岁月流光；未名博雅，水波温柔。这种意境真的令我神往。能在这样富有内涵的校园里学习生活，是一件多么幸福的事情啊！"

从课堂上学生展示的"自荐书"中，我们发现学生的语文综合能力得到了提升，而且"跨媒介"素养得以充分展现，比如语言文字的表达、动画的设计、音乐的搭配、书法作品的呈现、艺术涵养的展示等等，他们尽可能地通过"自荐书"的创意设计把自己的优势和特长展现出来，以获得自己向往的高校的认可，达到参加该校冬令营的目的。这样的语文课堂，完全是基于生活应用的需要；这样的语文课堂，也是学生自主学习与交流的课堂；这样的语文课堂，更是"跨媒介交流与表达"的实践过程。各种媒介的综合运用，让自荐书更具魅力，促进了学生素养的"全面发展"。

三、理性思维，"跨媒介"课堂的追求

一般认为，媒介是一种中介物，是用来承载和传递信息的物质，是人类在传递信息、延续文化过程中所使用的中介、载体、工具和技术手段等。在当今自媒体时代，我们每天获取来自影视、广播、网络、报纸、电视等媒介传输的庞大而繁杂的信息。比如微信，不但文本特别丰富，有文字、图像，还有音频朗读、视频链接等，而且发表转载十分方便快捷。我们似乎在不同媒介之间"跨越"，不断切换，这是一种全新的阅读和表达方式。但同时海量的信息也充斥着真伪、雅俗、优劣、主次的区别。因此我们在语文课堂上要引导学生学会理性地看待事件，

甄别信息的真伪，形成独立、客观的判断与评论，这也是现代公民应有的素质。理性思维的培养，在"跨媒介"课堂中显得尤其重要。朱俏老师的《理性的眼神》就是以"刘凌峰公益众筹风波"为话题，引导学生以公民的姿态对公共事件养成理性的认识。该课堂由以下三个活动环节所组成。

活动一：阅读资料，写下你对新闻当事人刘凌峰的印象。

第一组：遗愿清单《楚天都市报》（8月2日）

第二组：公益众筹《被有钱人玩坏了的大病筹》（8月3日）

第三组：调查情况《南方都市报》（8月9日）

活动二：看两段刘凌峰事件的新闻（视频），讨论两则新闻报道的关注点和报道手段分别是什么，完成表格。

	报道关注点	报道手段
视频1		
视频2		

活动三：综合以上两个环节中了解到的事件信息，从不同角度评价"刘凌峰公益众筹事件"。

作为一个为刘凌峰捐款的人，我认为……

作为一个像刘凌峰一样为事业打拼的年轻人，我认为……

作为一个吃瓜群众，我认为……

活动一，之所以对刘凌峰印象不断发生变化，是因为我们获取资料的来源不同，因此对于时间轴上的新闻事件，我们不要轻易下结论，不要急于站队。这一环节告诉学生，在信息爆炸的时代，面对海量的信息，很多人容易被事物表象所迷惑，因此对事件真相的把握，需要深入具体地分析。

活动二，通过学生观看两段新闻视频，引导学生思考新闻报道不同的关注点和报道手段，从而形成以下表格。

	报道关注点	报道手段
视频1	刘凌峰不良生活习惯导致了他过早患上胃癌晚期。	年轻人不良生活习惯的场景；采访专家（医生），指导人们如何预防胃癌（40秒）。
视频2	刘凌峰在生命最后关头依然坦然、乐观面对，对生命有了新的认识。	抒情性背景音乐、有感情的事件叙述、充满敬意的"微感言"。

从上述表格可以看出，不同媒体的新闻报道，其关注的侧重点和报道的手段是不一样的。视频1：重在用这样一个惨痛的事例告诫人们，进而宣扬珍爱生命的价值观；视频2：重在用这样一个感人的故事从情感上打动人们，进而宣扬积极乐观生活的价值观。这样说来，新闻媒体的报道，往往融入了个人情感，真正客观的新闻报道并不多。因此，在"后真相"时代，我们应该保留自己的立场，辨别新闻背后的事实真相。

活动三，综合上述两个环节中掌握的信息，从不同角度评价"刘凌峰公益众筹事件"。正因为充分地占有事件材料，客观地分析各方观点，才有了自己独立的评价，这就是在自媒体时代的理性思维。"跨媒介阅读"不止于阅读浏览不同媒介信息，更要聚合思维和思想，形成新的"跨媒介阅读"知识图谱。从某种意义上说，"跨媒介阅读"其实是一种深度阅读。我们是新闻的接受者，更是新闻的创造者。越是众声喧嚣，越需善于求证！这就是一位公民的理性思考。

"跨媒介阅读与交流"是时代发展的必然选择，也是语文学习的应然追求。"跨媒介阅读与交流"的语文课堂既要突出语文课的学科性质，开展传统的听说读写等活动；也要体现语文课的创新性，实现语文学习的"跨界关联"，体现语文学科的综合性、实践性。

▲"群文阅读": 提升学生核心素养的重要途径——以王君的《春天会不会生气》教学为例

新修订的《普通高中语文课程标准》指出, 语文课程以语文学科核心素养为纲, 以学生的语文实践为主线, 设计"语文学习任务群"。"语文学习任务群"以任务为导向, 以学习项目为载体, 整合学习情境、学习内容、学习方法和学习资源, 引导学生在运用语言的过程中提升语文素养。因此, "群文阅读"教学就成为当前深化课改的热点。所谓"群文阅读", 即围绕一个(或多个)议题选择一组文章(或材料), 教师和学生围绕议题展开阅读和集体建构, 最终达成共识的过程。这是一种立体式阅读方式, 是对阅读教学内容的突破, 也是对传统教学思想的创新。山西的任海林老师认为, 能否提升语文素养的一个根本途径就是打破单一的阅读, 回到海量阅读、专题阅读上。让学生在大量阅读中, 丰富视野, 形成语感, 为学生的一生成长打下精神的底子。

下面以王君老师的"群文阅读"示范课《春天会不会生气》为例。

一、多文本阅读, 开阔学生阅读视野

"群文阅读"教学最大的特征是确定主题选择文本, 可以"表达方式""体裁""观点""文章内容""人文""作者"等为线索确定主题, 然后围绕主题选择各类文本, 通过在讨论中梳理整合、拓展联系、比较异同, 开阔学生的阅读视野, 提升学生的语文素养。王君老师针对初一学生的学情, 围绕"春天会不会生气"这一议题, 依次截取了朱自清《春》、丰子恺《春》、李煜《虞美人》中关于春的描写等文本, 引导学生在品读中感悟, 在比较中思考, 通过文本朗读、师生对话, 逐步深入文字内涵, 领悟作者情思。比如:

文本1: 朱自清《春》(节选)

盼望着, 盼望着, 东风来了, 春天的脚步近了。一切都像刚睡醒的样子, 欣欣然张开了眼。山朗润起来了, 水涨起来了, 太阳的脸红起来了。

春天像刚落地的娃娃, 从头到脚都是新的, 它生长着; 春天像小姑娘,

花枝招展的，笑着，走着；春天像健壮的青年，有铁一般的胳膊和腰脚，领着我们上前去。

文本2：丰子恺《春》（节选）

梅花带雪开了，说道是漏泄春的消息。但这完全是精神上的春，实际上雨雪霏霏，北风烈烈，与严冬何异？所谓迎春的人，也只是瑟缩地躲在房栊内，战栗地站在屋檐下，望望枯枝一般的梅花罢了！

天气又忽晴忽雨，偶一出门，干燥的鞋子往往拖泥带水归来。"一春能有几番晴"是真的；"小楼一夜听春雨"其实没有什么好听，单调得很，远不及你们都会里的无线电的花样繁多呢。春将半了，但它并没有给我们一点舒服，只教我们天天愁寒，愁暖，愁风，愁雨。正是"三分春色二分愁，更一分风雨！"

文本3：李煜《虞美人》

春花秋月何时了？往事知多少。小楼昨夜又东风，故国不堪回首月明中。雕栏玉砌应犹在，只是朱颜改。问君能有几多愁？恰似一江春水向东流。

对于初一学生来说，朱自清的抒情性文字《春》是熟悉的文本，丰子恺的议论性文字《春》和李煜的词《虞美人》则是陌生的文本，但这三个文本的重新整合，就有了新的阅读价值和意义。在王君老师的点拨下，"假如你是春天，你有何感受？"学生十分自然地走进了文本的深处，把握了作者的情感基调：朱自清赞春，丰子恺辨春，李煜恨春。然后，王君老师引导学生探究其原因：同样的春天，为何不同人有不同的情感？在探讨交流过程中，学生领悟到一切文字的背后，都映射了作者的写作背景，体现了"一切景语皆情语"的文学规律。这时候，王君老师适时介绍了这三位作家的创作背景，开阔了学生的视野，帮助学生更加深入地理解文本。

生：他们当时的写作背景不同，所表达的情感也不同。

师：那你猜，朱自清写这篇文章是什么生活状态啊？

生：内心肯定是很开心的。

师：你完全理解了。那个时候朱自清刚回国，在清华做教授，娶了如花似玉的妻子，生了一个大胖小子，他的人生正处在一个很顺的状态，所以在他眼中春天没有一点缺点。李后主呢，亡国了，他看春不顺，看秋不顺，看啥都不顺。丰子恺呢，你们课下可以查查这文章，这篇文章不是为了写春，他是为了研究东洋艺术和西洋艺术呢，他很客观、很理性，所以王老师说他在辨春。所以说，春天应该生气吗？不应该生气。这是一种文学现象，这叫什么？

生：一切景语皆情语。

师：一切景语皆人之不同心情的显现。

二、层次化研讨，培养学生思维能力

"群文阅读"教学除了多文本选题之外，还要合理安排文本的顺序，体现课堂教学的层次性，才能符合学生的认知规律，逐步形成学生的思维能力。河南的孙秋备老师认为，"群文阅读"使阅读由点延展为线、面和立体空间，形成"阅读场"，让学生由读懂一篇走向读通一类。容量恰切、有生成性和沉淀感的群文教学，将会把阅读教学由"小美之景"走向"大美之境"。王君老师课堂的主要环节如下——

环节一："春天会不会生气"

感悟1：一切"景语"皆人之不同心情的显现。

环节二："蚂蚁会不会生气"

感悟2：一切"物语"皆人之不同哲思的表达。

环节三："女教师会不会生气"

感悟3：一切"人语"皆人之不同立场的折射。

环节四："王君老师会不会生气"

总结：走自己的路，让别人说去吧！我们是春天，我们不生气。

这四个教学环节，并非随意排列，而是精心设计。第一个教学环节"春天会不会生气"，以朱自清的《春》为逻辑起点，整合了丰子恺的《春》和李煜的《虞美人》，激活学生对多文本的阅读兴趣，学生通过朗读、品味、对比、感悟，从文学作品谈到文学创作，明白：自然界的春天不会生气，一切"景语"皆人之不同心情的显现。第二个教学环节"蚂蚁会不会生气"，从自然景物到动物，选取了拉·封丹和萨冈寓言《知了和蚂蚁》，一首赞美蚂蚁，一首讽刺蚂蚁，在对比中激起学生思维的逐步深入，让学生明白：蚂蚁和知了不变，一切"物语"皆人之不同哲思的表达。第三个教学环节"女教师会不会生气"，从自然生物到社会现象，选取网络上"春游小学生为女教师打伞"热点事件，引出系列评论文章，从学生讨论到评论文章的对比阅读，引导学生思维碰撞：一切"人语"皆人之不同立场的折射。第四个教学环节"王君老师会不会生气"则是课堂的拓展延伸环节，用苏东坡、杨绛的话为这堂课作注脚，最后以"走自己的路，让别人说去吧！"收束全课。从材料的选择上看，王君老师从散文、诗词，到寓言、故事，再到社会评论，从感性到理性，体现了思维的逐步深入；从"景语"到"物语"再到"人语"，由具体到抽象，由课内到生活，逐步培养学生的思辨能力。

三、聚焦性主题，引领学生人生智慧

"立德树人"是教育的最终目的，培养学生成为怎样的人，也是语文教学的核心任务之一。"群文阅读"更是以聚焦性主题，引领学生汲取人生智慧。王君老师把截取的教学资源放置在一个基本相同的"阅读场"中，聚焦"生气"这一主题，既培养学生的阅读能力，又引领学生的成长，警示未来有可能引发的社会问题。因此，这是一节以学生为本的、贴近学生心灵的群文阅读教学课。比如，下面的教学片断（"女老师会不会生气"）——

师：我们再往前走一步，我们现实生活中也会出现一些类似的现象。2016年有一个热点事件。一个小学女老师带着学生去春游，太阳很大，天很热，一个男生一直为这个女老师撑伞。有人把照片传到了网上，引起了网络世界哗然。各种各样的评论都有，同学们，你怎么评价这个图片当中的女教师？

生1：我觉得可能就是老师和学生亲近的表现。同学们喜欢她，就为她来撑伞。

生2：可能这个学生表现不好，老师用这种方式惩罚他。

师：学生为老师撑伞这个事件，在网上，可是什么声音都有，表扬她的，质疑她的，骂她的，把她想成好老师的，坏老师的，各种声音把她淹没了。

就是在教育界也有不同的声音，我们来看一看。

投影1：李镇西《学生为老师打伞，何错之有？》

我写这些，无意标榜自己多么"爱学生"，而是想说，当师生关系到了一种境界，就很难说究竟是谁在为谁"付出"，或者说谁"伺候"谁。我相信，许多普通老师都有一肚子这样温馨的故事，这就是我们和学生平常再普通不过的生活。这是我们共同的情感共同的爱——朴素而又纯净。

投影2：王开东《大棒为什么朝老师头上砸去？》

我们别忘了撑伞的是一个小男生。小男生为年轻女教师撑伞，如果是自愿的，这种对年轻女教师的爱护，恰恰是孩子阳刚和绅士的表现。

投影3：周冲《被撑伞老师错在哪里》

放在此案中，利用孩子的好感，享用他的付出，往大了说，是一种小规模的行贿受贿；往小了说，是一种对职业规范的无知——教师没有享用学生撑伞服务的职业基础，以及道德基础。

师：我和我的学生关系挺好的。有一次，我教过的一个六年级男孩子回学校看到我，就冲过来，把我抱起来转圈，我们两个都被惊呆了。如果外人不知道我们是师生关系，会咋想啊。（大家笑）后来，我写了一篇文章《被男学生宠爱是什么感觉》，太幸福了，孩子们。男生，回去好好练你的臂力。有一天把你敬爱的女老师抱起来，转个大圈。

师：孩子们，在网络各种各样的观点中你要有自己的立场，其实是不容易的。这个事件的当事人，有人说她有爱心，她就心情美美的；有人说她无视教师的道德底线，她是不是应该跳楼啊？假如你是这个女教师，你会怎么做？

生3：我知道这件事情的真相是怎么样的，我就坚持我自己，不在意网上那些言论。

生4：如果是我强行让小男生撑伞的话，我会道歉。如果小男生主动撑伞的话，我会向他表达感谢。

师：我问的是你怎么面对网上各种滔滔言论。

生4：我会向他们解释事情的真相。

师：你怎么解释？网上一亿条评论，你一条条解释，你没解释完就累死了。

生4：我会在网上发表一个公告。

师：别人不相信怎么办？

生4：事情就是这样，我也无可奈何。

师：你会不会天天在家里以泪洗面，最后实在受不了跳楼自杀？

生4：不会。我没做错就是没做错，我为什么要自杀？

师：这个男生内心挺强大的。

师：这辈子我们都难免会遇到这样的事情，在网络世界，甚至在咱们班的小世界都可能遇到类似的问题。你要懂得一个道理——

生：齐读"一切人语皆人之不同立场的折射"。

师：这既是文学创作的基本原则，也是生活的哲理。

针对网络上"春游小学生为女教师撑伞"热点事件，王君老师从学生、教师、社会人士等不同角度，引导学生认清事实真相，学会理性看待社会事件，坚守自己的生命本真。王君老师整合了名师李镇西的《学生为老师打伞，何错之有？》和名师王开东的《大棒为什么朝老师头上砸去？》以及周冲老师的《被撑伞老师错在哪里》等评论文章，激发学生讨论的兴趣，多角度探究"女老师会不会生气"这一话题，并以亲身经历委婉地表达自己的观点："走自己的路，让别人说去吧！"因为我们是春天，春天不生气。这一教学环节，不但培养了学生独立思考的能力，而且引领学生汲取人生的智慧。这样的教学不是教知识教能力教方法，而是教思想教做人教智慧，从生活到写作，从写作到做人，带领学生从审视自然生命走向审视自我生命。

单篇课文的学习，是我们语文教学的课堂常态。随着新课改的推进，"群文阅读"教学逐渐成为培养学生语文核心素养的重要途径。宁波市教育局教研室高中语文教研员、省特级教师褚树荣指出，"学习任务既然是以'群'的方式出现，那就必须把'群'分解成学习专题。'专题学习'或者'项目学习'，应该是任务群学习的基本方式。……把一个'任务群'以辐射的形态分解成'学习专题'，通过几次'专题学习'辐辏为一个'任务群'，这才是最正常的教学形态。"

▲在对话中成长——褚树荣《语文教学对话录》荐读

褚树荣老师编著的《语文教学对话录》是一本以语文课堂教学为核心、以丰富的教学案例和专业的教学点评为依托，全面深入地探究语文学习规律和语文课堂理念的语文教学专著。

执教者与评课者的关系，就像写作者与评论家的关系，是和谐共生、相互促进的关系。褚老师从"我以为"式的评课转化为"你认为"式的评课，引导执教者观照自身的课堂行为、教学理念及依据策略，挖掘课堂行为背后的隐性因素，在一个个鲜活的案例对话中，实现了语文课堂的精彩蜕变。《语文教学对话录》以"对话"的形式，涵盖了选修课教学、文言文教学、现代诗歌教学、复习教学、口语教学和课外阅读等方面。

一、视野宏阔，高瞻远瞩

《语文教学对话录》从对话海峡两岸教学开篇，让我们触摸到了母语教学的不同形态，体会中华文化的源远流长。这里的语文教学跳出了大陆的语文课堂，从对方眼中看自己，观照语文课堂的深度和广度，视野开阔，眼光独到。海峡两岸同课异构，书中主要记录了三次活动：一次是关于"符合15岁国际评量规范之阅读素养学习与评量计划"海峡两岸同课异构教学观摩研讨活动（台湾），一次是关于以海峡两岸修正课程纲要为目的的课堂教学交流活动（宁波），一次是关于海峡两岸"民国经典阅读"同课异构活动（宁波），分别从背景、课例、访谈、点评等方面，详细深入地探讨、交流了两岸教学不同的价值取向、设计理念、教学内容和学习成效。以第一次海峡两岸同课异构教学观摩研讨活动为例：

所选课文是台湾作家刘克襄的《大树之歌》，这是一篇具有人文情怀和象征意义的佳作。由于海峡两岸文化的差异，宁波的刘飞耀老师和台湾的刘怡辰老师课堂教学处理方式完全不同，刘飞耀老师以篆体字"树"导入，学生用关键词概括树的形象，形成树形板书，从人称的变化探究文章的主旨，最后以自创小诗《你是大树，我是孩子》结束，他教的是"文学的树"，更看重作者的抒情和象征；刘怡辰老师则以学生素描校园大树导入，播放"自然之音"创设阅读情境，通过小组合作，完成精心设计的"学习作业单"，总结"自然写作"的表达特色，观看纪录片《看见台湾》，让学生真正理解"自然写作"的特质，她教的是"生态的树"，更看重作者的纪实和关怀。一位判断文体是散文，另一位判断文体是记叙文；一位教成"定篇"、一个文学经典，一位教成"例文"、一个环境保育的主题范本。两位老师设计的课堂活动旨在通过学生活动提升阅读素养，但侧重点又有不同，一位侧重熏陶和感染，一位侧重合作学习和任务训练。

那么是什么造成如此差异？褚树荣老师的对话围绕以下两点展开：

第一，教学内容的开发源于对课文的认知不同。台湾作家积极入世，关怀乡土文化，关注人和自然的伦理关系，形成了"自然写作"流派，刘克襄以文学和艺术的方式探寻古道、参访大树、保护动物、关注环境，从而启发社群寻找对策，重建伦理指示价值导向，所以台湾的刘怡辰老师"观点鲜明"地认为《大树之歌》不是那种"静观万物皆自得"的文学作品。大陆的刘飞耀老师立足于对文本"读者意义"的建构，关注的是读者对于作品意义的"再生产"，所以他是"有理有据"地教自己的"裸读"所得。

第二，对教学的不同追求也决定着教学重点的差异。在刘飞耀老师看来，"语文教师要学会用'两条腿走路'，一为教学内容的精准确定，二为课堂教学的精彩实施，前者是'学科能力的体现'，后者是'教学技艺的演绎'"。所以他在课堂里淋漓尽致地展示了教师个人的教学素质和亲和魅力。刘怡辰老师牢牢抓住"合作学习"和"阅读素养"这两个概念，整个课堂形态就是师生和生生之间的"合作学习"，而这样的学习是指向学生"阅读素养"的提升。总之，通过海峡两岸对《大树之歌》的同课异构，让我们体会到精彩课堂背后的理念支撑，不同地域的文化差异，母语教学的课堂形态可以有不同的方式，而从文本中看到人性的温度和作者的情怀，则是不可或缺的。

二、案例鲜活，设计精巧

《语文教学对话录》内容丰富，设计精巧，每个章节大致由背景、课例展示、访谈、结语等四部分组成，其中课例展示体现了整个教学过程，访谈则以对话的形式，揭示教学设计背后的理念支撑。案例的形式鲜活多样，有小学、初中、高中同上《定风波·莫听穿林打叶声》，有海峡两岸不同教师同课异构，有全国、省、市优质课比赛的课堂教学，有一线教师的常规教学研讨课。

语文课堂的精彩设计，源于教师的语文素养，源于其独特的教学风格，这是《语文教学对话录》最大的启示。有时候呈现一堂精彩的语文课，执教者可能需要一个月甚至一年的积累，更需要教师全身心地投入整个教学设计，比如张全民老师在海峡两岸"民国经典阅读"同课异构活动中，把教学《生活的艺术》当作随缘的一件事，把自己融入弘一法师的生命里，以虔诚之心拜读夏丏尊先生的一系列作品，以探究之心阅读民国文学史，读民国作家文学评论文章，读弘一法师的生平传记，让自己的内心在进入课堂之前得到足够的浸润和启迪。课堂教学的高度，取决于教师阅读的广度和思考的深度。正如张全民老师说的："一个教师的教学力量就在于首先通过丰富的阅读和思考让自己站在一定高度上，然后才能小心翼翼地从学生的作业中发现那些闪光的东西，经过提炼整合，让学生在课堂上得到精彩呈现，同时还要凭借教师自身的教学经验，通过合理的设计，通过更深层次的对话，提升学生的理解和感悟能力。"这段话可谓经验之谈，指明了语文课堂教学的真谛。

三、专业立场，点评精深

《语文教学对话录》作为语文评课实录专著，围绕语文课堂，通过专业点评，挖掘教学原理，提升专业素养。如张悦老师的研究型课例《我读散文：以〈想北平〉〈听听那冷雨〉为例》，"我"究竟用什么知识来读"散文"？是修辞方式、语体风格、章法结构、表现手法、想象联想、叙事等知识吗？褚老师认为，学生有自己的生活经验，这是阅读散文前的"这一个"，一个具体的散文文本是蕴含着作者独特经验的"这一篇"。张悦老师则说，"这一个"是独立自由的个体，"这一篇"是蕴含着"平静丰富"的"所在"，只有"这一个"和"这一篇"相向而行，走向彼此，"这一个"和"这一篇"才能实现"链接"。而且她把每个学生学习散文的语文经验、生活经验的"这一个"称为"前理解"，把在原有基础上更新的认知图式"这一篇"称为"二次学习"。那么，用什么样的知识实现"这一个"和"这一篇"的链接呢？褚树荣老师与张悦老师的对话使我们明白：语文知识和人的精神世界是密切相连的，只有和心灵相遇的知识才有价值。给学生一个知识立场来阅读比让学生跟着感觉阅读更重要。以尊重阅读的独立、自由为起点，以寻求、运用合适的知识为圭臬，以了解散文的个性化本质属性为目的，形成"我读散文"教学的意义框架。最后，褚树荣老师以好课的三重境界作结：一是有效教学框架；二是形成知识魅力；三是知识、生活与生命的共鸣。这或许就是理想课堂的价值追求吧！

　　教师专业成长，永远在路上。阅读《语文教学对话录》，就是聆听前辈的专业指导，就是思考语文课堂的得失成败，就是融入语文的生命感悟！（该文发表于《语文学习》2016 年第 10 期）

"语文树"府中小憩（宁波中学）

▲因果辩证，深入挖掘

一、学情分析

"因果思维"是探讨事物原因和结果之间关系的一种思维；"辩证思维"是通过概念、判断、推理等形式对客观事物进行全面系统的考察的思维过程。"因果辩证"，是思辨性论述文写作中常用的思维方式。有些同学在论述文写作中常常以事例代替论述，缺乏必要的分析，导致作文观点肤浅，没能深入本质；也有些同学泛泛而论，就事论事，未能全面地看待事物之间的联系，导致观点偏激或片面。马克思主义哲学告诉我们，任何事物或现象都处于普遍联系、相互制约之中。每一种现象都是由另一种现象引起的，它自身也必然要引起另外一些现象。一种现象对于被它引起的现象来说是原因，对于引起它的现象来说就是结果。事物、现象之间这种引起和被引起的关系就是因果关系。可见，因果关系是事物之间相互联系、相互制约和相互影响的普遍形式之一。因此，掌握因果辩证的思维方式，推断事物原因与结果的关系，可以帮助同学们深入挖掘各类现象背后的本质，提升思维的广度和深度；也可以帮助同学们认识事物之间的普遍规律，全面系统地看待各类现象，避免思维的片面性、单一化，提升思维的逻辑性和思辨性。

二、问题呈现

（1）什么是因果辩证？你在平时的写作中有没有自觉运用因果辩证的思维方式？

（2）论述文写作中，如何运用因果辩证的方法让你的观点更深刻、更全面？

（3）"为什么"是因果思维的常见方式，也体现了思维的逻辑性。你能选取一则材料，尝试运用"为什么"的方式，概括出几点原因吗？

（4）"辩证思维"在因果推论过程中如何体现？"辩证思维"的关键是什么？

三、教学案例

《浙江省普通高考考试说明》规定，高考作文要"透过现象深入本质，揭示事物内在的因果关系，观点具有启发性"，可见"因果思维"是作文写得深刻的重要途径之一。如果我们能经常运用因果分析的方法，挖掘现象背后的本质，揭示事物内在的因果关系，那么我们的观点就会显得深刻、多元，我们的文章就能彰显思想的魅力。

（一）由果溯因，学会追问

1. 解说

世界上各种事情盘根错节，但必有其产生和发展的原因。从根本上说，议论文的主体就是在回答"为什么"的问题。当我们在论证某个论点时，应该开启思维，多追问几个"为什么"。换句话说，就是把中心论点作为结论去追溯这个结论产生的条件和原因，或透过现象深入本质，或揭示问题产生的原因，从而形成分论点，这样的思维往往会更深刻。此外，在阐述原因时，有的是"一果一因"，更多的是"一果多因"，所以要根据不同性质的原因，比如主要原因、次要原因，客观原因、主观原因，直接原因、间接原因等，进行分类排序论述，体现思维的层递性。论述文所说的"理"，其实就是隐藏在现象后面的"本质"。

2. 示例

示例1：

莫言在东亚文学论坛上演讲时引用了"印度人抓猴"的事例：

据说印度人为捕捉猴子，制作一种木笼，笼中放着美味的坚果，开一个小口，刚能放进猴子的前爪。猴子伸进爪子抓住坚果不放，爪子就抽不出来，结果有不少猴子就这样被捉住。

本材料可归为"一果一因"，结果是猴子被抓，原因是什么？可以分别从印度人和猴子两个角度进行追问，由果溯因，得出观点。猴子之所以被抓，是因为"抓住尖果不放"，抵制不住诱惑。因此，我的观点是要克制欲望，学会取舍。印度人之所以捉住猴子，是因为抓住了猴子贪婪的本性。因此，我的观点是要善于抓住对方的弱点，才能取得成功。

示例2：

每年高考前夕，许多学校组织高三教师去寺院为学生祈福。针对这一现象，你怎么看？我们同样可以用追问法，让观点更加深刻，更加多元。

祈福——迷信——寻求精神寄托——教育的弊端；

祈福——高考压力——升学率——社会评价；

祈福——信仰缺失——教育功利——中国悲哀；

祈福——为学生未来——教育的体制。

这是"一果多因"的思维方式，从一种现象入手，探究造成结果的多种原因，然后选取最佳角度立意作文。从学校组织教师祈福的现象，一步步追问下去，就会发现多种原因，比如教育的弊端、社会的评价机制、教育的功利、教育的体制等。

示例3：

作文教学课例《持之有故，言之有序——学会理性论述》

先展示图片——富阳中学老校区鸟瞰图，争论：富阳中学改造工程是原址改造好，还是异地新建好？

（1）假如你就在现场，请你选择一种观点，写出一条理由。

参考句式：我认为（　　）好，因为（　　）。

（2）请你选择一种观点，写出至少两条理由。

参考句式：我认为（　　）好，一方面是因为（　　），另一方面是因为（　　）。

我认为（　　）好，首先是因为（　　），其次是因为（　　），最后是因为（　　）。

（3）请你把理由调整一下，写出论述理由的层次。

参考句式：我认为（　　）好，不仅是因为（　　），而且是因为（　　）。

我认为（　　）好，因为（　　），同时（　　），更为重要的是（　　）。

教师展示：我认为富阳中学还是原址改建好。异地新建固然可以找到更好的地方，校园可以更大更美，但是旧址位于富春江畔鹳山东侧的独特地理位置是无可替代的，依山傍水，环境清幽，更适合学生学习和生活。更为重要的是，富阳中学有70多年的历史，它的一草一木，一塘一楼承载了无数学子的青春记忆和浓厚乡愁，如果异地重建，这些无形的财富是无法移植的，一代代的富中学子就可能无处寻觅他们曾经的青春足迹。

这也是典型的"一果多因"的思维方式，但对原因进行主次排列，通过"因为……同时……更为重要的是……"句式，让文章显得更有逻辑性、层次感。

3. 训练

"三天读懂"太长，"秒读"才给力。图书市场的"秒读图书"大有席卷之势。"秒读图书"大都是职场成功类图书，如《3秒钟读懂任何人》《FBI教你10秒钟读懂面部微表情》《10秒钟学英语》等。清代曾国藩的力作《冰鉴》也被冠以"60秒学会读透人心的本领"的宣传口号。其中一本名为《0.5秒决定你的人生》的图书，更是直接挑战底线，企图在时间上先发制人。

对上述现象你有何看法？请用探因溯源的方法写一段论述性文字。

点评："秒读图书"的盛行有多层次的原因。首先，当前社会高速发展，人们的工作压力大，能够静下心来读书的时间太少，只有从速度上求胜。其次，社会快速发展带来的一个直接后果就是快餐文化的盛行，阅读变成只追求浅层次的消遣性行为。最重要的是，人内心的浮躁、急功近利给"秒读图书"提供了滋生的温床。如果人人都青睐秒读，那么我们就会被剥夺思考的能力，成为没有灵魂的木偶。长此以往，我们的民族必将精神荒芜、文明萎谢。只有让心静下来，脚踏实地，一步一个脚印，阅读才能深入我们的灵魂，成功才能真正把握在我们手中。

（二）从因到果，学会推理

1. 解说

从现象到本质，从原因到结果，从感性到理性，这是人们认识事物的普遍规律。根据罗列的种种现象，从事物原点出发，归纳其共性，研究其规律，从原因到结果，这是写作中经常用到的思维方式。一般来说，从因到果，常用的有"一因一果"和"一因多果"，当然也有"多因多果""多因一果"等。俗话说"近朱者赤，近墨者黑""言之无文，行而不远""少壮不努力，老大徒伤悲"……这些熟语都是对事物事理因果联系的深刻认识和高度概括。

2. **示例**

示例1：

罗曼·罗兰说过："一个民族的政治生活，只是它生命的浮面；为了探索它的内在生命，我们必须通过它的文学、哲学和艺术而深入它的灵魂。"所以，一个人，如果他从来没有读过《诗经》《老子》《论语》《孟子》和唐诗宋词汉文章，如果他对于"天下为公"的理念、"宁为玉碎，不为瓦全"的品格、"先天下之忧而忧，后天下之乐而乐"的胸怀、"无为而无不为"的智慧、"己所不欲，勿施于人"的道德原则……这一切都一无所知，那么，他绝没有资格说他懂什么是"中华民族"！

这段文字运用了"一因一果"的推论思维，先引用罗曼·罗兰的观点，再运用假设推理的方法，得出结论：一个人只有读过《诗经》等中国传统文学，了解"天下为公"的理念、"宁为玉碎，不为瓦全"的品格、"先天下之忧而忧，后天下之乐而乐"的胸怀、"无为而无不为"的智慧、"己所不欲，勿施于人"的道德原则，才有资格说他懂得什么是"中华民族"。这样的论述，不但能起到引领思维的作用，更可以使说理层次分明。

示例2：

2016年浙江省高考满分作文《守望现实，涓涓不壅》片段：

虚拟，只是一种仿真的手段。蒂利希在《存在的意义》中指出，现代人的焦虑指存在性焦虑，即对无意义和空虚的焦虑。不难想象，让虚拟与现实深入地结合，必然在一定程度上加剧这种存在性焦虑。哲学家奥伊肯最感忧虑的也是物质成果与人们心灵要术间的尖锐矛盾。换言之，有了诸如虚拟现实的先进技术，并不意味着人们"精神生活的充分实现"。在我们尚未准备充足的情况下，拥抱虚拟现实的世界未免言之过早。虚拟向现实渗透——如果这种渗透对人们的精神生活无切实益处，反而加剧解构的危机，那么这种渗透需激起我们的警觉。

还记得米兰·昆德拉在《缓慢》中感叹，现代人已失却从容不迫的生活乐趣，外部工具是多么可怕。微信创始人张小龙也曾言，微信一类的技术解决不了人与人之间心灵沟通的问题。同样地，虚拟现实也逃不出这个怪圈。借用周国平的一句话：面对这个无所不能的"怪兽"，赞美声与质疑声此起彼伏，而它依然迈着它目空一切的步伐。因此，守望现实才是我们应该关注的事。守望现实，是我们永久不易的立足点。

该考生先从"虚拟，只是一种仿真的手段"说起，认为在尚未充分准备的情况下拥抱虚拟的现实世界，对人们的精神生活没有益处，再以米兰·昆德拉、张小龙、周国平的言论为例，推断出结论——"守望现实才是我们应该关注的事"。这就是从"因"到"果"的思维过程。

示例3：

司马迁《报任安书》片段：

盖文王拘而演《周易》；仲尼厄而作《春秋》；屈原放逐，乃赋《离骚》；左丘失明，厥有《国语》；孙子膑脚，《兵法》修列；不韦迁蜀，世传《吕览》；韩非囚秦，《说难》《孤愤》；《诗》三百篇，大底圣贤发愤之所为作也。此人皆意有所郁结，不得通其道，故述往事，思来者。乃如左丘明无目，孙子断足，终不可用，退论书策以舒其愤，思垂空文以自见。

司马迁以古代志士仁人历经磨难终成大器为例，为自己注入强大的精神力量。比如西伯侯姬昌被拘禁而写出《周易》；孔子受困窘而作《春秋》；屈原被放逐，才写了《离骚》；左丘明失去视力，才有《国语》；孙膑被截去膝盖骨，才撰写出《兵法》；吕不韦被贬谪蜀地，后世才流传着《吕览》；韩非被囚禁在秦国，写出《说难》《孤愤》；《诗》三百篇，大都是一些圣贤为抒发愤懑而写作的。这些人共同的地方，都是感情有压抑、生活有磨难、理想有困顿，但是最终都写出了惊人之作。司马迁就是从这些事例中，为自己的隐忍苟活找到了精神力量，这其实也是一种从因到果的求同思维过程。

此外，在从因到果的思维过程中，也有"一因多果""多因多果""同因异果"等方式。比如生态平衡遭到破坏，会造成多种结果。有人类受到损害，有动植物受到损害，有气候异常，有水土流失等。"生态平衡遭到破坏"是"一因"，多种结果危害是"多果"。再比如同样是下雨，如果在天旱时对农作物有益；如果在涝灾时，则对农作物有害。这就是"同因异果"。

3. 训练

十年前，主持人白岩松写了《痛并快乐着》；十年后，年届不惑的他有了《幸福了吗》之惑，惑于敬畏、担当、守护、悲悯、爱……的缺失；他计划再过十年写一本书，书名叫《终于信仰》。

三个十年，三本书，是一个人，其实也是一个时代的成长、困惑与追寻。

请自选角度，自拟题目，写一篇800字左右的议论文。

点评：白岩松的三本书，既是一个时代的成长，也是思想发展的过程，由许多问题带来的矛盾和困惑，归根到底就是信仰的问题。但白岩松《终于信仰》这本未完成的书，也把我们引入一个更深层的思考，即人生的终极问题。所以，对人生信仰的探求，可能是我们需要花费一生来努力的，它使我们成长的历程，始终以一个大写的"人"形而不是蠢笨的动物，行走在世界大地。

（三）互为因果，辩证统一

1. 解说

互为因果，就是通过将事物之间一个个因果关系编织在一起，互相影响，因果连环，一层层地把立意推向本质的高峰，它是辩证统一的思维过程。《老子》说："有无相生，难易相成，长短相形，高下相盈，音声相和，前后相随。"可见，世间万事万物都可在一定条件下互相转化，"祸兮福之所倚，福兮祸之所伏"，"塞翁失马，焉知非福"，矛盾存在于一切事物中。因此，同学们分析问题、判断事物要一分为二，要考虑到有没有其他可能，否则容易陷入绝对化、片面化、表面化的陷阱。

2. 示例

示例1：

苦难是一种财富，苦难更是一种不幸。人们喜欢财富，对不幸人人避之唯恐不及。月有阴晴圆缺，人有悲欢离合，苦难总是如影随形，怎么办？那就坦然面对苦难，接受苦难所给予的磨炼。综观历史，越王勾践卧薪尝胆，不被苦难吞噬，最后方夺胜果；司马迁含冤忍辱，但矢志不移，才有《史记》。温室里的幼苗是经不起风吹雨打的，泰山顶的松柏却能傲霜斗雪。具有坚强意志、坚定信念、坚决追求的人，并不会被苦难消灭，反而有可能将苦难变成他宝贵的财富。

苦难是一种财富，也是一种不幸。要一分为二地看待苦难的价值，学会分析苦难是如何从不幸而成为财富的。具有坚强意志、坚定信念、坚决追求的人，才能勇敢地战胜苦难，让苦难成为人生宝贵的财富；反之，苦难就是一种不幸。

示例2：

放眼今日中国，"神舟十一号"载人航天飞船与"天宫二号"完美对接，世界首颗量子科学实验卫星"墨子号"发射升空，纯正中国基因"非洲天路"通车，"海斗号"无人潜水器成功下潜至万米……在发展的路上，我们绝不害怕，以非凡的勇气创造了一个又一个令世界瞩目的奇迹。在这些奇迹面前，我们也越来越变得不害怕自然，不害怕正义，不害怕良知……

根据材料，关键词"不害怕"是核心话题，蕴含了两个观点，一个肯定，一个否定，属典型的二元矛盾型思辨类新材料作文。如何"兼顾多者，辩证分析"？ 比如《荡起双桨》一文主体片段：

是谁在国家尴尬之时挺身而出，丝毫不害怕"独留青冢向黄昏"的寂寞，带着车马粮奴告别绿柳清河，离开长风携云朵翩跹而来的长安，甘赴寒风与沙石吹打的大漠？是你，昭君，用勇气击败对西域的害怕，用大义担当起使国家免遭战火的责任，才替大汉朝撑起一片安定、平和的天空。又是谁顶着各方压力，无所畏惧，只身前往虎门，一把火烧尽鸦片，说"只要我在一天，就决不让鸦片销进中国"？是你，林则徐，用"苟利国家生死以，岂因祸福避趋之"的情怀在民族存亡之际担当起责任。你们不害怕吗？当然害怕。但你们知道自己身上的责任，便用积极、乐观的心态战胜了所有的恐惧，铸就了人生的辉煌。

相反，是你，柳宗元，被贬永州后，为"永不起用"的条文吓坏了，为那里的"穷山恶水"吓坏了，你害怕了，害怕得忘记了"为官一任，造福一方"的圣人古训。于是，你整日寄情山水，毫无政绩可言。

所以，害怕与不害怕不在于你所面临的境遇，不在于你所处的环境，而在于你是否拥有一颗积极、乐观地战胜困难的心。

本片段不是停留在对害怕与不害怕现象的列举上，而是透过现象看到了害怕与不害怕的本质在于是否拥有一颗积极、乐观的心，这是典型的透过现象探原因。如此行文构思，既让文章说理深刻，又使之充满了极强的辩证色彩。

示例3：

优秀作文《为生命灵魂修炼》片段：

木心于《狱中札记》中评价自己当时的生命姿态："我白天是奴隶，晚上是王子。"白天对于现实的妥协，并非是对夜晚翩然起舞的亵渎，生命于妥协中往往更能向前行走。故妥协是为生命灵魂修炼奠基而并非镣铐。（指出妥协的实质）然而，在现实中，人们往往将妥协理解成对物质的卑躬屈膝，更误认为这是一种生命的常态。于是我们看到，庸俗消费主义潮流下精神河流裸露出的河床，"物质至上"的至理名言导致人们在灵魂荒原上的迷惘游荡……（列举现象）如此种种，是人们在与现实的妥协中失去如河流般"大江东去"的坚决与勇气，是人们在空虚生活中心灵之花的枯萎，灵魂之声的消散，更是对妥协是为生命灵魂修炼奠基的曲解。（指出现实中种种妥协现象的本质）

"妥协"似乎是一个贬义的概念，是对物质的卑躬屈膝，却是为生命灵魂修炼的墓奠，这是辩证统一的过程。

3. 训练

当下中国最火热的手机游戏是什么？《王者荣耀》。对于这款游戏，众说纷纭。

学生：把英雄变成游戏，同伴合作，缓解压力，享受快乐。

《中国青年报》：《王者荣耀》似鸦片式传播，学生深陷其中。

《北京日报》："荣耀"变"农药"，游戏公司装睡？

《王者荣耀》制作人：作为父母，对孩子都有天然的护犊之心。特别是面对小时候吃过苦的孩子，当好日子来了以后，会特别心疼。所以，当看到关于《王者荣耀》的负面新闻时，父母就怪这款游戏。而我们的心里，天然想辩解，这就是一款游戏，和漫画、电视剧、电影、武侠小说一样啊。就因为有人沉迷，就都来怪游戏，我们觉得有些委屈。

《王者荣耀》为什么如此受追捧？你是怎么看待此类现象呢？请以"我看《王者荣耀》"为题，写一篇议论文，不少于800字。

点评：如何客观看待《王者荣耀》受追捧？既要探究游戏受追捧的原因，又要分析人们的心理因素，更要一分为二辩证地看待此类现象。

四、教学反馈

1. 学生反馈

张宏斌：听了张老师的"因果辩证"思维训练课后，我对论述文的辩证思维有了更深的认识。如果一篇作文只是单方面地赞成或批判某一事物或事件，那么容易偏激。只有运用辩证的思维方式，才能体现一个人的思维高度。

李瀚宇：因果关系可以互相转换、相互作用，具有复杂性和多样性。其表现形式有"一因多果""一果多因""多因多果"等。学会因果分析法，列出不同原因的多种结果，会使你的文章条理更加清晰、论证更加深入。

章林俊：对一句话的分析，也能体现因果关系，比如"如今你的气质里，有你走过的路，读过的书，以及你爱过的人"。为何在气质里可"窥视"一个人的过去？为何过去影响甚至决定一个人的气质？我们不难发现，因果关系存在相互转化的趋势。

郭欣雨："辩"，通"辨"，是用不同的眼光去看待某一件事物；"证"，则是证据，指用证据来证明自己的观点。因此，"辩证"就是用不同的眼光去看待一件事物，并证明自己的态度，使他人信服的思维过程。

何佳茜：生活中处处存在着辩证。犹太王大卫在戒指上刻有一句铭文：

"一切都会过去。"契诃夫小说中的人物戒指上也有一句铭文："一切都不会过去。"这两句看似矛盾的句子，其实就是辩证的魅力所在。

郭帆：通过这次作文训练课，我深刻地明白了因果思维的重要作用以及自己在作文时的诸多不足。经过深入反思，我认为论述文不是靠长篇大论将人压倒，而是靠合理的推断使人信服。古时韩愈作《原道》《原毁》等文章，专为批驳时人歪曲倾向而写，故而句句缜密，前后连接严整有法。

2. 学生习作

我看《王者荣耀》

浙江省回浦中学　高三（7）班 张玲莹

要说今年最火的游戏是哪款，那一定非《王者荣耀》莫属。有多火？火到小学生和老奶奶都会玩，火到车站和课堂上都有人玩，火到几个少年因为沉迷这款游戏而猝死。《王者荣耀》，到底是"荣耀"，还是"毒药"？

社会各界对于这款游戏的评价各不相同：王者的忠实粉丝认为它可以缓解压力，家长认为它会浪费孩子的学习时间，老师认为它害人不浅……

在我看来，王者的影响需要我们辩证地看待。

首先，它作为一款游戏，的确是能够缓解学习或工作上的压力，使人感到放松；它把历史英雄人物渗透进游戏，可以让人在游戏中获得知识；它以多人即时对战的模式、特有的段位系统，营造出紧张刺激的氛围，从而使人在游戏中获得一种成就感。从设计游戏的初衷来看，它是成功的，近两亿玩家就是证据。

但是，物极必反。《王者荣耀》的好处得有个前提条件，那就是能够自己控制时间，适时上线，不至于沉迷。否则游戏就不再是缓解压力的"灵药"，而成了"毒药"。君不见，不少同学一旦上线，就无法自拔，与队友作战，彻夜不眠，甚至在白天上课期间还在幻想着自己操控的角色在王者峡谷中奋力厮杀的情景。这样不仅会影响我们的学习，还会对我们的视力和身体健康产生不可估量的影响。而且，玩游戏需要充钱，增强家庭的经济负担。因此，家长、老师们开始找这款游戏的麻烦，认为是它害了自

第五辑 文化探究

己的孩子、学生。但是从客观上讲，游戏本身没有错，正如《王者荣耀》制作人所说的：“这就是一款游戏，和漫画、电视剧、电影、武侠小说一样啊”，这些都会对青少年散发出巨大的诱惑力，主要差别就在于它的制作更能诱惑人而已。

沉迷游戏并不都是《王者荣耀》的错，学生们应该反思自己的自制力是否足够强大，可以不让自己沉迷其中，适时自拔。王者公司也已经出台了防止未成年人沉迷游戏的政策，推出了未成年人保护平台，限制游戏时长，这是他们为沉迷游戏的学生做出的努力。那些“吸毒者”也应该行动起来，自己不够自制就依靠外界力量，强制把自己从游戏的深海中拖出来。家长也不该一味地责怪游戏，而是要加强对孩子的教育管理，陪伴孩子走出困境。学校也不要给学生太大的学习压力，适时组织学生开展一些趣味性的活动，缓解学生因学习压力带来的负担。只有社会各界共同努力，才能携手打造一个安全和谐的游戏环境，这对于游戏的创作者来说，才是最好的礼物。

点评：客观辩证地分析《王者荣耀》之所以受追捧的原因，是培养中学生理性思维的应有之义。本文作者运用了因果辩证的思维方式，从《王者荣耀》盛行现象的背后，挖掘其根源，肯定了《王者荣耀》作为游戏的积极作用，剖析了学生沉迷于《王者荣耀》的危害性，辩证客观地分析了《王者荣耀》盛行现象，指出了避免“荣耀”变“农药”的解决办法。

五、教学感悟

“因果辩证”思维，是思辨性论述文写作中常用的思维方式。如何让学生掌握其思维特点？如何通过这种思维方式让作文变得更深刻更全面？这是本堂作文思维训练课的重点。在教学过程中，教师首先必须让学生明确什么是“因果思维”，什么是“辩证思维”，“因果辩证”思维有几种方式，如何在写作中运用等写作知识；然后通过学生喜闻乐见的材料话题，尝试进行“一果一因”“一果多因”“一因一果”“一因多果”“多因多果”等思维训练；最后让学生通过写作训练，掌握这些论述文常用的思维方式，达到写得深刻、写得全面的目的。

在教学过程中，学生对"辩证"思维的理解和掌握最为困难，因为这种思维需要哲学思想为基础，在对立统一中趋向全面。此外，在进行深层次的原因探究方面，学生也有所欠缺，导致事件分析未能深刻，这与学生的阅历、年龄等都有关系。在论述文写作中，指导学生运用"之所以……是因为……""由此可见""因此""如果……那么……""固然……然而……"等关联词语，帮助他们在语段的阐述中逐步树立"因果辩证"思维。（节选自朱昌元主编《高考思辨论述文写作》，浙江教育出版社 2018 年 7 月第 1 版）

第六辑

课堂刻痕

　　"本真语文"的教学理念，在我的课堂中表现为"质朴""灵动""和谐"的教学风格。"质朴"体现在整个课堂教学目标清晰、环节简单、语言朴实；"灵动"体现在教学设计不单调、不呆板，有小组的活动、思维的碰撞、动态的生成；"和谐"体现在师生课堂交流的顺畅、情感的亲密、精神的契合。我的语文课堂具有浓郁的"语文味""人情味""文化味"，质朴中追求语文的灵动，灵动中实现言语的和谐。语文课不仅是语言学习的课堂，更是人生成长的课堂。

　　浙江师范大学教授王尚文认为，教学的本质就是"让学"，"教"就是"让"学生"学"语文。离开了学生的"学"，教师的"教"犹如空中楼阁。学生，是学习的主人，也是课堂的主体。语文学习的目的是"掌握语言艺术"，能否让学生在语言实践中逐步形成语文素养，是衡量课堂优劣的标准之一。生本教育理论认为，教学就是学生在教师组织引导下的自主学习。生本的课堂区别于短期行为的、分数的课堂，是人的发展的课堂，是探究与交流的课堂。在教学组织上，鼓励先学，以学定教；采用个人、小组和班级的多种方式的自主学习。要求学习具有开放性，这种开放性不仅包括课堂上的开放，而且包括课外的开放。"以生为本"的教学设计，是以学生的兴趣和内在需要为基础，以主动参与为特征，以促进学生发展为目标。综观我的课堂教学，也符合生本教育的课堂理念。从学生的学情出发，紧扣文本的"言语"，走向言语承载的"文化"因素，通过设计多种多样的教学活动，让学生在学习旅途中收获精神的成长。我的语文课堂，留给学生深刻的印象。无论是递进循环式的教学方式，还是情景交流式的教学模式，都是为了让学生能在课堂中深入文本内涵，领悟语言的魅力；无论是饱含感情的朗诵，还是角色扮演的体验，都是为了让学生在真善美的熏陶中获得人生的启迪；无论是小组讨论的学习方式，还是推荐点评的活动形式，都是为了让学生在语文活动中突出主体性……这些课堂留下的痕迹，是生命中最宝贵的回忆。

　　学生对语文课堂的印象，从某种意义上说，也是我语文教学风格的体现。韩愈说："师者，所以传道授业解惑也。"语文教师，要引导学生从一篇篇美文中感受语言的魅力，体会思维的力量，领悟人生的哲理。课堂上，不只是"道"的传授，也是"惑"的制造；不只是"语文味"的潜移默化，还有人生困惑的探索过程。我的语文教学，也不只局限于课堂上，课前的古诗词鉴赏、时事评论，让学生在准备材料的过程中获得积累与体验；课后的整本书阅读、阅览课摘抄、随笔写作、班刊编辑，让学生阅读与写作相融，把语文学习当作生活本身，在读写中提升自己的综合素养。课堂，就是播撒文学的种子，就是开启生命的智慧。

　　课堂的高效率，源于教师的人格魅力。渊博的学识、敬业的精神、率真的个性，让学生如沐春风，如饮甘泉，惬意畅快。教育不仅仅是职业，更是一种事业。教师对语文教学的责任和情怀，正是影响学生人生选择的重要因素。语文课堂，是语言文字的魅力之旅，也是高尚情操的修炼之地，更是中国文化的探究之源。1999届毕业生章晓燕的《难忘的初中语文课》，回顾了初中阶段《愚公移山》的课堂片段，江涛的歌声萦绕在耳，愚公的豪情激荡在心；2006届毕业生陈飞的《高中语文课堂，永不消逝的回忆》，叙述了语文课堂的诗意人生，课后随笔写作的生命表达；2009届毕业生陈俏超的《张老师的课堂印象》，则写出了愉悦快乐的语言之旅，写作赞赏的多种手段，那是对文字的尊重，对成长的激励；2010届毕业生杨志的《我心中的高中语文课堂》，对印象中的高中语文课堂进行高度概括，并提炼出课堂的两种教学模式——递进循环式和情景交流式；2013届毕业生陈素的《怀念高中的语文课堂》，回忆了高中课堂的精彩片段，写出了我独特的教学方式、渊博的文学知识以及人生智慧的启迪；王琼阳的《"制惑"的解惑者》，则体现了我在语文课堂上的"制惑"功夫，在学生阅读的疑问处启发学生自主深入探究语言文字背后的人生哲理，既有语文味，更有人情味，"经师易遇，人师难遇"；2016届毕业生金梦雅的《梦回高中，最忆语文课》，写出了我对语文教学"语感"的重视，语言与文学的魅力发掘，语文教学的灵动以及课堂上师生其乐融融的氛围；2018届毕业生何佳茜的《教书愤而启，育人悱而发》，写出了课堂的阅读之旅、快乐之源，"没有书香的语文课，就是没有灵魂的技术课"，灵动开放的教学设计，诙谐幽默的课堂语言，师生互动的教学方式，让知识变得更活泼，让生命更富有温度，真正体现了"学生为本"的教学理念。

语文课堂，是语言学习的课堂，更是精神成长的课堂。

难忘的初中语文课

1999 届初中学生　章晓燕

（电子科技大学专升本在读生，宁波铂越设计企业合伙人）

"北山愚公者，年且九十，面山而居。惩山北之塞，出入之迂也。聚室而谋曰：'吾与汝毕力平险，指通豫南，达于汉阴，可乎？'……帝感其诚，命夸娥氏二子负二山，一厝朔东，一厝雍南。自此，冀之南，汉之阴，无陇断焉。"

相信大家都知道，这是《愚公移山》的头尾部分，也是张老师语文课堂中最令我刻骨铭心的一个片段。如今虽已过去 23 年之久，仍记忆犹新。回想当年读书的我，对古文一直比较排斥，看不懂，不好背，文字又总那么拗口。但是，足智多谋、慧心妙舌的张老师用他独特、巧妙的教学方式，带领我们走进课文语言深处，让我们从晦涩的文言文中学出滋味，读出情感，悟出人性。首先，张老师知道我们班同学喜欢唱歌，于是找来江涛演唱的经典歌曲《愚公移山》，让我们先学会唱这首歌，在音乐的旋律中，我们感受到那股豪情和执着。接着，张老师让我们分小组逐段朗读并翻译课文，详细解释疑难词句，疏通文章的大致内容，想象当时的场景。最后，张老师亲自范读，吐字清晰，抑扬顿挫，感情真挚，极具感染力，犹如他就是那位"愚公"，带领我们来到了太行山下，亲见眼前的两座大山阻隔了道路，又似乎听见愚公与智叟的对话，看见子子孙孙挖土开山的忙碌场面，仿佛身临其境。课堂上，他时不时地飘向我们的眼神，是穿越时光的坚定与走向明天的自信。课外，张老师以写促读，联系当今的"愚公"与"智叟"，让我们谈谈自己的看法，真正领悟愚公不畏艰险、坚忍不拔、矢志不移的精神和意志，让我们终生难忘。

在其他的语文课堂中，张老师还会把文中的含义结合我们当下的状况，举各种有趣好玩的例子，使课堂变得活跃、新鲜、灵动，使精神与现实相结合。张老师还是我们的班主任，他带领我们从懵懂走向成熟，从失望走向希望。初中阶段，我们正处于青春期加叛逆期，面对我们的调皮与叛逆，张老师用他那和蔼可亲、润物细无声式的教育引导我们，带我们走向正道，塑造独立、自信、阳光、向善的独特的自己。与其说张老师是我们的语文老师，不如说是我们学海之旅中的那盏明灯，更是我们人生之途中的精神导师。

我深感荣幸，能成为张老师的一名学生。他是我们心中的太阳，我是一颗小小的行星，以他为荣，以他为傲，以他为榜样，努力让自己发光发热，照亮周围，温暖他人。张老师的语文课，尤其是文言文课堂，让语言渗透到我的心灵深处，使我从原先的排斥文言文，到喜欢文言文，甚至偶尔写写古诗词，带给我人生的富足。毕业至今，每次在生活中遇到困难时，我都会想起课堂上的他带给我的那种自信、自豪、自强。他用自己全身心的爱来浇灌我们，让我们茁壮成长，实现自己的理想，为这个世界增添斑斓色彩。"捧出一颗心来，不带半根草去"，正是对张老师最好的写照。

高中语文课堂，永不消逝的回忆

2006 届高中学生　陈　飞

（台州学院外语学院毕业，现任教于杜桥镇中学）

毕业至今已逾 10 年，偶尔还会梦见在高中语文考试现场，对着作文题奋笔疾书。我想，这和我的高中语文老师——张老师是分不开的。张老师，一位"润物细无声"的老师，用他独特的教学方式让我意识到，语文也是一门有魅力的学科。

张老师带了我 3 年，他上课，绝不像有些老师侃大山，也不像有些老师照本宣科。他上每一节课都带着深深的情感，语文在他眼中不是一门学科，而是一门艺术。犹记得高中第一节语文课，从张老师在黑板上利落地写下名字介绍自己时，我就已经被深深地折服了。当时那节课上的是毛泽东的《沁园春·雪》，首先张老师让我们全班同学朗诵，但总归少了点气势。于是他亲自出马，在抑扬顿挫又饱含深情的演绎中，我们似乎回到了那个战火纷飞的年代，又看到了那个指点江山的伟人，不由得沉醉于那种豪放的风格、磅礴的气势、深远的意境及广阔的胸怀。第一节课，张老师就征服了我这颗年轻而又躁动的心。

学语文，文言文相当晦涩难懂，但又是考试的重点，所以我们不得不硬着头皮学。由于底子薄，我们每读一句，就要看注释，再把它们支离破碎地翻译出来，这不免破坏了原有的美感。而张老师讲文言文几乎不看课本，哪句话的出处、典故他都能准确地说出来，并翻译得很有韵味。在他的影响下，文言文、古诗鉴赏对于我来说越学越有味道。它们不再是毫无关系的单字拼凑而成的，而是展现出了语文的魅力。

张老师不仅重视我们课堂的输入，也很重视我们课后的输出。每周我们都有一篇周记，周记其实也就是作文的积累。现在想想，一个班级五六十人，一百多篇作文，张老师都认真批改，认真点评，这是多么大的工作量！曾经我只是把作文当作任务来完成，直到后来才发现，这个语文老师对待作文中的一个标点、一个错别字以及段落是否对齐都是如此认真，我才认识到写作文并不只是任务，以至于我也开始严肃认真地对待每一篇作文，甚至后来考试的一篇作文在年级里拿了最高分。

　　现在回想起来，我那时为什么喜欢张老师的语文课，为什么我的语文成绩一直保持在上游，这一切源于老师的真，源于老师的情，源于老师的教学方式，是他把语文当作一门艺术来追求。每每想起当时的课堂情景，我总会有一种莫名的心动。它像一束永存心里的阳光，在我的心底留下一抹永恒的温馨记忆。感谢在我的高中生涯遇见了张老师。现在我也成为一名人民教师，张老师就是我想要成为的人！

张老师的课堂印象

2009 届高中学生　陈俏超

（宁波大学毕业，现就职于台州沿海高速公路有限公司）

我高一的时候写过一篇随笔《睡在阳光襁褓里》，张老师在全班同学面前动情地念了出来。念到最后一段的时候，他忽然哽咽地跑出了教室。

他眼圈红了。他叫我出去问是不是真实的故事，他被感动到了。

其实那是我以一个从小失去母亲，一直由父亲照顾的小女孩的口吻写的一篇虚构的文章。为了让女儿感受到母爱，父亲骗女儿说妈妈就住在太阳宫里一直守护着她，并且一直以书信的形式代替妈妈与女儿交流，父亲也用日记的形式记录下女儿成长的点滴。最后长大成人的 18 岁的女儿明白了一切，不由得发出感慨："那个季节我明白了，您和妈妈才是一个完整的太阳，而我，永远都睡在阳光襁褓里。"

我当时也被张老师感动了，慌忙云淡风轻地安慰道，这不是真实的故事，我父母都健在。

其实，这篇文章里确实有我成长的影子。从小父亲在外赚钱，我与母亲相依长大，我内心里是渴望父爱的。文中塑造的深沉的父爱既有我内心的渴望，亦有现实的写照。

马什说：以愉快的心情学得的，会永远记着。大概张老师的课堂总是让我感到轻松和愉快，时隔 13 年，那些记忆片段依然如此清晰地在眼前翻滚。

唤醒教学，开启联想大门。

张老师唤醒了我开启联想大门，我从未如此大胆地尝试写作。

翻开高一时期的习作本，除了散文，我还尝试写作小说、相声、诗歌、古体小说、仿古文写作等，我以猫、茶、柳条、月色、伞、故乡、大海等为介质，唤醒内心记忆，重塑情境写作。张老师非常支持我的创作，每周一篇的随笔，是高一时期养成的最好的写作习惯。

而这些灵感的来源，正是每次作文课上张老师精心准备带来的"惊喜"。

课上，张老师时常以一件"物什"或一个"故事"来调动大家的想象，从具象到抽象，再形成句子、段落，为充分调动联想情绪，张老师还会用富有深意的故事来启发，用适宜的音乐来助兴，或情境优美，或富有哲理。

他教我们适当放慢脚步，学会观察身边的一草一木，一朵花、一片叶、一块石头、一首音乐、一次阅读、一位亲人、一段经历，甚至是回眸一笑，都能唤醒我们的生活记忆，激活我们的写作灵感。

我非常怀念当时以笔写文章的日子，不似键盘敲击可以随时删除修改，那时的文章"一笔落"，所有的词句已随着这些发散的思维和想象在心中打磨数遍，心之所想及文之所至，得益于张老师的唤醒教学，打开了我的联想大门。

捕捉灵感，万物皆成文。

万物皆可成文，万事皆是素材，感悟是创作最直接有效的灵感，抓住它，写下来。来不及写，就拿出小本子记下这个瞬间灵感，事后再写出来，这是张老师教我们的"灵感捕捉法"，一生受用。

在张老师的课堂上，我学会了"凝望"和"独处"。我曾写过一篇散文《盘桓在清晨》，便是以校园中刚抽芽的柳条为触点发散开来的。那日清晨晨曦微露，我像往常一样带上小本子开始了校园里的"闲逛"，经过食堂外围一排杨柳树时，发现清晨的柳条在晨曦的映衬下显得特别清亮，当即我记下："第一次开始凝望，绿意便激起我心头那股冲动。"随后那周的随笔便出炉了，后来文章亦被张老师选中在班里诵读、张贴。

阅读，是对文字最大的尊重；而作文被肯定，总是让人愉悦的。

如果你的文章被复印张贴出来，甚至在很多人面前诵读出来，就像是被发表一样，你的心中一定会欣喜若狂吧！张老师就是如此尊重我写的文字。同学们都认为自己的文章能够在班上被阅读，是受到了最大的尊重。

我一度认为张老师有一个善感的心灵，他用真情实感批阅我们的文章，利用课堂的宝贵时间动情念出来，还将优秀文章复印张贴在教室后排。

他的这种"融入"影响我很深。

我时常在张老师的作文课上暗自与同学们"较劲"，努力在最短时间内创作出不落俗套的句子或文章，而张老师亦会给予及时的回复和肯定，从不吝惜夸赞的言辞。这让我信心大增，而他的赞赏在我看来，使文字得到了最大的尊重。

我心中的高中语文课堂

2010 届高中学生　杨　志

（浙江大学医学院硕士毕业，现任职于台州医院）

　　高中阶段是一个人阅读积累、快速掌握现代知识和为迈向更高学习阶段而做准备的时期。高中时期的语文教学好坏，将决定一个人对语言文字运用和表达的熟练程度。而高中时期教授我语文的张老师有着独特的教学模式，这给我留下了深刻印象。为什么这么讲呢？我想那是因为递进循环式的教学方法和情景交流式的教学模式，应该说这两种教学模式在吸引学生学习注意力，提高课堂教学水平方面是较为有效的。

　　递进式的教学模式是应对教学理念的改革而诞生的一种摒弃传统教学方式的新型高效教学理念。在我国语文课堂教学中，普遍以学习掌握基本的文字含义，具备一定的阅读能力和写作能力作为学习目的，其学习方式以围绕掌握这些基本技能为出发点和落脚点。递进式的教学模式既遵循了传统的教学方式，巩固了学生的学习知识点和基本技能，同时探讨了怎样根据学生的心理年龄特点对其实施分阶段的教学策略。高中时期，对于古诗文的学习是比较重视的，毛泽东的《沁园春·雪》的学习过程便给我留下了深刻印象。作者的文笔是比较豪迈有气势的，但是对于学生初次体验这类文学作品时，相信很多人是不能很好地理解和体验到这种意境的。而张老师是以一种渐进的方式来培养学生在这方面的技能和文学素养。从初步的文字拆字解析，介绍北国的美好风光，"千里冰封，万里雪飘"体现北国一片冰天雪地，气势豪迈，将古诗词的语言转化为现代语言的表达方式；其次展开作者写下这首词的时代背景，然后将两者结合在一起，"江山如此多娇，引无数英雄竞折腰""数风流人物，还看今朝"，一边朗读一边体悟来提高学习能力，当然，在这方面的技巧把握，没有一定的文学功底是无法做到的。

　　情景式的教学模式是应对学生对历史时代背景理解困难，较难以现代人的思维理解古时候人们的思维方式而采取的一种较为有效的教学策略。

以教授高中的《论语》为例，《论语》是孔子及其弟子的语录结集，是古时文人士大夫作为其行为准则的范本。那么，我们如何站在现代人的视角来理解《论语》中涉及的一个个故事和行为方式？这成为学习过程需要理解的内容。以"颜回敬师食污饭"这一则来说，张老师就是以讲故事的形式营造情景来教授这堂课的。孔子东游列国时，孔子和弟子们被围困在陈蔡这个地方不得脱，好不容易得到些许粮食煮饭来吃。颜回负责煮饭时抓了一把吃，却被人看见了，而孔子并没有责备他，而是问清缘由，才知道颜回是为了尊敬自己的老师，先把弄污的饭吃掉，因此差点错怪了颜回。同样地，在写作中采用情景式的教学模式更能取得比较好的效果。学生是具有丰富情感活动的社会存在个体，其情感程度和求知欲望，对学习活动进程起到促进和推动作用。教师在这一方面的引导作用是非常重要的。

知识的学习和传递是一个过程。在这个过程中如何把枯燥的内容转化为生动有趣的课堂体验是不容易的。无论是在高中的初级学习阶段还是上了大学，读了研究生，每一个阶段都是不断地把复杂难懂的知识简单化，在此基础之上不断深化自己的认知。递进循环式和情景交流式的教学都是为了更好地达到这一目的，以较为生动、可理解的方式促进教学和学习的提高。

怀念高中的语文课堂

2013 届高中学生　陈　素

（硕士研究生，现就读于南京师范大学）

　　时光荏苒，一转眼，高中毕业已近五载。回想起那些勤学苦读的日子，我甚是怀念我的高中语文老师——张老师，怀念张老师给我们上的每一节语文课。

　　时至今日，我仍然清晰地记得张老师的语文课堂，因为无论是阅读抒情的散文，还是讲解严肃的文言文，张老师都能用他自己独特的教学方式，用他细腻的情感和广博的文学知识，让我们感受到语言文字的魅力。最令我印象深刻的是，在诗词赏析课上，比如学习杜甫的《登高》，张老师仿佛置身于诗人的处境，用他抑扬顿挫的朗读，带领我们进入萧瑟的秋色之中，领略那无边的"落木萧萧"和无尽的"长江滚滚"，体会诗人落寞悲愁的心境。同时，张老师很注重课堂形式的多样化，重视培养我们的语文学习兴趣。记得在戏剧阅读鉴赏课上，张老师让我们进行人物角色的扮演，印象最深的一次就是阅读曹禺的《雷雨》，同学们分小组展开了角色扮演，周朴园复杂的人性、鲁侍萍矛盾的内心通过扮演时的对话得到了深刻的体会。整堂课气氛活跃，主题鲜明，教学效果很好。还记得在学习李密的《陈情表》这篇文言文时，张老师让我们想象面对着皇帝，作为前朝旧臣的李密会用怎样的语气上书，用怎样的感情打动皇帝，"臣无祖母，无以至今日；祖母无臣，无以终余年"。这样的语文课堂既是语言的熏陶，更像人生的课堂，是沉浸在文学世界中的一种美的享受。在这样的语文课堂上，张老师带领着我们研读文本之余，还启发我们对生活、对人性与生命的思考，让我们学会做人，学会生活。

　　张老师也很注重我们的人文积累，时常给我们补充各类课外知识，也鼓励我们阅读国内外名著，如《平凡的世界》《百年孤独》《人类的故事》等，拓宽我们的知识面，更好地提升个人的文学素养。即使是在忙碌的高三时光，每两周张老师都会留出一节课作为自由阅读课，同学们可以自行选择阅览室里的各类期刊文章，如《美文》《散文百家》《花火》等，摘录各种好词佳句。张老师时刻向我们强调，养成每日阅读的习惯将会是人生一笔宝贵的财富。因而每次我都格外珍惜这样的阅读时光，也正是从那时候开始，我养成了阅读期刊文章的习惯。

我很庆幸能在高中时光遇到张老师，记得课上张老师也时常鼓励我们积极思考、提出问题。老师也会经常让我回答问题，遇到不懂之处，张老师都会循循善诱，鼓励我进行独立的思考。在语文课上，我看到了张老师对文学和教师职业的热爱，对学生的殷切关怀，也让我萌发了在未来成为一名教师的想法。

在我看来，张老师不仅教授了我语文知识；更为重要的是，在张老师的教导下，我感受到了文学的魅力，我的内心深处埋下了一颗热爱文学的种子，也学到了为人处世的道理。希望在不久的将来，我也可以成为像张老师一样优秀的人民教师。

"制惑"的解惑者

2013 届高中学生　王琼阳

（温州大学毕业，现任教于临海市哲商现代实验小学）

　　一直想回到高中课堂再听一次张老师的课。高中三年，坐在教室的一角，面对繁杂的课业、枯燥的习题，每天仅有的一两节语文课对我来说确实是一种莫大的慰藉。现在我也是一名语文教师，我还时常会想起高中阶段躲在层层叠叠的教科书后面奋笔疾书时的焦躁，以及即将迎来一堂语文课而获得心灵上的安抚。我想重新唤起那时的回忆，一是出于对张老师的敬爱和感激；二是出于对自己最美好校园生活的怀想；三是真的喜爱语文，喜爱张老师给我们带来的语文课，喜爱语文课堂上老师给我们带来的超越课堂的人生启迪。

　　张老师的课堂有他独特的风格，没有造作伪饰，更多的是"语文味"的潜移默化。在我的记忆里，他的声音平和却有力，不见悲戚或狂喜，总是那样如水般，淡淡的，沉沉的，似有千般情绪藏入其中，而想要探索就得随着他走进语文世界。

　　还记得高一时学习苏轼的《赤壁赋》一文，"客亦知夫水与月乎？逝者如斯，而未尝往也；盈虚者如彼，而卒莫消长也。盖将自其变者而观之，则天地曾不能以一瞬；自其不变者而观之，则物与我皆无尽也，而又何羡乎！"在那个年纪，学习这段文字对我来说有些难度，对于字面的意思有了大致的把握，而对其中所蕴含的哲理却似懂非懂。面对这样的窘境，张老师没有做过多的解释，而是引导我们对比前文，在苏轼营造的文字空间里尽情想象，在那些美景那些英雄故事中，体察作者内心的悲与乐。前文的"悲"正是与这里哲学上的思考、内心的达观形成对比，体会了作者对于自身如蜉蝣的"悲"，就能体会在此情此景中，他内心的强大、长叹抒怀后的"乐"。仰观宇宙之无穷，体悟自身之渺小，然而谁知不变的究竟是"万物"还是"我心"？

　　"不强求"，张老师随手一画在黑板上留下这三个大字。他让我们引申到生活，联系我们的实际进行探讨。生活中总有不尽如人意的时候，"不强求"就像一剂药，治得了大小心病。在这之后，他不说话，只让我们自己去想、去感受。屏幕上月光如水，音箱里放着老师准备的琴音，缓缓地，如月光泻入心底。所有的同学都陷入了沉思，少年的烦恼似乎淡了许多，眼前是天地，耳畔有风声，心底有月光。当时未曾想到"不强求"这三个字在我之后的人生中会那么重要，我想对于其他同学来说，或许是"不强求"，或许是"乐与悲同在"，或许是"物我无尽"，每个人多多少少都从中获得了人生的启迪。

在我看来，语文真是一门复杂的学科，要想教好语文，传道者自身的素养以及对世界的感悟真是太重要了。张老师真的是一位可敬又可爱的人，正是他对生活的热爱，对学生的喜爱，对人事的包容，成就了他更好的课堂。

在学习《项脊轩志》的时候，我们觉得内容有些枯燥，文章将屋里的布局一一铺陈开来，叙述的都是些鸡毛蒜皮的事，"亦可喜，亦可悲"，最终以庭院前的一棵亭亭如盖的枇杷树收尾。张老师也似乎明白我们没有真正地领会作者的情思。"琐碎的小事，为什么我却记得这么深刻？"张老师问，"从祖辈到已故六年的妻子，作者却能够细细数出，在这几十年的人事变迁中，这所屋子留给作者的究竟是些什么？""门口那棵妻子亲手种植的枇杷树仅仅是一棵树吗？平凡的小事就不值一提吗？……"我只记得当时张老师并没有直接解答我们的疑惑，他只是提了一连串的问题，接着就让我们自己去文中"挖"线索，而且让我们在自己的生活细节中找类似的写作素材。正是这些问题引着我静下心来，试图再次去课文里找到那些隐藏的细节、隐藏的情绪。

那种感觉很奇妙，当我静下来细想作者所描绘的这些场景与事件，再读整篇课文，感觉就像是在看古老的黑白默片，一座百年老屋，三代人的生活变迁，人情冷暖，有笑有泪，有喜有悲，而那些黑色的画面最后有了温度，有了色彩，只见归有光一人，脸上岁月痕迹分明，身旁枇杷树亭亭如盖。那时真的有落泪的感觉！长大后再去读这篇课文就更有感触了！代入自己的家庭，自己的亲人，更加感受到了淳朴平凡生活中的真情。

真正的"解惑者"也许正是制造"惑"的人，张老师喜欢把课堂的主动权交到我们的手中，而他作为支架引导我们走向更远、更高的地方。这样的课堂对学生来说无疑是享受，我们不是思想的搬运工，而是思想的制造者，这种成就感一直在心底沉淀。

回忆多年前张老师的课堂，我的脑海里浮现出当年同学们因为解出了老师的问题而开怀大笑的样子，那真的是源自内心，因获得知识而产生的喜悦之情。课堂上的张老师总是那么从容，他的课堂确有安抚人心的功效，想起那时自己的无知和焦躁仍感觉有些赧然。回到当初的课堂是不能实现了，不过再去听一听张老师的课，体会一进课堂就能舒心的感觉还是可行的。"经师易遇，人师难遇。"年少时对语文课堂的期待感再次涌上心头，真是让人留恋啊……

梦回高中，最忆语文课

2016 届高中学生　金梦雅

（现就读于郑州大学）

收到老师的信息，有幸在老师的新书中说几句话，希望不负使命，能用拙劣的文笔表达出我心中的感想。

张老师个子不高，却总是挺着胸脯站得笔直，走路时步伐稳健，沉稳又潇洒。他时常微笑着唤同学们的名字，不带着姓，"梦雅""梦雅"的，让人感到十分亲切。他是个不吝赞美且独具慧眼的人，不论是谁写了一篇好文章，答了一道好题，还是练了一页好字，都能听到那暖洋洋的赞许。班级后边设有一块美文欣赏区，每周随笔或者命题作文凡是写得好的，老师都会点评一番后贴到欣赏区，大家对此十分受用，同时也极大地提升了对写作的兴趣。我能当上语文课代表也是因为一篇作文，大概当时老师觉得这个学生写的文章有点意思，就以这个头衔来表扬我、激励我。

每次上课，张老师都会早到几分钟，有时候上一节课还没下课就能看到他等在走廊上。进来时，经常一只胳膊夹着书。他有时会与同学闲聊几句，有时则看同学手上在做什么，并加以鼓励。他并不是急着来上课，而是因为我们班有语文课前展示的惯例，他来督促演讲的同学做好准备。

课前展示全班同学轮流进行，大家可以分享最近看到的一本好书或者是一篇好文章，一件让你感触的事件或某个人物。有些同学制作了幻灯片上台演讲，有些同学还下载了精彩视频，这不仅丰富了同学们的写作素材，也锻炼了个人的语言表达能力。我从中受益颇多，连胆子也大了不少，逐渐就不再怯场。把短短的四十分钟上课时间匀出几分钟用来锻炼大家的语文听说能力，可见张老师的用心良苦。

课前展示固然是老师的精心设计，但课堂才是真正体现一位教师风采的地方。

学习文言文和古诗词，张老师常说"语感很重要"。不容易懂的地方就带着大家朗诵，而他自己是最投入的。用抑扬顿挫、声情并茂形容他的朗诵，一点也不夸张。他的声音十分洪亮，有时候一个人的声音比全班同学的朗读还响亮，有时还带着富有感情的肢体语言。那时候我们调皮，会偷笑老师太"激动"，唾沫星子都飞出来了。现在想想，估计老师也是想调动大家的情绪，让大家融入古代诗文中，否则看那些文章确实是很催眠的。那些晦涩难懂的文言文、古诗词，就这么一遍遍地读，好像也就有点明白这其中的意味、情感、文化。以至于我现在还记得"噫吁嚱！危乎高哉"的激昂高亢，记得"犹抱琵琶半遮面"的柔情婉转，记得"不积跬步，无以至千里；不积小流，无以成江海"的人生哲思，一词一句点滴累积，都变成了同学们肚子里的"墨水"。

学习现代文阅读的时候，氛围就轻松不少，张老师旁征博引，从历史经典讲到生活里的寻常小事，有时候会穿插说一两句方言，逗得同学们哈哈大笑，间或一拂额发，快步走上讲台，写几行笔力遒劲的板书。因为气氛热烈，就有同学钻空子说话，这时他就会叫你回答问题了。他收起笑容的模样颇有几分威严，镜片后的眼神也带着审视，让你不由得反思自己的行为。他会在学生找不到合适的词语来表达自己感受的时候给出提示，听到回答也不评论对错，常用循循善诱的方式鼓励同学们自主讨论，等到大家都答不上来或者是有一个同学终于答到点上，才拖长语调娓娓道来。

还记得当时学《品质》，张老师引导我们剖析鞋匠格斯拉的性格。描述格斯拉的句子很好找，同学们从文中找到了很多相关的肖像、神态以及动作描写，这些都在一定程度上体现了人物的个性。而后张老师让大家从格斯拉说的话里去体会，这个角度很是新奇，却妙不可言。大家把格斯拉说过的话进行大致归类后，人物的性格就像是多了个维度，跳出了传统的正直善良、敬业负责的笼统性格概述，而是带上了"格斯拉"标签的品质。"那双靴子不该咯吱咯吱地响呀""这是一种手艺"这些语言的品味，让我们知道他也是个自信的人，对艺术有着朴素的追求和自己的骄傲。最后，张老师让大家讨论在现实生活中是否存在具有这种工匠精神的人，总结了《品质》的精髓，语文课结束了，格斯拉也从书中走下来了。

每逢单周的星期五，我们班的语文课安排的都是阅览课，这是大家最期待的。那时候我们课业多，能抽出整节课的时间去看看杂志、摘些妙句已经是莫大的消遣。每次考前翻翻自己的摘抄本，便有了不少写作的底气。我至今还常常骄傲地和朋友提起，"我高中时候的语文老师是最有情怀的，我们直到高考前一个月还保持上阅览课"。坚持上阅览课，实则是他对教学方式进行深思熟虑之后做出的决定。因为我是语文课代表，张老师常常和我沟通，谈得最多的便是关于他教学上的一些新想法，问我是否可行，有什么想法建议，同学们会做何反应。此外四人或者六人成一组选出组长，每周会安排一次组长会议，帮助了解同学们的语文学习近况，也从同学的反馈中寻求一些新的教学对策。有一次，他提出编印一本班级杂志，收录同学写的优秀习作之类的，虽然花费时间很长，大家也一度以为这个计划要搁浅，但是最后在张老师的坚持下，班刊如期编印，每个同学一本。这些，大家都珍藏在记忆里。

私以为语文大概是语言和文学这两个词的组合，语言是以知识为底蕴，锻炼大家的表达和沟通能力；文学是鼓励阅读，开阔眼界，滋养心灵，提升共情的能力。在张老师的语文课上，能深深感受到这两者的魅力。

写到这里本来要搁笔了，突然想起来在高考前的一次课间，张老师神采飞扬地走到我们组座位旁，手朝我们摊开，一把小小的可爱的蓝莓就躺在他的掌心，"尝尝，是张老师自己种的。"他如是说。

"经师易遇，人师难遇"，我资历尚浅，不敢妄加评价，只能说，我常常为我曾遇到这样一位老师而感到无比幸运。

课前美读、课中品味与课后感知

2016 届高中学生　郭晨颖

（现就读于宁波大学）

正在读大三的我离开高中课堂已两年有余了，所以很惭愧地说，我对高中课堂的印象也着实无法做到与课堂实录一般完整而具体。但在这里，我仍然想谈一谈语文课。或许由于我现在就读小学语文教学专业的敏感性，张老师的语文课对我来说不仅仅是自己学习语文的落脚点，也是一个提高自身能力的范本与平台。

即使印象模糊，也还是能找到具有代表性的东西。我暂且以"课前美读""课中品味"及"课后感知"三个方面谈谈我的感受。

一、课前美读

我首先要说的是每次的课前美读。从小到大，好像这么多语文课堂，只有张老师要求我们每天有一位同学进行课前美读或演讲，雷打不动。除了大致限制时间，张老师对学生呈现的东西是十分包容的。那意味着你可以分享一首诗歌，不论是多么新奇缤纷的现代诗还是悠悠古韵的古诗词，有品析有体会就好；你也可以分享一段有教育意义的小故事，甚至一个有关社会热点的微电影片段，讲出道理或意义即可。因为题材范围之广，同学们少了压迫感与任务感，更多的是热情。我清晰地记得当时很热切地去收集一些新奇而有趣的题材，这是一种分享语文过程的热情。我们从众多不同题材中寻找的过程，其实也是在对这些素材进行美读分析的过程，我们读取出哪些东西是好的，好在哪儿，然后精细地去析读、总结，最终分享。这些分享出来的材料对于全班同学来说也是一定意义上的作文素材。

其次，还有预习。张老师的课堂，在授新课之前经常会有一个提问环节，或者让我们自己说一说初读课文的感受。这个提问不是他对我们的提问，而是让我们自己提出疑问，比如说自己哪块没读懂，哪里学习起来有困难等。相比一上来就进入主题的新授课，这样的课堂更有针对性。学生的课前美读和课堂提问环节，令我印象深刻。而对于我自己的试讲来说，我是有点害怕让学生在我上课前先问问题的，因为很有可能与我所备课内容不同而导致我很难有条不紊上完课，所以能做到这点也是我的目标。

二、课中品味

课中品味，是体现教学水平与教学质量关系最直接的一部分，也是最能体现教师独特魅力的一部分。课堂中，先是对句子的品味，如在《今生今世的证据》一课中，张老师带领我们从课文的"证据"出发直至自我的生命体验。然后是情感的品味，不只是对于文本内容的情感，也不只是文本形式所强调出来的情感，更是张老师引导着我们用语文的触觉从细微的点滴之处去体味生活、理解生活而引发的情感。这个时候，不同的文体或不同的内容，最后又会归结到学生的内心世界，积淀成精神的营养。

情感的品味要以文本内容为基础，以文本形式为桥梁，再辅以生活经历。三者糅合，正如新课程的三维目标一样不可割裂，才能使我们更自然却又深刻地去感受精髓。张老师以情感贯穿整个品味的过程，他不以平淡的语气来告知学生们文章所传达的感情，而在初次范读中就能立即将大家带入文章所营造的氛围中，为我们之后对文章的深入理解打下基础。当我在写这行字的时候，我的脑海里立刻浮现出张老师为我们上李白的《蜀道难》一课时饱含激情地朗读"噫吁嚱，危乎高哉"的情景，一字一叹，一轻一重，抑扬顿挫，荡气回肠。张老师类似的范读可以说比比皆是，但是这句话特别令我印象深刻。因为我清晰地记得，当时张老师朗读这句诗时声音高昂响亮，让我们联想到蜀道的高耸入云，联想到李白的人生慨叹。

说实话，我认为目前中学语文课堂多多少少在朗读方面有一些缺憾，那就是对课文朗读缺少足够的重视。我觉得语言文字的精华还是需要朗读才能品出味道。语文，"语"和"文"缺一不可。在这方面，小学语文课堂可能关注到学情的低龄化，更加重视课文的朗读品味，让文字鲜活起来。而当教学对象年龄增大时，很少有老师愿意扯着嗓子去朗读或者费尽心思把朗读环节当作重要的方式来让文章鲜活起来。"把文本剖析，把修辞列举，把情感说明"是很常见的教学步骤，但是这时候的讲解，很难让感情和文本真正结合起来，很难让学生真正成为课堂的主体，很难说服他们从心底里感知这种真善美以及课文的闪光点。

这么多年过去了，张老师的"噫吁嚱"还是久久回荡在我的脑海里，每次看见《蜀道难》，仿佛眼前就是张老师捧着书激情地上着课，带着我们在品读着"啊！真高啊！真难啊！"这种带着以身传情的品读，才是真正令人难忘，让人真切体会的"语文"。而这一点也使得我自己在阅读时充满感情与想象力。如果说这一句简单的品读还稍显表面，以下更是张老师的课堂给我留下的深刻印痕。

例如《今生今世的证据》的教学，张老师先让同学们解决文本的核心问题，寻找"证据"，然后朗读理解并联系自身谈体会，再对学生找出的段落进行点评指导。尤其是第一段文字的品味，张老师先创设情境把朗读与生活经历联系起来，不只说明文本内作者为什么产生这样的情感，更引入学生的生活，让学生对自己的生活经验也产生独特细腻的情感，从而体会"一草一木都是生命，都是有灵性的，时间久了就成了你生活的证据"这一道理。不只让学生去找寻作者的"证据"，更让学生思考找寻自己的"证据"。课堂中张老师配乐朗读，学生沉浸在淡淡的伤感氛围之中。氛围的营造不仅仅是对朗读的指导，更是直接到位的情感引导。这样的教学过程不仅让学生强烈感受到作者的"今生今世"，更强烈感受到自己生活中的事物，如"曾经认为无用的书籍"，如"那些曾经觉得无聊的日子中所见的夕阳"等。以"物证"再引"心证"，从充满情感的语言里读出哲理，从充满哲理的语言中体会情感。张老师的这节课是通过评点的方式来让学生更好地理解这篇有些许深度的散文，却不是单纯灌输式地让学生远远地做一个旁观者。这节课留有学生自己独立阅读思考的空间，让学生结合了自身独特的生活经历，从而更诗意地以主人翁的视角在朗读这种本质学习方式中读懂文中那些独特个性化的意象。这节课告诉学生们"作者思念故乡"非常简单，难在产生独特的对"情结"的理解。传统的课程不乏层层剥解袒露本质，却少有剥解中糅合，整体中解读，层层深入却紧紧贴合。"生与文""情与理""课堂与生活"融为一体。正如张老师最后的课堂总结"哲理散文，不但以情感打动人，而且以哲理启发人"，他的课堂亦是如此。

其实，除了品味时朗读的情感充沛，张老师的板书也令我记忆颇深，有着清晰的脉络与精简的内容。那抒情时的笔锋悠回，紧张时的落笔切切，全随文意。

三、课后感知

最后，我要说的是课后感知。这个感知指的不仅仅是对课堂上学习内容的感知，而且是对语文学习规律的感知。

以前，高中隔壁班同学经常和我说："你们班的语文老师很不一样。"这主要体现在两个方面：随笔和阅读。随笔的要求是每周一篇 800 字，阅读是"空余时间多看，只要不是黄色暴力什么的，只要积极向上的书，你们只管看，就说张老师说的，没收了我帮你要回来，当然是空余时间哦，不要上课看"。就这两点，让隔壁班同学既"同情"又"美慕"。对于大家的"同情"，起初我也是私底下抱怨为什么每周都要写随笔，别的班可能从来都不写随笔，但是一段时间坚持下去，效果就会放大，我们才真正体会到好处。每周的随笔意味着我需要看更多的书来丰富自己，意味着平时自己要多积累素材；上交之后老师的批改也意味着我们每周多了一次作文方面的测试，可以检验自己是否进步；批改之后老师对优秀作文的复印张贴，也意味着我们可以借鉴并学习优秀文章。其实，与其抱怨自己为什么比别人要多写这一项作业，不如去发现老师用他的辛苦批改换来我们的进步。为了写"随笔"，我只能去多"看书"，多"看书"让我有感而发，更愿意去写"随笔"，于是读与写相辅相成，良性循环。

以上就是我对张老师课堂的深刻体会了，而其实这只是埋在时光下的冰山一角。张老师总是把我们放在了语文学习的主体位置，我们所看见的语文是广阔的丰富的多样的充满魅力的。或许正是张老师这样的语文教学，使我对语文充满兴趣，从而选择了我现在小学教育的语文方向。高中时为什么我们班的语文成绩总是遥遥领先，或许正可以从这三点找到原因。课前美读、课中品味与课后感知，语文世界里需要美读，需要品味，需要自己去感知探究。

惬意语文课

2018 届高中学生　张玲莹

（现就读于湖州师范学院）

　　首先，站在一个师范生的立场，我认为语文是最能体现教师职业"立德树人"特点的一门学科。除了班主任，语文老师是和班上学生日常沟通比较多的老师，一个班的语文课堂对整个班的整体风气影响是非常大的。高二分班后我有幸来到张永飞老师的班级，并且担任了两年的语文课代表。下面我想以一个课代表的身份谈谈张老师的语文课堂。

　　张老师在课上和课后总是很亲切地去掉同学的姓叫名字，一开始我还有些不习惯，后来班上的同学都亲切称呼对方名字的后两个字，一定程度上拉近了同学之间的距离。我感觉，上课时老师叫同学回答问题，如果直接说"张玲莹，你来回答"会很生硬，但如果换成"玲莹，你觉得呢"，就显得很亲切，像是朋友之间在交流自己的想法，而不是像完成任务一样被老师叫起来回答问题，张老师在语文课上就是这样做的，他就是把学生当作朋友一样，就算有同学回答不出问题，老师也不会进行批评，而是温和地指点学生试着说出自己的想法。

　　不论是上一届的学长，还是听过他选修课的邻班学生，所有听过张老师的语文课的学生，对课堂最直观的印象就是生动有趣。其实语文这门课，说有趣也有趣，说枯燥也枯燥。同样的内容，带给学生什么感受，取决于授课老师。说一段我个人的经历，作为一个数学不太好的文科生，在高三后半段只有语数英三门课的日子里，数学课上我是努力绷紧一根弦去听，或者说是不敢不听，生怕错过什么考点；但语文课上我就会非常精神，有种舍不得错过的感觉，每节语文课都是我在高三比较放松享受的一段时光。张老师讲课抑扬顿挫，他还会把语文课堂和生活打通，激发同学们学习语文的兴趣。比如说在《氓》这一课上，在讲到"于嗟鸠兮，无食桑葚。于嗟女兮，无与士耽"时，张老师用篆体呈现"耽"字，并解释其本义、比喻义和引申义，还请同学们说说"耽"字在生活中的体现。同学们你一言我一语，讲到了耽于学习、耽于小说，甚至耽于网络游戏，班上的气氛一下子活跃起来，连走神的或是打瞌睡的同学的注意力也集中了起来，老师再拓展了陆游耽于唐琬的才情放弃功名，李煜耽于声乐终至亡国等，然后回归课本，请同学们圈画出诗中女子的"耽"体现在哪里，于是就把大家的思绪又带回了课堂。总之，他的课堂就是有一种让人舍不得睡觉的魅力，这可能也是张老师作为语文老师的一种独特的人格魅力。

另外，我们班的语文课有一个特殊的环节，那就是课前五分钟由班上同学轮流到讲台上讲解一首古诗词，轮到的同学要提前将古诗词誊抄在黑板上并且准备好该诗的赏析解释等，大致两三天换一篇，定期默写。这个环节是我负责组织的，所以班上四十几位同学几轮下来之后，我清楚地感受到同学们的变化，有的同学第一次上台可能是畏畏缩缩、战战兢兢的，但第二次第三次就慢慢变得自信起来，有些同学甚至都有了"小老师"的样子。张老师在课上也会请一些同学朗诵，同样以《氓》为例，老师在同学朗诵完毕之后，再深入提问本诗的情感基调变化，这种基于学情的古诗教学，大大地锻炼提高了同学们的共情能力。

我在开头讲到，语文这门课最能体现教师职业"立德树人"的特点。张老师从来没有放弃过班上任何一个语文成绩不理想的同学，他在课上还会重点请这些同学回答问题，好则表扬，不尽如人意则鼓励。在高考中，一些模拟考只有七八十分的同学最后都上了九十分。他在课上也会带着我们将课文上升到精神层面，探寻更深一层的东西。在讨论《氓》这首诗歌的女子是否真正解脱时，张老师将女子与"氓"之间的小情小爱，上升到了旧社会女性的爱。随着社会的进步，除了人性的觉醒，还有女子人格的独立。末代皇帝溥仪的妻子文绣主动提出离婚，是中国女性地位上升的一个标志；张幼仪、简·爱等千千万万的国内外女性都在告诉我们女性的自尊、自爱、自强。

大学专业课中提到，教师的专业素养包括专业能力、专业知识和专业情意，而专业情意就是每一位老师最独一无二的地方。正是对自己任教学科的热爱，对教育事业的执着，张老师才会在一轮又一轮的重复教学中依然保持最初的热爱，对每个学生都抱着相同的热情。作为一名学生，张老师的语文课堂是我高中时期一段最美好的回忆；作为一名师范生，张老师的语文课堂也将会是我今后教师生涯的一个典范。我很庆幸能在高中时期遇见张老师——教书、育人、点化生命，他都做到了。

教书愤而启，育人悱而发

2018 届高中学生　何佳茜

（现就读于温州大学）

　　安静地看着窗外树影婆娑，天空飘零着些许云朵，像是在寻找彼时前行的方向。两小时前，我提笔写下这些文字，似乎它们已经陪伴了我足足两年，陪同我聆听此刻出发的号角。

　　经过半年英语翻译专业的学习，我发现在翻译这个语言的世界里，中文和英文处于同等重要的地位。而张老师的语文课绝对为我的中文功底打下了坚实的基础。我很感谢张老师能给我这个机会，让我重新思考高中的语文课堂。接下来我将谈谈我的一些感悟，内容主要分为两个部分：对高中语文课堂的回忆（以刘亮程《今生今世的证据》为例），以及张老师的教学方式对我的影响。

　　首先是对高中课堂的回忆。张老师是从高二开始接手我们班级的，从第一节课开始，张老师就和我们立了规矩：一个学期至少要读完一本书，每天都要有摘录，摘录那些你觉得好的句子。每周都会有一次阅览课，一周去阅览室阅读，一周在教室里阅读（在这里说明一下，我们学校并没有开设阅览课，张老师是抽出他每周一节语文课来给我们阅读的）。甚至在高三快高考的时候，他仍然坚持每周一次的阅览课。所以有人会问："高三仍然要坚持阅览课吗？"张老师说："我宁肯少做题，精讲课，也要将阅读进行到底。"因为"没有书香的语文课，就是没有灵魂的技术课"。他是这么说的，也是这么做的。所以我敢说，我个人丰富的课外知识，都是从张老师要求我们坚持阅读中所获取的。你永远没有办法想象你能获得多少，除非你自己亲自尝试。在他的课堂上，他永远会有办法把我们逗得哈哈大笑，他很擅长把知识与生活实际结合起来，我觉得这一点非常重要，因为只有这样，我们才能真真切切地感受到我们学习的东西不是虚的，不是空泛的。在张老师的课堂上，他总是"雨露均沾"，尽最大可能照顾到每一个学生，尽量让每个学生都有机会回答问题，所以大家都是全神贯注地投入他的课堂。最后一点我想说的是张老师是一个很负责的老师，每次考完试，他都把每个同学的成绩登记下来，与上次的成绩作比较，他会分析学生的试卷，并和学生一起做总结。因为他知道，总结远比单纯一个分数要重要得多，只有在不断地总结中，你才会不断地进步。

回首过往，老师的话语始终萦绕耳畔。

从《今生今世的证据》这堂课来看，活动安排、内容布置就足见张老师的精心谋划，可谓是匠心独运。张老师的这堂课从故土家园一草一木的证据，到生命生活一点一滴的皈依，词句运用突出重点且言语间共鸣不断，足以引发我们对自己生活的联想或思考。日复一日，沐浴在这样的课堂，如老师所要求的那样，我渐渐养成"阅读，思考，写感想"的习惯。

同学间交流分享共进，一起头脑风暴，一起唱响青春。张老师语词的诗意盎然、生动有趣，成了我们课堂里必不可少的养料，如杜甫的"露从今夜白，月是故乡明"，张若虚《春江花月夜》中的"江天一色无纤尘，皎皎空中孤月轮。江畔何人初见月？江月何年初照人？人生代代无穷已，江月年年望相似"。此类诗句张老师更是信手拈来，他对于诗句的把握，加深了我们对于故土家园的理解与感悟。直到今天，至今浮现脑海的是老师给我们的这个结论："每个人物质的家园毕竟要消失，但是如果他能坚守精神的家园，那么他依然有一种对故乡的栖居之地。"正因为课堂上结合了意象的拓展，他帮助我们领悟到真正的人生哲理，因此，张老师的课堂真可谓是从具体到抽象，从生活到人生，从言语到文化的过程。

接下来我想说说张老师的语文课对我现在所学专业——外语翻译专业的影响。可能大家会认为翻译只需要外语水平，这是比较片面的，外语水平是翻译的"输入"步骤，能否高质量地"输出"，仍要看中文水平，所以中文才是我们的根！作为一个中国人，你有什么理由不学好语文呢？张老师让我们坚持阅读积累语言的习惯，伴随着我进入大学。都说21天养成一个习惯，张老师带了我们高中两年，这个习惯已经深深地根植于内心了。无论有多忙，都要抽出一点点时间来阅读，可能只是5分钟、10分钟，但就是这5分钟、10分钟，它能让你产生质的改变。张老师要求同学们养成摘抄的习惯，也成为我进入大学最值得骄傲的好习惯。

孔子说："不愤不启，不悱不发。"教学相长，教书育人。课堂，是师生互相成长的平台。任何课堂最重要的就是要让学生参与其中，而张老师做到了这一点。他让我们觉得，老师和学生是在同一个频道上的。真心感谢张老师的认真负责和悉心教导，才能够让我们在高三那么辛苦的日子里感受到爱的温暖和找到自己前行的方向。

参考文献

著作类

1. 李海林 . 言语教学论 [M]. 上海：上海教育出版社，2000.

2. 黄厚江 . 语文的原点——本色语文的主张与实践 [M]. 南京：江苏教育出版社，2011.

3. 包建新 . 包建新与本真教育 [M]. 北京：北京师范大学出版社，2014.

4. 郭吉成 . 本真语文教学与教例剖析 [M]. 杭州：浙江教育出版社，2014.

5. 黄厚江 . 语文课堂寻真——从原点走向共生 [M]. 上海：华东师范大学出版社，2016.

6. 王君 . 更美语文课——王君群文教学课例品读 [M]. 武汉：长江文艺出版社，2018.

7. 周一贯 . 语文课堂变革的创意策略——周一贯谈好课的应有样态 [M]. 上海：华东师范大学出版社，2018.

8. 陆志平 . 普通高中语文学习任务群教学指南 [M]. 北京：现代教育出版社，2018.

9. 王先霈 . 文学文本细读讲演录 [M]. 桂林：广西师范大学出版社，2006.

10. 孙绍振，孙彦君 . 文学文本解读学 [M]. 北京：北京大学出版社，2015.

11. 詹丹 . 语文教学与文本解读 [M]. 上海：上海教育出版社，2015.

12. 朱昌元，张震雷，冯妙群 . 中学语文执教力——文本解读·设计·实施·评价 [M]. 杭州：浙江教育出版社，2016.

13. 张大文. 中学语文教学体系新探——在积累中实践 [M]. 北京：人民教育出版社，2005.

期刊类

1. 包建新. 处理好五组关系，实现语文教学本真境界 [J]. 中国教师，2018（11）：48—53.

2. 钱梦龙，李华平. 语文教学要走正道 [J]. 语文教学通讯·初中，2015（1）：8—13.

3. 熊芳芳. 守住人性最本质的需要 ——核心素养之我见 [J]. 未来教育家，2016（1）：38—40.

4. 郑桂华. 高中语文学习任务群的教学建议 [J]. 中学语文教学，2017（3）：9—12.

5. 王岱. 研究课标，践行课标 [J]. 语文学习，2018（3）：13—18.

6. 蔡可. 从"问题思考"到"任务解决"——聚焦有质量的语文学习 [J]. 语文学习，2018（10）：13—17.

7. 杨九俊. 如何落实语文学习任务群 [J]. 七彩语文·中学语文论坛，2019（1）：8—11.

8. 褚树荣.〈普通高中语文课程标准〉亮点管窥 [J]. 语文学习，2018（1）：39—43.

9. 王宁. 谈谈语言建构与运用 [J]. 语文学习，2018（1）：9—11.

10. 崔允漷. 指向学科核心素养的教学 6 招，让学科教育"回家" [J]. 基础教育课程，2019（2）：5—9.

11. 潘庆玉. 群文阅读：由链接而群聚，因秘响而旁通 [J]. 语文建设，2018（1）：26—33.

12. 姚尚春. 基于活动的古代诗歌群诗阅读教学——以"半瓣花上说人情"课堂教学为例 [J]. 教学月刊，2019（1·2）：26—28.

13. 陈兴才. 任务群学习测评设计的重要原则 [J]. 中学语文教学参考，2019（1·2）：5—7.

14. 包旭东 . 和平的祈祷——"触摸永远的伤痛"之主题海报展示交流教学实录与反思 [J]. 七彩语文·中学语文论坛，2019（1）： 17—22.

15. 陈梁飞 . 畅游于群诗的海洋——一次群诗教学实践 [J]. 教学月刊，2019（1·2）：22—25.

16. 陈恬 . 美丽总令人哀愁——日本文学、动画中的"物哀"文化探究 [J]. 语文学习，2019（1）：29—32.

17. 褚树荣、潘大伟、姜宁宁、陈文娟、严丹萍 . 对话：一位语文教师的人生课堂 [J]. 语文教学通讯，2019（1）：4—8.

18. 褚树荣、顾乐波 . 叩其两端，允执其中: 交叉文体的教学——以〈足下的文化与野草之美〉同课异构为例 [J]. 中学语文教学，2018（2）：24—30.

19. 董明实 . 具有文化底蕴和文学魅力的语文教学 [J]. 语文教学通讯，2018（11）：4—8.

20. 毛刚飞 . 跨界之美——"跨媒介阅读与交流"任务群几点思考 [J]. 语文学习，2018（5）：22—26.

后记：课堂，生命的留痕

苏轼曾说："人生到处知何似，应似飞鸿踏雪泥。泥上偶然留指爪，鸿飞那复计东西。"凡是过往，都将留痕。人生如此，课堂亦然。我是一名草根教师，从偏僻落后的山村学校到繁华发达的城市名校，从青涩的初中语文教师到成熟的高中语文名师，心中充满对教育的虔诚，默默行走在语文教学之旅中。一堂堂语文课，镌刻着我奋斗的印痕，见证着我成长的足迹。本书的诞生，就是我语文生命的留痕。

2017年，我参加了临海市首批中小学领航名师高端培训班，这个高端培训班的参加对象是在各校的台州市名师基础上遴选的，包括中学、小学各个学科的台州市名师17名。说是"领航名师"，实际上就是省特级教师培养人选。在这个培训过程中，临海市教育局、市教师进修学校与浙江大学合作，为这17名培养对象量身定制了一整套详细的培训计划，从理论培训到跟岗实践，从个人专场展示到模拟说课，步步为营、扎实推进、富有成效。在2018年浙江省第十二批特级教师评选中，临海市首批领航名师高端培训班的学员共有6位榜上有名。在培训过程中，我逐步梳理出自己二十多年的教学历程，以"本真语文"为理论基础，以课堂教学实录为核心内容，做了一场《"真语文"之路》的专题讲座。讲座结束后，我的实践导师、正高级教师、省特级教师郭吉成提醒我："你把自己的课堂实录整理出来，然后邀请前辈们点评，加上整合提炼，就形成你阶段性的学术成果了。你还可以写成一本学术专著。"郭老师的谆谆教诲、殷切期待，成了我萌发写作此书的缘由。

教学的风格在课堂，课堂的生命在思想。每一堂语文课，都能反映出执教者的价值追求，也能折射出执教者的教学个性。我再一次观照自己的课堂实录，"本真语文"这四个字突然从脑海中蹦出，以言语品读为根本，引导学生在语文活动中走进文本深处，领悟语言的魅力和思想的光芒，这几乎成为九堂教学实录的共性。在当下语文教学"流派"层见错出之中，"本真语文"的提法或许有些不合时宜，但它却是一种对语文教学的探寻与坚守。"

2016 年我加入浙江省褚树荣名师工作室，成为其首批学科带头人；2017 年加入浙江省朱昌元名师工作室，成为其第二批学科带头人。名师工作室，是我语文教学专业成长的平台。无论是褚树荣老师的"语文树"，还是朱昌元老师的"朱子语文"，都体现了他们深厚的学术涵养。他们对语文教学的高瞻远瞩以及独到见解，引发我对自身语文课堂的深刻反思。"语言"，是"本真语文"教学的起点，但或许不是终点。语文课堂，除了抓住语言的魅力，更要体现广阔的文化视野，"文化"或许是"本真语文"的终极目标。从"言语"走向"文化"，这是语文课堂的时代转型。随着《普通高中语文课程标准》（2017 年版）的颁布，"核心素养""学习任务群"等概念的提出，给语文课堂教学带来了前所未有的"头脑风暴"。语文核心素养是"学生在积极的语言实践活动中积累与构建起来，并在真实的语言运用情境中表现出来的语言能力及其品质；是学生在语文学习中获得的语言知识与语言能力，思维方法与思维品质，情感、态度与价值观的综合体现"，它主要包括"语言建构与运用""思维发展与提升""审美鉴赏与创造""文化传承与理解"四个方面。这四个方面是互相融合渗透的整体，但我认为，"语言建构与运用"是基础，"文化传承与理解"是最终目标。"本真语文"需要进一步贴近语文的特质，思考语文本原的方向。对于语文本原的方向性问题，著名语文特级教师、江苏省教育学会会长杨九俊先生认为，第一，从母语习得的特点看，更多关注综合性、实践性；第二，从汉语自身特点看，更多关注形象性、诗性；第三，从人文学科特点看，更多关注主客观的融合性；第四，从教学基本特点看，更多关注活动性、经验性。江苏省特级教师、"本色语文"的倡导者黄厚江老师说："（语文教学）'坚守原点'和'突破创新'的统一，才是我们应有的正确态度……语

后记

文课，首先必须是'语文'课，没有'语文'的语文课，是我们不能接受的；但囿于'语文'教语文，除了'语文'什么都没有，也是我们坚决反对的。"他还认为，语文教学的最高境界是什么都有且什么都是语文。要达到这样的境界，必须追求语言、思维、审美、文化等各种素养之间的相融共生。

"本真语文"的教学内涵在新时期的教学改革中既要有坚守的底气，更要有创新的勇气。因此，在语文课堂教学中，我开始关注在课程意识下的专题学习、群文阅读，在"语言建构与运用"中的"文化传承与理解"。我的师父、正高级教师、省特级教师褚树荣带领工作室的首批学科带头人历时两年参与"新课标·新语文·新学习"丛书编写工作，我在此过程中担任了《语言家园：汉语运用》分册的主编，这次编书过程更让我对语文教学有了新的思考与探索。语文课堂的"文化"元素，是语文课堂的"钙质"，也是衡量一堂优质课堂的标准之一。

当近25万字的书稿付梓之际，我想起了我生命过程中遇到的"贵人"，感激之情溢于言表。首先，我要感谢我工作的单位——浙江临海市回浦中学，它是一所有着深厚底蕴和鲜明特色的百年名校，被人称为特级教师的"摇篮"，目前在职特级教师有5位，涉及学科有语文、英语、地理、体育等。回浦就是我专业成长的肥沃土壤，感谢学校领导李小冬校长多年来的信任和栽培，感谢启蒙师父包建新老师的教导与点拨，感谢语文组同仁的精诚团结，特别感谢陶永武组长对本书稿的细心阅读与建议，感谢"回浦三飞"（张永飞、张云飞、林卫飞）的切磋琢磨，感谢我的历届学生对我语文教学的肯定和支持，是他们让我始终幸福地奋斗在教学第一线，是他们让我执着地找寻着语文教学的真谛。我要感谢各位语文前辈、师父的鼓励与鞭策，他们是包建新、褚树荣、朱昌元、郭吉成、项香女等老师，如果没有他们对我课堂实录的高瞻远瞩的精当点评，那我的书稿必将黯然失色。感谢我大学的写作课老师、台州学院副院长、浙江省教学名师、全国优秀教师王正教授在百忙之中静心品读每一章节的文字，为我潜心写序！感谢朱昌元老师不仅为我的教学实录点评，还为书稿欣然作序！还要感谢褚树荣名师工作室的学科带头人、朱昌元名师工作室的学科带头人，我们是学习共同体，"独学而无友，则孤陋寡闻"。感谢台州市教师发展中心主任、正高级教师、台州市名师徐美珍，宁波市名师、青年才俊时剑波，宁波中学教学新秀严雨清老师提供的教学实录，她（他）们的课堂实录丰富了我的书稿内涵，启发了我对语文课堂从"言语"走向"文化"的新思考、新探索。感谢名师工作室活动单位及学科带头人提供的照片。最后，我要感谢我的家人、妻子朱海珍对家庭的全身心付出，儿子张一格对我教学的推动，让我在语文教学以及学校工作中没有了后顾之忧，让我成为家庭的顶梁柱，成为他们心中耀眼的光芒，让我找到心灵的港湾。

　　印度诗人泰戈尔说："天空没有留下翅膀的痕迹，但我已经飞过。"语文课堂求真，就是我生命的痕迹。我愿成长为一棵超越自己的树，守护在语文课堂的彼岸。

　　由于本书写作仓促，书中存在的问题在所难免，敬请读者批评指正。

（张永飞　2019 年 3 月 1 日于书香逸居）

后记